Justiça Multiportas e Advocacia Pública

Roberto de Aragão Ribeiro Rodrigues

Doutor e Mestre em Direito Processual pela Universidade do Estado do Rio de Janeiro. Professor Titular de Direito Processual Civil do IBMEC-RJ e da Escola da Advocacia-Geral da União - AGU. Membro do Instituto Brasileiro de Direito Processual - IBDP. Advogado da União no Rio de Janeiro.

Prefácio: *Humberto Dalla Bernardina de Pinho*

Apresentação: *Kaline Ferreira*

Justiça Multiportas e Advocacia Pública

De acordo com:

- Decreto 10.608/2021 – Novo regramento da Câmara de Mediação e de Conciliação da Administração Pública Federal - CCAF
- Resolução CNJ 358/2020 sobre plataformas *online* de resolução de litígios (ODRs)
- Lei 14.133/2021 – Nova Lei de Licitação e Contratos Administrativos, que positiva, em âmbito nacional, os *Dispute Boards*.

GZ EDITORA

Rio de Janeiro
2022

1ª edição – 2022

Presidente do Conselho Editorial
Nelson Nery Costa

Diagramação
Olga Martins

CIP – Brasil. Catalogação-na-fonte.
Sindicato Nacional dos Editores de Livros, RJ.

R616j

Rodrigues, Roberto de Aragão Ribeiro
Justiça multiportas e advocacia pública / Roberto de Aragão Ribeiro Rodrigues; prefácio Humberto Dalla Bernardina de Pinho; apresentação Kaline Ferreira. - 1. ed. - Rio de Janeiro: GZ, 2021.
206 p.; 24 cm.

Inclui bibliografia e índice
ISBN 978-65-5813-037-6

1. Resolução de disputa (Direito) - Brasil. 2. Arbitragem e sentença - Brasil. 3. Administração de conflitos. I. Pinho, Humberto Dalla Bernardina de. II. Ferreira, Kaline. III. Título.

21-73326

CDU: 347.918(81)

Camila Donis Hartmann - Bibliotecária - CRB-7/6472

contato@editoragz.com.br
www.editoragz.com.br
Av. Erasmo Braga, 299 – Sala 202 – 2º andar – Centro
CEP: 20020-000 – Rio de Janeiro – RJ
Tels.: (0XX21) 2240-1406 / 2240-1416 – Fax: (0XX21) 2240-1511

Impresso no Brasil
Printed in Brazil

Dedico este livro à minha amada Bebela.

AGRADECIMENTOS

Agradeço, em primeiro lugar, a Deus, que proporcionou o milagre do nascimento de minha filha, Isabela Ganem Rodrigues, bem como desta infinitamente menor, mas ainda assim relevante conquista.

Agradeço ao Prof. Dr. Humberto Dalla Bernardina de Pinho, querido amigo e referência permanente para meus estudos, que, mais uma vez – a terceira! – aceitou me orientar, agora no Programa de Pós-Doutorado da Faculdade de Direito da Universidade do Estado do Rio de Janeiro – UERJ, cujas pesquisas empreendidas ao longo do ano de 2021 serviram de base para esta obra.

Agradeço à Prof.ª Dra. Kaline Santos Ferreira, pela generosidade do permanente diálogo acerca das mais intrincadas questões envolvendo a autocomposição na Administração Pública, bem como por apresentar o livro de forma tão cuidadosa e precisa.

RESUMO

O sistema multiportas de justiça, introduzido no Brasil pela Resolução nº 125/2010 do CNJ, ganhou considerável impulso com o advento do atual Código de Processo Civil (Lei nº 13.105/2015), da Lei de Mediação (Lei nº 13.140/2015) e da Lei de Reforma da Arbitragem (Lei nº 13.129/2015). O CPC valorizou, de modo indubitável, os meios autocompositivos de solução de controvérsias, notadamente em seus artigos 165 a 175, bem como consagrou a arbitragem como verdadeiro instrumento jurisdicional (art. 3º, § 1º). Já nos dois últimos diplomas normativos, o legislador contemplou, de modo expresso, a possibilidade de que os entes públicos resolvam suas controvérsias e litígios por meios autocompositivos ou pela via da arbitragem. Como o rol de mecanismos adequados de resolução de conflitos não é exaustivo, trata-se, ainda, das plataformas em rede para resolução de litígios (*online dispute resolution – ODR)* e dos *dispute boards*, recentemente positivados no Brasil pela nova Lei de Licitações e Contratos Administrativos (Lei nº 14.133/2021). O livro tem por objetivo analisar o impacto de tais novidades legislativas no sistema de justiça brasileiro, com foco no necessário redesenho institucional pelo qual deverá passar a Advocacia Pública.

APRESENTAÇÃO

Percebemos a qualidade de uma obra a partir do seu título. O Prof. Roberto Rodrigues, meu dileto colega, conseguiu sintetizar já no enunciado de sua obra as três principais ideias que permeiam seu trabalho – justiça, sistema multiportas e advocacia pública - conseguindo com êxito explorá-las ao máximo durante o desenvolvimento de seu texto.

Em estilo elegante, o Autor inicia fazendo uma diferença entre jurisdição e justiça. Discorre tecnicamente sobre cada um dos temas e institutos que aborda, e vai costurando em um encadeamento lógico vários temas importantes, para, ao final, surpreender o leitor com uma conclusão inédita, associa ao seu objeto principal de trabalho uma análise sobre uma das funções mais essenciais e complexas da Advocacia-Geral da União, o tratamento dos conflitos interfederativos. Considero esse um destaque brilhante de sua obra, vincular o sistema multiportas de resolução de litígios, principalmente os consensuais, aos conflitos interfederativos, enfatizando o trabalho realizado pela AGU no âmbito da CCAF – Câmara de Mediação e Conciliação da Administração Federal. A partir daí o leitor já se encontrará cativado pelo texto.

A releitura dos modos consensuais de resolução de litígios numa ótica publicística, filtrando e adaptando esses métodos às peculiaridades da Administração Pública, não se mostra menos atraente, principalmente quando o Autor finaliza descrevendo o que há de mais tecnológico, moderno e aderente ao sistema multiportas de resolução de litígios aplicado a Administração Pública, as ODRs no âmbito da autocomposição envolvendo entes públicos.

A heterocomposição, que não fica de fora do sistema multiportas, foi muito bem destacada pelo Autor no seu texto, que contemplou duas formas heterocompositivas não "ortodoxas" de resolução de litígios, a arbitragem e o disput board. A arbitragem envolvendo a Administração Pública sempre esteve na pauta do dia entre os publicistas, e o disput board, com o advento da nova lei federal de licitações e contratos ganhou seu espaço de destaque. Mais um ponto de distinção da obra do Professor Roberto Rodrigues.

Eis um livro que que vale a pena ser lido!

Kaline Ferreira
Advogada da União
Coordenadora-Geral da CCAF/AGU

PREFÁCIO

Foi com muita satisfação que recebi o convite para prefaciar a obra "Justiça Multiportas e Advocacia Pública", de Roberto de Aragão Ribeiro Rodrigues.

O livro tem por objeto tema que é crucial para a adequada prestação jurisdicional no Brasil, diante do fato de que o processo tradicional isoladamente não permite ao Judiciário se desincumbir de seu dever de dirimir conflitos em prazo razoável, comprometendo sua função precípua de promover a plena pacificação social.

A partir da ideia de Multi-Door Courthouse, desenvolvida por Frank Sander na década de 1970, passou-se a desenvolver no Brasil a acepção de Sistema de Justiça Multiportas, a qual promoveu a ressignificação do direito de acesso à justiça, alargando o conceito de jurisdição, que passou a abarcar os meios consensuais de resolução de controvérsias, bem como meios heterocompositivos privados.

Tal mudança de paradigma tem como marco a Resolução n.º 125/2010 do CNJ, cujas diretrizes adquiriram considerável impulso com o advento do atual Código de Processo Civil (Lei n.º 13.105/2015), da Lei de Mediação (Lei n.º 13.140/2015) e da Lei de Reforma da Arbitragem (Lei n.º 13.129/2015). Nos dois últimos diplomas normativos, o legislador contemplou, de modo expresso, a possibilidade de que os entes públicos resolvam suas controvérsias e litígios por meios autocompositivos ou pela via da arbitragem.

O autor aborda o impacto de tais previsões na Administração Pública, com foco nas mudanças de postura que necessariamente deverão ser adotadas pela Advocacia Pública de todas as esferas. Sustenta que a Advocacia Pública em geral – e especificamente a Advocacia-Geral da União, naturalmente na esfera federal -, deve, definitivamente, assumir seu papel de Instituição integrante do novo Sistema de Justiça Multiportas que começa a ser efetivamente delineado no país, contribuindo para o seu eficiente funcionamento.

Como o rol de mecanismos adequados de resolução de conflitos não é exaustivo, o autor aborda, ainda, mecanismos novos e extremamente promissores, tais como as plataformas em rede para resolução de litígios (online dispute resolution – ODR) e os dispute boards, recentemente positivados no Brasil pela nova Lei de Licitações e Contratos Administrativos (Lei n.º 14.133, de 1º de abril de 2021).

Fruto da experiência de quase vinte anos do autor como Membro da AGU, além de talentoso Professor de Direito Processual Civil, o texto é denso, com escrita irrepreensível e aborda com clareza as questões mais intrincadas sobre a compatibilidade do manejo dos meios adequados de solução de conflitos às peculiaridades da Fazenda Pública e aos limites ao consenso impostos pelo interesse público.

Parabenizo o autor pela excelente obra, recomendando fortemente sua leitura, que se revela indispensável a todos que atuem na Advocacia Pública ou se interessem pelo estudo dos meios adequados de resolução de litígios.

Rio de Janeiro, 04 de setembro de 2021.

Humberto Dalla Bernardina de Pinho

Professor Titular de Direito Processual Civil na UERJ, Estácio e IBMEC.
Procurador de Justiça no Estado do Rio de Janeiro

ÍNDICE SISTEMÁTICO

Segunda parte

MEIOS ADEQUADOS DE RESOLUÇÃO DE CONTROVÉRSIAS EM ESPÉCIE E SUA ADAPTABILIDADE E APLICABILIDADE À FAZENDA PÚBLICA

Capítulo 3

CONSENSUALIDADE NA ADMINISTRAÇÃO PÚBLICA: NEGOCIAÇÃO, CONCILIAÇÃO E TRANSAÇÃO ENVOLVENDO ENTES PÚBLICOS

Capítulo 4

MEDIAÇÃO PÚBLICA

INTRODUÇÃO

O acesso à justiça, garantia fundamental que precede a efetivação de todos os demais direitos consagrados constitucionalmente,[1] não pode mais ser concebido como o direito ao mero acesso ao Poder Judiciário. Ao contrário, tal garantia abarca a efetiva entrega de uma solução justa para os conflitos, dentro de um prazo razoável.[2]

Ocorre que tal entrega de solução justa por intermédio de processo judicial que transcorra em prazo razoável se tornou praticamente inexequível, devido à notória sobrecarga de trabalho imposta ao Poder Judiciário e às respectivas taxas de congestionamento em praticamente todos dos seus 90 (noventa) órgãos.[3] Na prática, hoje as portas do Judiciário brasileiro estão abertas,[4] mas há sérios entraves e delongas até a efetiva

---

1 "O acesso à justiça pode, portanto, ser encarado como o requisito fundamental – o mais básico dos direitos humanos – de um sistema jurídico moderno e igualitário que pretenda garantir, e não apenas proclamar os direitos de todos." CAPPELLETTI, Mauro; GARTH, Bryant. *Acesso à Justiça*. Tradução e revisão de Ellen Gracie Northfleet. Porto Alegre: Sergio Antonio Fabris Editor, 1988. Reimpresso 2002, p. 12. Tais ideias reverberaram no Brasil, exercendo forte influência sobre a doutrina processual civil. Vide, por todos, o emblemático artigo: GRECO, Leonardo. *Garantias fundamentais do processo: o processo justo*. *In:* Estudos de Direito Processual, ed. Faculdade de Direito de Campos, 2005, pp. 225-286. Disponível em: <https://processoemdebate.files.wordpress.com/2010/09/processo-justo_leonardo-greco.pdf> Acesso em 18 jan. 2021.

2 Constituição da República, Art. 5º, inciso "LXXVIII – a todos, no âmbito judicial e administrativo, são assegurados a razoável duração do processo e os meios que garantam a celeridade de sua tramitação."

3 A 16º edição do Relatório Justiça em Números reúne informações dos 90 órgãos do Poder Judiciário, elencados no art. 92 da Constituição da República Federativa do Brasil de 1988, excluídos o Supremo Tribunal Federal e o Conselho Nacional de Justiça. Assim, o Justiça em Números inclui: os 27 Tribunais de Justiça Estaduais (TJs); os cinco Tribunais Regionais Federais (TRFs); os 24 Tribunais Regionais do Trabalho (TRTs); os 27 Tribunais Regionais Eleitorais (TREs); os três Tribunais de Justiça Militar Estaduais (TJMs); o Superior Tribunal de Justiça (STJ); o Tribunal Superior do Trabalho (TST); o Tribunal Superior Eleitoral (TSE) e o Superior Tribunal Militar (STM). BRASIL. Conselho Nacional de Justiça. *Justiça em números 2020*. Brasília: CNJ, 2020. Disponível em: <https://www.cnj.jus.br/wp-content/uploads/2020/08/WEB-V3-Justi%C3%A7a-em-N%C3%BAmeros-2020-atualizado-em-25-08-2020.pdf>. Acesso em 22 dez. de 2020, p. 9.

4 A primeira onda renovatória do processo, desenvolvida por Mauro Cappelletti e Bryant Garth na obra acima referida, e que corresponde, em síntese, ao acesso à justiça aos hipossuficientes, foi efetivado, no Brasil, a partir das disposições democráticas da Constituição da República de 1988, que, em seu art. 5º, inciso LXXIV, prevê que o Estado prestará assistência jurídica integral e gratuita aos que comprovarem insuficiência de

entrega do direito material em disputa àquele que venha a ser reconhecido como seu titular.[5]

Além da necessidade premente de desobstrução dos tribunais do país, passou-se a reconhecer que a função jurisdicional prestada pelo Estado-juiz muitas vezes não se revela adequada à resolução de determinadas controvérsias.

Tais constatações conduzem à conclusão de que o acesso à justiça deve ser interpretado atualmente à luz da noção contemporânea de jurisdição, a qual traz consigo a exigência de multiplicidade de instrumentos mais apropriados, céleres e, em geral, menos custosos que a jurisdição estatal para a resolução de inúmeras espécies de litígios.[6]

Não mais se sustenta a ideia de jurisdição como sinônimo de prestação de justiça exclusivamente pelo Poder Judiciário.[7]

---

recursos, bem como em razão da criação dos juizados especiais e da estruturação da Defensoria Pública.

---

5 Com acerto, o CPC/2015, ao disciplinar a norma fundamental da duração razoável do processo, contempla, de modo expresso, a atividade satisfativa, que corresponde à etapa de execução, na qual se atribui efetivamente o direito substancial em disputa àquele reconhecido como seu titular pelo Poder Judiciário: "Art. 4º As partes têm o direito de obter em prazo razoável a solução integral do mérito, incluída a atividade satisfativa."

6 A necessidade de buscar a correlação entre a espécie de litígio e o instrumento de resolução de conflito que lhe seja mais adequado remonta ao Projeto de Florença, capitaneado por Mauro Cappelletti e Bryant Garth, na década de 70: "(...) esse enfoque reconhece a necessidade de correlacionar e adaptar o processo civil ao tipo de litígio. Existem muitas características que podem distinguir um litígio de outro. Conforme o caso, diferentes barreiras ao acesso podem ser mais evidentes, e diferentes soluções, eficientes." CAPPELLETTI, Mauro; GARTH, Bryant. *Acesso à Justiça*. Tradução e revisão de Ellen Gracie Northfleet. Porto Alegre: Sergio Antonio Fabris Editor, 1988. Reimpresso 2002, p. 71. Tais ideias reverberaram no Brasil. Confira-se, por todos, GRINOVER, Ada Pelegrini. *Ensaio sobre a processualidade*: fundamentos para uma nova teoria geral do processo. São Paulo: Gazeta Jurídica, 2016, p 34.

7 Neste sentido, emblemática é a aparentemente sutil diferença redacional entre a garantia constitucional de inafastabilidade de acesso ao Poder Judiciário, prevista art. 5º, inciso XXXV, e seu correspondente no Código de Processo Civil de 2015, que, no art. 3º, substituiu a expressão "Poder Judiciário" por "apreciação jurisdicional", com a clara intenção de ampliar tal garantia para além dos limites da tradicional prestação de justiça adjudicada pelo Estado-juiz. Já foram apresentadas duas propostas de emenda à Constituição com o objetivo de assegurar, como direito fundamental, a garantia de acesso à justiça também pela via dos meios adequados alheios à estrutura do Poder Judiciário (PEC nº 108/2015, apresentada pelo ex-Senador Vicentinho Alves, arquivada em virtude do término de seu mandato e a PEC nº 136/2019, apresentada pelo Senador Veneziano Vital do Rêgo, PSB/PB). Tal intento se daria pela criação de novo inciso ao

Trata-se de fenômeno mundial,[8] que reverberou entre nós, em um primeiro momento com a edição, pelo Conselho Nacional de Justiça, da Resolução nº 125/2010, que instituiu no Direito brasileiro o sistema multiportas.[9]

Tal Resolução fincou as bases para a adoção das *Alternative Dispute Resolution - ADRs* (Meios Adequados para Solução de Controvérsias – MASCs) no Brasil, ao dispor sobre a "*Política Judiciária Nacional de tratamento adequado dos conflitos de interesses no âmbito do Poder Judiciário*", que tem como cerne "*assegurar a todos o direito à solução dos conflitos por meios adequados à sua natureza e peculiaridade*".[10]

O Código de Processo Civil de 2015, por sua vez, trouxe diversos estímulos expressos à resolução de litígios pela autocomposição,[11] bem como incluiu expressamente a arbitragem no rol de suas normas fundamentais.[12]

Praticamente de forma simultânea, foram publicadas as Leis nº 13.129, de 26 de maio de 2015, e 13.140, de 26 de junho de 2015, as quais tratam, respectivamente, da atualização do regramento da arbitragem (Lei nº 9.307/1996) e do instituto da mediação.

---

artigo 5º (inciso LXXIX) cuja redação seria: "o Estado estimulará a adoção de métodos extrajudiciais de solução de conflitos".

---

8 "A ideia de adequar o acesso à justiça aos direitos é defendida internacionalmente. A justiça não estatal não é apenas alternativa, mas, em determinados casos, é a justiça mais adequada. O princípio que faculta essa possibilidade é justamente o princípio da adequação. Assim, do acesso à justiça dos tribunais passamos ao acesso aos direitos pela via adequada de composição, da mesma forma que, no campo do processo, migramos da tutela processual, como fim em si mesmo, para a tutela dos direitos, como finalidade do processo." DIDIER JR., Fredie. ZANETI JR., Zaneti. *Curso de Direito Processual Civil*, v. 4, Processo Coletivo. 14ª ed. revista, atualizada e ampliada, Salvador: Editora *Juspodivm*, 2020, p. 376.

9 "A ideia do sistema multiportas é justamente permitir que cada conflito tenha um tratamento adequado, funcionando o Judiciário como uma rede de proteção, para a hipótese de as partes não alcançarem uma solução consensual. Na verdade, o Judiciário deveria ser o último degrau de uma escalada conflituosa." PINHO, Humberto Dalla Bernardina de. MAZZOLA, Marcelo. *Manual de mediação e arbitragem*. São Paulo: Saraiva Educação, 2019, p. 141.

10 Art. 1º. Fica instituída a Política Judiciária Nacional de tratamento dos conflitos de interesses, tendente a assegurar a todos o direito à solução dos conflitos por meios adequados à sua natureza e peculiaridade.

11 Artigos 3º, 90, §§ 3º e 4º, 165, que serão objeto de análise no tópico 1.3.

12 Art. 3°. Não se excluirá da apreciação jurisdicional ameaça ou lesão a direito. § 1º É permitida a arbitragem, na forma da lei.

Relevante destacar que, em ambas, há previsão expressa da possibilidade de participação de entes públicos em tais modalidades de resolução de conflitos, não se mostrando minimamente razoável cogitar que o Estado possa se eximir de cumprir normas por ele próprio editadas.

Tal constatação não afasta, de maneira automática, algumas dificuldades que despontam para os entes públicos dirimirem seus litígios pela via consensual.

Isto porque, entre pessoas físicas e jurídicas privadas não há maiores óbices em se admitir qualquer das modalidades de meios autocompositivos ou uma forma heterônoma de jurisdição não estatal – arbitragem e *dispute boards* – em relação aos seus direitos.[13]

A razão para tal assertiva repousa em duas constatações evidentes: a primeira é a plena disponibilidade que estas possuem quanto aos seus direitos disponíveis, de cunho patrimonial, bem como a relativa disponibilidade de seus direitos indisponíveis, porém transacionáveis.[14]

Com efeito, se os particulares podem até mesmo dispor de tais direitos materiais,[15] com muito mais razão têm total liberdade para escolher o método de resolução de controvérsias que se revele como o mais adequado.

O segundo fundamento para a plena liberdade de escolha do método adequado de resolução de conflitos entre particulares reside na titularidade exclusiva sobre tais direitos. Vale dizer: salvo nas hipóteses de legitimação extraordinária,[16] haverá total pertinência subjetiva entre o titular do direito material em disputa e a parte envolvida na conciliação, mediação, negociação ou arbitragem.

Já no que diz respeito ao manejo de meios adequados de solução de conflitos pela Fazenda Pública, por intermédio de seus procuradores, surgem alguns obstáculos, ainda que hoje se encontrem plenamente superados.

13 À exceção de alguns direitos indisponíveis que, por sua natureza, merecem proteção especial do ordenamento, tais como a dignidade, a integridade física e a vida.

14 O tema será explorado no Capítulo 3. A título de exemplo de direito indisponível transacionável de um particular, cita-se o regime de guarda entre pais divorciados.

15 Conforme previsão contida no art. 1.228 do Código Civil: "Art. 1.228. O proprietário tem a faculdade de usar, gozar e dispor da coisa, e o direito de reavê-la do poder de quem quer que injustamente a possua ou detenha."

16 Conforme previsão contida no art. 18 do CPC: "Art. 18. Ninguém poderá pleitear direito alheio em nome próprio, salvo quando autorizado pelo ordenamento jurídico."

O primeiro deles diz respeito aos tradicionais dogmas da primazia *prima facie* dos interesses públicos sobre privados, da indisponibilidade do interesse público e da dicotomia entre interesses públicos primários e secundários.[17]

Quanto à segunda dificuldade de emprego dos meios autocompositivos ou de arbitragem e *dispute boards* pelos entes públicos, os procuradores que os representam defendem, em *ultima ratio*, interesses que pertencem à toda sociedade. Não se verifica, portanto, a perfeita identidade entre o titular do direito material em disputa e a parte processual que se sentará à mesa de conciliação, mediação, negociação ou litigará em procedimento arbitral.

Dessa dificuldade pode-se extrair outra, relativa ao risco de violação ao princípio constitucional da impessoalidade.

De fato, atentaria frontalmente contra tal princípio a celebração de acordos vantajosos com determinadas pessoas físicas ou jurídicas em detrimento de outras que se encontrem em idênticas condições.

Todas essas dificuldades já foram analisadas, aprofundadas e fundamentadamente superadas pela doutrina, com a devida encampação pelo legislador pátrio, conforme já referido acima.

Encontra-se hoje assentada a premissa segura de que os entes públicos hoje podem resolver a maior parte de suas controvérsias e litígios por meios autocompositivos ou heterocompositivos fora da estrutura do Poder Judiciário.[18]

A Advocacia Pública em geral - Advocacia-Geral da União, naturalmente na esfera federal –, deve, definitivamente, assumir seu papel de

---

17 Cabe aqui o registro de que o Estado do Rio de Janeiro positivou, após setenta anos, a tradicional classificação doutrinária levada a cabo pelo administrativista italiano Renato Alessi, ao publicar o Decreto Estadual nº 46.245/2018, cujo art. 1º, parágrafo único, considera, para fins de arbitragem de conflitos que envolvam a Administração fluminense, patrimoniais disponíveis "as controvérsias que possuam natureza pecuniária e que não versem sobre interesses públicos *primários*".

18 Confira-se, a respeito, o Enunciado n° 60 da I Jornada de Prevenção e Solução Extrajudicial de Litígios, realizada pelo Centro de Estudos Judiciários do Conselho da Justiça Federal em Brasília, nos dias 22 e 23 de agosto de 2016: "As vias adequadas de solução de conflitos previstas em lei, como a conciliação, a arbitragem e a mediação, são plenamente aplicáveis à Administração Pública e não se incompatibilizam com a indisponibilidade do interesse público, diante do Novo Código de Processo Civil e das autorizações legislativas pertinentes aos entes públicos."

Instituição integrante do sistema de justiça brasileiro, contribuindo para o seu eficiente funcionamento.[19]

Como consequência lógica, desponta como imperativa uma mudança de paradigma a ser adotada Advocacia Pública, com o respectivo redimensionamento de suas posturas e do modo de atuação de seus procuradores.

Com efeito, a atual multiplicidade de instrumentos à disposição dos procuradores e advogados públicos, aliada à indubitável sobrecarga de trabalho imposta ao Poder Judiciário e, também, às Procuradorias Públicas, cujos entes representados são notoriamente litigantes habituais,[20] impõem uma profunda remodelagem dos métodos até então empregados e, até mesmo, a criação de novos desenhos institucionais que melhor se coadunem com a realidade de uma justiça verdadeiramente multiportas.

Trata-se de caminho longo e que praticamente *começará* a ser trilhado, eis que a realidade atual ainda é a da litigância com particulares aos milhões[21] e de uso do Poder Judiciário como principal palco para a resolução de litígios, mesmo entre os entes da federação, a despeito de a Constituição da República conter diretrizes diametralmente opostas a tal postura.[22]

---

19 MENDONÇA, Grace Maria Fernandes. A mediação e a conciliação como mecanismos de promoção de uma sociedade mais pacífica e inclusiva: experiência da Advocacia-Geral da União. In: CURY, Augusto (org.). *Soluções Pacíficas de Conflitos para um Brasil Moderno*. Rio de Janeiro: Forense, 2019, pp. 245-274, p. 250.

20 BRASIL. Conselho Nacional de Justiça. *Justiça em números 2020*. Brasília: CNJ, 2020, pp. 199-203. Disponível em: <https://www.cnj.jus.br/wp-content/uploads/2020/08/WEB-V3-Justi%C3%A7a-em-N%C3%BAmeros-2020-atualizado-em-25-08-2020.pdf>. Acesso em 22 dez. de 2020.

21 BRASIL. Conselho Nacional de Justiça. *Justiça em números 2020*. Brasília: CNJ, 2020, pp. 199-203. Disponível em: <https://www.cnj.jus.br/wp-content/uploads/2020/08/WEB-V3-Justi%C3%A7a-em-N%C3%BAmeros-2020-atualizado-em-25-08-2020.pdf>. Acesso em 22 dez. de 2020.

22 "A Constituição Federal prioriza o fenômeno da cooperação entre os entes federativos, conforme disposto nos arts. 23, 24, 198 e 204 e nos arts. 30, inc. VI, 17 e 182. Na prática, todavia, os Estados e a União têm estabelecido uma relação adversarial, tensa e plena de ressentimentos e desconfiança institucional, o que acarreta o distanciamento e a judicialização de conflitos. Parece-nos na contramão do agir político coordenado entre as entidades estatais que elas negligenciem o diálogo e a comunicação para se socorrer do Poder Judiciário (heterocomposição) como forma prioritária de resolução de conflitos interfederativos. Os conflitos provavelmente serão solucionados judicialmente de forma insatisfatória, em face da inadequação do método escolhido pelos envolvidos." FERREIRA, Kaline; CUELLAR, Leila. *Federalismo autofágico e autocomposição como antídoto a esse apetite patológico*. Tribuna da Advocacia Pública. Portal Jota. Disponível em: https://

O livro tem por objetivo, portanto, analisar o estágio atual de utilização das *ADRs* (ou MASCs) pelos entes públicos, com foco nas experiências desenvolvidas pela Advocacia Pública, notadamente pela Advocacia-Geral da União, bem como traçar alguns prognósticos para o avanço seguro da conciliação, da mediação, da *online dispute resolution*, da arbitragem e dos *dispute boards* nesse ambiente, como alternativas à jurisdição estatal a depender da espécie de direito em disputa.

www.jota.info/opiniao-e-analise/colunas/tribuna-da-advocacia-publica/federalismo-autofagico-e-autocomposicao-como-antidoto-a-esse-apetite-patologico-26122020. Acesso em 27 dez. 2020.

PRIMEIRA PARTE

NOÇÕES INTRODUTÓRIAS

Capítulo 1

SISTEMA DE JUSTIÇA MULTIPORTAS E JURISDIÇÃO

1.1. Noções gerais sobre jurisdição e sistema de justiça multiportas

O *Movimento de Acesso à Justiça*, cujo marco teórico é o célebre "Projeto de Florença", capitaneado por Mauro Cappelletti e Bryant Garth, na década de 1970, tem por objetivo a superação de obstáculos a uma adequada e tempestiva prestação jurisdicional.[1]

Pode-se dizer que, mesmo após cinco décadas, suas ambiciosas pretensões ainda não foram plenamente implementadas na maior parte do globo. No Brasil, ainda que tenha havido uma grande abertura ao Poder Judiciário,[2] consagrando o ideal da chamada primeira onda renovatória, longo caminho resta a ser trilhado no que diz respeito ao desfecho em prazo razoável das dezenas de milhões de processos em trâmite.

Hoje o Brasil vive, indubitavelmente, uma crise de efetividade da jurisdição, já que sua entrega pelo Estado-juiz frequentemente se dá de forma intempestiva e, por vezes, inadequada. Tal fenômeno se verifica em diversos outros países e tem como uma de suas causas a cultura da judicialização e da perpetuação dos conflitos dentro da estrutura do Poder Judiciário.[3]

Richard Susskind alerta que um dos problemas do efetivo acesso à justiça consiste na ausência de meios de *contenção* de disputas após o surgimento do conflito, em muito impulsionada pelos interesses patrimoniais

---

1 SALOMÃO, Luis Felipe. Guerra e paz: as conexões entre jurisdição estatal e os métodos adequados de resolução de conflitos. In: CURY, Augusto (org.). *Soluções Pacíficas de Conflitos para um Brasil Moderno*. Rio de Janeiro: Forense, 2019, p. 49.

2 Como primeiro passo para tal abertura, a Lei nº 1.060/50, que instituiu a assistência judiciária aos necessitados, seguida pela criação de uma Defensoria Pública solidamente estruturada (art. 134 da CRFB e Lei Complementar nº 80/2014) e a Lei nº 9.099/95, que criou os Juizados Especiais Cíveis e Criminais.

3 No Brasil, o patamar de apenas 12,5% de resolução de processos em virtude de sentenças homologatórias de acordos, em comparação com o total de sentenças e decisões terminativas proferidas ao longo do ano de 2019, se apresenta muito aquém do ideal de um sistema de justiça verdadeiramente multiportas. BRASIL. Conselho Nacional de Justiça. *Justiça em números 2020*. Brasília: CNJ, 2020. Disponível em: <https://www.cnj.jus.br/wp-content/uploads/2020/08/WEB-V3-Justi%C3%A7a-em-N%C3%BAmeros-2020-atualizado-em-25-08-2020.pdf>. Acesso em 22 dez. de 2020, p. 171.

dos advogados e da própria inclinação dos juízes a não se distanciar das formalidades do processo.[4]

Subverte-se a lógica. O sistema tradicional de justiça estatal por vezes parece erigir a disputa em si como sua finalidade última – o que já mereceu a devida crítica da doutrina nacional[5] –, perdendo-se de vista que a resolução do conflito, se possível com a efetiva pacificação dos contendores, consiste no verdadeiro objetivo da jurisdição.

É preciso, portanto, romper definitivamente com esse distorcido paradigma.

A bem da verdade, em perspectiva histórica, a prestação de justiça sequer tem suas origens como função estatal típica. Ada Pellegrini Grinover e Leonardo Greco elaboraram ricos relatos históricos das origens da prestação de justiça nas sociedades primitivas, nos diversos ordenamentos estrangeiros, canônicos, tribais etc.[6]

Cumpre registrar que, no Brasil, a Constituição do Império de 1824 já condicionava o acesso ao Poder Judiciário à comprovação de prévia tentativa de conciliação.[7]

---

4 "*(...) we should also have better methods for dispute containment. Once disputes have arisen, we should want to be able to nip them in the bud. (...) Sadly, institutional incentives embedded deeply both in the legal profession and in the courts tend to encourage the escalation rather then the containment of disputes. (...) At the same, once in the court system, judges are generally (but not always) committed, by procedure and adversarial process, to tolerating combat, and to progressing cases according to the law rather than encouraging their resolution informally and pragmatically.*" SUSSKIND, Richard. *Online courts and the future of justice*. Oxford University Press, 2019, p. 67.

5 BEDAQUE, José Roberto dos Santos. *Efetividade do processo e técnica processual*. 3ª ed. São Paulo: Malheiros, 2010.

6 "Nas sociedades primitivas, quando se perceberam os riscos e danos da autotutela, atribuiu-se a solução dos conflitos a terceiros, que atuavam como árbitros ou como facilitadores, para que se atingisse o consenso. Incumbia-se dessa função uma pessoa respeitável da comunidade – sacerdote, ancião, cacique ou o próprio rei (como Salomão) – e se obtinha a pacificação, sem necessidade de recorrer à justiça pelas próprias mãos. Assim, os métodos hoje ditos alternativos de solução de conflitos precederam, historicamente, a jurisdição estatal." GRINOVER, Ada Pellegrini. O minissistema brasileiro de justiça consensual: compatibilidade e incompatibilidades. *Publicações da Escola da AGU*. Brasília, v. 8, nº 1 jan./mar. 2016, pp. 15-36, p. 17. Disponível em: <https://seer.agu.gov.br/index.php/EAGU/article/view/1167/846>. Acesso em 24 jan. 2021. GRECO, Leonardo. *Instituições de processo civil*. 5ª ed. Rio de Janeiro: Forense, 2015, v. I, p. 69.

7 "Art. 161. Sem se fazer constar, que se tem intentado o meio da reconciliação, não se começará Processo algum." Disponível em: <http://www.planalto.gov.br/ccivil_03/Constituicao/Constituicao24.htm>. Acesso em 18 fev. 2021.

Passando à modernidade, verifica-se, desde a década de 1970, uma volta às origens, com a devolução do protagonismo na solução dos conflitos aos próprios interessados[8] e a consequente ascensão de métodos novos, mais apropriados e, em geral, menos custosos para a resolução das inúmeras espécies de litígios.[9]

Ainda na década de 70, mais especificamente em 1976, durante a *Pound Conference*,[10] Frank Sander, Professor da *Harvard Law School*, forjou a ideia de *Multi-Door Courthouse*,[11] a qual se transformou e evoluiu para

---

8 PINHO, Humberto Dalla Bernardina de. *Jurisdição e pacificação*: limites e possibilidades do uso dos meios consensuais de resolução de conflitos na tutela dos direitos transindividuais e pluri-individuais. Curitiba: CRV, 2017, p. 261.

9 Neil Andrews, em sua já clássica construção, sustenta que a mediação, a arbitragem e a jurisdição estatal consistiriam nas três vias complementares de acesso à Justiça. ANDREWS, Neil. *The three paths of justice*: court proceedings, arbitration, and mediation. Londres: Springer, 2012.

10 Conferência realizada em St. Paul, Minnesota, Estados Unidos, na qual diversos juristas abordaram as causas e possíveis soluções para o descontentamento popular com a crise da administração da justiça estatal naquele país. É considerada como o evento seminal para a construção do conceito atual de sistema de justiça multiportas. São inúmeros os artigos doutrinários que a abordam. Cita-se, a título de exemplo, estudo publicado por Michael Leathes e Deborah Masucci: "Although modern mediation originated during America's Great Depression in the 1930s as a way of resolving chronic family, employment and industrial relations conflicts, it did not start to gain recognition until after the 1976 Pound Conference. On that seminal occasion in St Paul, Minnesota, many leading American educators and jurists addressed *the causes and remedies of popular dissatisfaction with the administration of justice* in the US, recognising what Dean Roscoe Pound had, years earlier, pithily described as *tinkering where comprehensive reform was needed*, a classic remark politely reframed by Chief Justice Warren E. Burger as *deferred maintenance*. The 1976 Pound Conference was the Big Bang that ignited the explosion of new ideas that kick-started mediation." LEATHES, Michael; MASUCCI, Deborah. *Time for another Big Bang in Alternative Dispute Resolution – The world needs a Global Pound Conference*. Disponível em: <https://www.mediate.com/articles/poundconference.cfm>. Acesso em 04 jul. 2021. Na doutrina nacional, há interessantes apontamentos sobre a *Pound Conference* em: SALES, Lilia Maia de Moraes; SOUSA, Mariana Almeida de. O Sistema de Múltiplas Portas e o Judiciário brasileiro. In: *Revista Direitos Fundamentais & Justiça*, Porto Alegre, ano 5, nº 16. pp. 204-220, jul./set. 2011. Disponível em: <file:///C:/Users/rober/Downloads/OSistema-deMltiplasPortaseoJudicirioBrasileiro2011.pdf.> Acesso em 04 jul. 2021.

11 "(...) em trabalho intitulado *Varieties of dispute processing* e exposto em 1976 na *Pound Conference*, a ideia de um tribunal multiportas ou de sistema multiportas tem por objetivo criar um mecanismo ou órgão – inicialmente denominado pelo autor de *Dispute Resolution Center* e, posteriormente, recebendo o epíteto de *Multi-Door Courthouse* -, capaz de prover uma ampla variedade de processos de resolução de disputas, atendendo as específicas necessidades de cada caso concreto." SALOMÃO, Luis Felipe. Guerra e paz: as conexões entre jurisdição estatal e os métodos adequados de resolução de conflitos. *In* CURY, Augusto (org.). *Soluções Pacíficas de Conflitos para um Brasil Moderno*. Rio de Janeiro: Forense, 2019, p. 66.

ultrapassar os limites do Poder Judiciário, passando a abarcar, também, mecanismos absolutamente independentes da jurisdição estatal.

A partir de tal noção, a garantia de acesso à justiça evoluiu para a garantia a uma *ordem jurídica justa*, a qual passa a contemplar outros meios heterônomos de solução de litígios que não o Poder Judiciário – notadamente a arbitragem e, mais recentemente, os *dispute boards* -, bem como diversos métodos autocompositivos, que naturalmente dispensam a solução adjudicada por um terceiro imparcial.[12]

Cumpre ressaltar que o objetivo do sistema multiportas não é a redução, a todo e qualquer custo, do número de processos, embora não se possa negar que a solução adequada e consensual de conflitos acabe refletindo, positivamente, em considerável redução do número de feitos judiciais em andamento, como bem adverte Kazuo Watanabe.[13]

12 Neste sentido, confira-se o preciso diagnóstico delineado por Oscar Chase a partir de relatórios de estudiosos de diversos países: "*We have just seen that several legal systems resort to forms of preliminary discovery also in order to favor an anticipated or extrajudicial resolution of the controversy. This observation leads us to underline a more general trend towards alternative methods of dispute resolution. There are several reasons for this phenomenon, and they vary from one legal system to the other. However, the most important of them is that the state machinery of civil justice is unable to meet a growing "demand of justice" coming from various people on a variety of often new matters, since formal court proceedings prove often to be inefficient, expensive, uncertain as to their results, and possibly also unsuited to guarantee a satisfactory solution of certain categories of legal disputes.*" CHASE, Oscar G. *Civil litigation in comparative context.* Oscar G. Chase and Helen Hershkoff General Editors. Thomson West, 2007, p. 597.

13 "Essa é a premissa que se deve ter em mente quando se pensa em meios consensuais de solução de conflitos: adequação da solução à natureza dos conflitos e às peculiaridades e condições especiais das pessoas envolvidas. A redução do número de processos a serem julgados pelos juízes, resultado que certamente ocorrerá com a adoção deles, será mera consequência. E, sendo esses meios utilizados também na solução dos conflitos ainda não judicializados, haverá até mesmo a redução do número de processos, e não apenas da quantidade de sentenças a serem proferidas. O que estamos querendo afirmar, com essas ponderações, é que os meios consensuais de solução de conflitos não devem ser utilizados com o objetivo primordial de se solucionar a crise de morosidade da justiça, com a redução da quantidade de processos existentes no Judiciário, e sim como uma forma de dar às partes uma solução mais adequada e justa aos seus conflitos de interesses, propiciando-lhes uma forma mais ampla e correta de acesso à justiça. Sabe-se, no entanto, pela experiência pessoal de cada um de nós, operadores do direito, e pelos resultados alcançados em vários outros países e nas inúmeras experiências em curso em nosso país, que da implementação adequada dos meios consensuais de solução de conflitos resultará, com toda a certeza, o importante benefício adicional consistente em grande redução do número de feitos a serem solucionados por meio de sentença." WATANABE, Kazuo. Acesso à justiça e meios consensuais de solução de conflitos. *In*: *Tribunal Multiportas*: investindo no capital social para maximizar o sistema de solução de conflitos no Brasil. Rafael Alves de Almeida, Tania Almeida, Mariana Hernandez Crespo (orgs). Rio de Janeiro: Editora FGV, 2012, p. 89.

Seu escopo precípuo consiste na concretização de um acesso à justiça mais amplo e efetivo, no qual se resguarde a relação de *adequação* entre a espécie de lide e a respectiva ferramenta para melhor dirimi-la, gerando a maior pacificação possível no caso concreto e, em termos amplos, na própria sociedade.

Pode-se dizer, em síntese, que a via judicial deve estar sempre aberta, mas sem que isso signifique que ela deva ser a primeira ou única solução.[14] Ao contrário, a busca de justiça perante o já assoberbado Poder Judiciário deve, idealmente, ser buscada apenas de modo subsidiário.[15]

Tal caráter subsidiário da jurisdição estatal também se justifica por competir a ela, com exclusividade, a prerrogativa de uso da força (coercibilidade) nas hipóteses de descumprimento de acordos celebrados após procedimentos de conciliação, mediação ou mesmo em caso de descumprimento de sentenças arbitrais.

Mais recentemente, a doutrina vem asseverando que a imbricação entre sociedade e tecnologia se tornou tão intensa que o mundo atual necessita de uma justiça digital. Passou-se a defender a associação do sistema multiportas a novas tecnologias, de modo a se obter a sinergia necessária para debelar a grave crise de efetividade na prestação jurisdicional descrita acima.[16]

---

14 PINHO, Humberto Dalla Bernardina de. A *mediação no direito brasileiro*: evolução, atualidades e possibilidades no projeto do novo Código de Processo Civil. Disponível em: <https://ambitojuridico.com.br/cadernos/direito-processual-civil/a-mediacao-no-direito-brasileiro-evolucao-atualidades-e-possibilidades-no-projeto-do-novo-codigo-de--processo-civil/>. Acesso em: 02 abril 2021.

15 SPENGLER, Fabiana Marion. *Da jurisdição à mediação*: por uma outra cultura no tratamento de conflitos. Ijuí: Editora Ijuí, 2010, p. 104. Neste sentido, confira-se ainda a lição de Fredie Didier Jr. e Hermes Zanetti Jr.: "A justiça estatal clássica, resultante da decisão proferida pelo juiz, não é mais o único meio adequado para a solução de conflitos. Ao lado desta justiça de porta única, surgem novas formas de acesso: a justiça se torna uma justiça multiportas. Nesta justiça, a solução judicial deixa de ter a primazia nos litígios que permitem a autocomposição e passa a ser a *ultima ratio, extrema ratio.*" DIDIER JR., Fredie. ZANETI JR., Zaneti. *Curso de Direito Processual Civil*, v. 4, Processo Coletivo. 14 ed. revista, atualizada e ampliada, Salvador: Editora *Juspodivm*, 2020, p. 376.

16 Confira-se, por todos, o prefácio à obra "*Tecnologia e justiça multiportas*", da lavra de José Antonio Dias Toffoli. ÁVILA, Henrique; FUX, Luiz; CABRAL, Trícia Navarro Xavier. *Tecnologia e justiça multiportas*. Brasília: Foco, 2021, p. VI. Tal tendência foi inequivocamente encampada pelo Conselho Nacional de Justiça, que vem editando sucessivas Resoluções sobre direito e tecnologia. O tema será abordado ao longo do livro, e, em especial, no Capítulo 5, concernente às plataformas *online* de resolução de litígios.

Esta nova concepção de acesso à justiça impactou profundamente o conceito de jurisdição no Brasil, conforme se analisará no tópico a seguir.

1.2. O conceito atual de jurisdição no Brasil

A Teoria Geral do Processo no Brasil sofreu, principalmente nos últimos vinte anos, um considerável deslocamento em seu polo metodológico,[17] antes focado no *direito de ação*, sob forte influência da doutrina italiana, e agora ocupado pela *jurisdição*.[18]

Nas Faculdades de Direito, a relevância do estudo das teorias evolutivas do direito de ação, bem como a busca perfeccionista pela sua terminologia ideal, cedeu espaço à pesquisa mais aprofundada do acesso à justiça e dos meios adequados de solução de conflitos, os quais se encontram inseridos no conceito atual de jurisdição.[19]

Para além de suas características tradicionais, de acessibilidade, instrumentalidade e eficiência,[20] agregam-se hoje à noção de jurisdição os imperativos de *adequação* entre o instrumento de resolução de conflitos empregado e a disputa de direito material do caso concreto, bem como o de *pacificação social com justiça*, apontado por Humberto Dalla Bernardina de Pinho como o principal objetivo da jurisdição contemporânea.[21]

---

17 Vide, a título de exemplo, que J. J. Calmon de Passos, em 2001, já alertava para o fato de que a importância do manejo da técnica processual nas tradicionais soluções adjudicadas haveria de ser substituída pela devida atenção aos anseios dos jurisdicionados. CALMON DE PASSOS, J. J. Instrumentalidade do processo e devido processo legal. *Revista de Processo*. São Paulo: Revista dos Tribunais, v. 102, abr./jun. 2001, p. 98.

18 O tema mereceu o título do Capítulo 1 da tese de titularidade de Humberto Dalla Bernardina de Pinho à cátedra de Direito Processual Civil da Universidade do Estado do Rio de Janeiro – UERJ: "A jurisdição enquanto polo metodológico da teoria geral do processo e as suas características na contemporaneidade." PINHO, Humberto Dalla Bernardina de. *Jurisdição e pacificação*: limites e possibilidades do uso dos meios consensuais de resolução de conflitos na tutela dos direitos transindividuais e pluri-individuais. Curitiba: CRV, 2017.

19 Kazuo Watanabe, já em 1988, alertava para a insuficiência das estruturas estatais de prestação de jurisdição: "(...) a problemática do acesso à justiça não pode ser estudada nos acanhados limites do acesso aos órgãos jurisdicionais já existentes." WATANABE, Kazuo. Acesso à justiça e sociedade moderna. *In: Participação e processo*. São Paulo: Revista dos Tribunais, 1988, p. 128.

20 CAPPELLETTI, Mauro; GARTH, Bryant. *Acesso à Justiça*. Tradução e revisão de Ellen Gracie Northfleet. Porto Alegre: Sergio Antonio Fabris Editor, 1988. Reimpresso 2002.

21 "(...) o principal objetivo da jurisdição, na dimensão contemporânea, consiste em promover a pacificação social com justiça, por meio do cumprimento de seus escopos ju-

A evolução do conceito de jurisdição, com sua releitura ampliativa,[22] é, portanto, motivo mais que suficiente para o deslocamento do polo metodológico da Teoria Geral do Processo, que passa a privilegiá-la em detrimento do estudo de seus outros institutos fundamentais, a saber, o direito de ação e o processo.

Com efeito, a doutrina passou a internalizar a noção de que a jurisdição tem por escopo principal a pacificação dos conflitos[23] e que este deve ser perseguido mesmo além dos limites da tradicional função adjudicatória[24] exercida pelo Poder Judiciário.

No que diz respeito especificamente ao processo jurisdicional tradicional, enquanto forma de exercício da jurisdição pelo Estado-juiz, cumpre deixar claro que, para os fins desta obra, consiste tão somente em um dos meios de acesso à justiça, sendo certo que a sua visão rígida, típica da doutrina adepta ao publicismo, não mais se sustenta. Caso as partes optem pela submissão de seu litígio ao Poder Judiciário, resta hoje fora de dúvida que elas manterão o protagonismo decorrente da autonomia de

---

rídicos e políticos e, acima de tudo, observando as garantias fundamentais." PINHO, Humberto Dalla Bernardina de. *Jurisdição e pacificação*: limites e possibilidades do uso dos meios consensuais de resolução de conflitos na tutela dos direitos transindividuais e pluri-individuais. Curitiba: CRV, 2017, p. 60.

---

22 GRINOVER, Ada Pelegrini. *Ensaio sobre a processualidade*: fundamentos para uma nova teoria geral do processo. São Paulo: Gazeta Jurídica, 2016, p. 62.

23 "A pacificação é o escopo magno da jurisdição e, por consequência, de todo o sistema processual (uma vez que todo ele pode ser definido como a disciplina jurídica da jurisdição e seu exercício). É um escopo social, uma vez que se relaciona com o resultado do exercício da jurisdição perante a sociedade e sobre a vida gregária dos seus membros e felicidade pessoal de cada um." CINTRA, Antônio Carlos de Araújo; GRINOVER, Ada Pellegrini; DINAMARCO, Cândido Rangel. *Teoria Geral do Processo*. São Paulo: Malheiros Editores, 27ª ed., 2011, p. 30.

24 "Adjudicação é o processo social por meio do qual os juízes dão significado aos valores públicos. *Adjudication* é a forma usual na literatura de língua inglesa para designar a atividade realizada pelo Poder Judiciário na solução de conflitos. (...) O juiz, ao julgar um determinado caso, aplica a norma ao caso concreto adjudicando – isto é, atribuindo – uma solução, entre outras possíveis, para a controvérsia em questão." FISS, Owen. As formas de justiça. *In: Direito como razão pública*: processo, jurisdição e sociedade. Coordenação da tradução Carlos Alberto de Salles. 2ª ed. Curitiba: Juruá, 2017, p. 25. Na doutrina nacional, confira-se PINHO, Humberto Dalla Bernardina de. A releitura do princípio do acesso à justiça e o necessário redimensionamento da intervenção judicial na resolução dos conflitos na contemporaneidade. *Revista Jurídica Luso-Brasileira - RJLB*, v. 3, pp. 791-830, 2019.

sua vontade sobre o bem da vida em disputa, mesmo após a judicialização do conflito.[25]

Para Humberto Dalla, a contemporaneidade exige o rompimento do viés estático de jurisdição, devendo esta se divorciar da noção de estrita manifestação de poder estatal e assumir uma feição dinâmica, aberta a diversos mecanismos tendentes à consecução da pacificação social com justiça. Tal concepção tende a potencializar a efetividade da jurisdição.[26]

A incorporação da ideia de sistema multiportas de justiça também fez com que as atividades desempenhadas pelas serventias extrajudiciais passassem a ser consideradas como verdadeira atividade jurisdicional,[27] notadamente a partir dos procedimentos de jurisdição voluntária, mas muito além destes.[28]

---

25 "O processo brasileiro do séc. XXI surge mais flexível, com maior protagonismo das partes e redução dos poderes do juiz, cenário em que temas como os negócios jurídicos processuais e a autotutela puderam florescer e se revigorar. Ao invés de acreditar na solução jurisdicional dos conflitos, relacionando o processo ao Estado, o sistema jurídico empresta ênfase a processos privados de resolução de disputas (autocompositivos ou heterocompositivos)." CABRAL, Antonio do Passo. Da instrumentalidade à materialização do processo: as relações contemporâneas entre direito material e direito processual. *Civil Procedure Review*. V. 12, nº 2, maio-ago. 2021, pp. 69-102, p. 95.

26 "(...) a concepção dinâmica da jurisdição traz em seu bojo a ideia de efetividade. É de se estranhar que, por tanto tempo, não se tenha levantado a bandeira da efetividade com maior afinco nos processos judiciais, já que a efetividade sempre foi exigida de toda a Administração Pública." PINHO, Humberto Dalla Bernardina de. *Jurisdição e pacificação*: limites e possibilidades do uso dos meios consensuais de resolução de conflitos na tutela dos direitos transindividuais e pluriindividuais. Curitiba: CRV, 2017, p. 43.

27 Não se desconhece que Leonardo Greco há muito considera os atos de jurisdição voluntária como de verdadeiro exercício de função jurisdicional. "Assim, tutelar interesses particulares sem que haja lide também é função jurisdicional, desde que exercida por órgãos e funcionários investidos das garantias necessárias ao desempenho dessa atividade com absoluta independência e imparcialidade, exclusivamente no interesse de seus destinatários, em caráter unicamente assistencial." GRECO, Leonardo. *Instituições de processo civil*. 5ª ed. Rio de Janeiro: Forense, 2015, v. I, 93-98.

28 "Tal tendência desjudicializante ganhou vigor especialmente a partir da edição da Lei federal 11.441/2007, responsável por autorizar a realização de inventário, partilha, separação e divórcio em cartórios extrajudiciais, medida recebida com peculiar entusiasmo pela sociedade e que se mostrou um exemplo bem sucedido de desjudicialização, conferindo fôlego para inúmeras outras iniciativas subsequentes no mesmo sentido." HILL, Flávia Pereira. O procedimento extrajudicial pré-executivo (PEPEX): reflexões sobre o modelo português em busca da efetividade da execução no Brasil. *In: Reflexões sobre a desjudicialização da execução civil*. MEDEIROS NETO, Elias Marques. RIBEIRO, Flávia Pereira. Curitiba: Juruá, 2020, p. 308.

Para além da jurisdição estatal, reconhece-se hoje a arbitragem como legítima função jurisdicional privada, ainda que despida do poder de coerção (exclusivamente reservado aos juízes), os *dispute boards*, notadamente para grandes contratos envolvendo a Administração Pública, nos termos da recente Lei nº 14.133, de 1º de abril de 2021, bem como os meios autocompositivos, que passam a integrar a noção contemporânea de jurisdição, independentemente do fato de se desenvolverem judicial ou extrajudicialmente.[29]

Diante dessa miríade de instrumentos à disposição dos jurisdicionados, reforça-se a importância da *adequação* entre o mecanismo de solução de controvérsias aplicado e as circunstâncias do caso concreto.[30] Tal expansão da jurisdição no Brasil, pela implementação da referida característica da adequação, traz as virtudes de um sistema de justiça mais pragmático e instrumental, verdadeiramente focado na resolução do problema que deu origem à disputa.[31]

Quanto ao caráter pragmático da atual noção de jurisdição, trivial concluir que o avanço no emprego de meios de resolução de conflitos sem utilização da estrutura do Poder Judiciário aliviará sua sobrecarga de trabalho. Igualmente de fácil constatação que, em algumas hipóteses, determinado método autocompositivo pode se revelar como o caminho mais simples, curto e econômico para dirimir o litígio.

---

29 "A mediação pode ser realizada por mediadores independentes ou por instituições voltadas à sua realização. Quando é operada sem componentes dos quadros jurisdicionais, ela é denominada mediação privada ou extrajudicial." TARTUCE, Fernanda. *Mediação nos conflitos civis*. 4ª ed., rev. atual. e ampl. Rio de Janeiro: Forense; São Paulo: MÉTODO, 2018, p. 299.

30 "Em muitos casos, a solução adjudicativa (prestação jurisdicional estatal) não se mostra o meio mais adequado, seja porque impõe às partes uma decisão que não foi por elas diretamente cunhada, seja porque exaspera as posições antagônicas, ao fixar as figuras de vencedor e vencido, dentre outros fatores" HILL, Flávia Pereira. Prefácio. *In: Do conflito à solução adequada: mediação, conciliação, negociação, jurisdição e arbitragem*. SPENGLER, Fabiana Marion; SPENGLER NETO, Theobaldo (coords.). Santa Cruz do Sul: Essere nel Mondo, 2015, p. 6.

31 Como bem lembrado por Flávia Pereira Hill, substanciosas sentenças e bem fundamentados acórdãos de nada adiantam aos jurisdicionados, ainda que proferidos no mesmo sentido de suas postulações. As partes do litígio precisam e querem, na verdade, a efetiva entrega do bem da vida em disputa. Trata-se da atividade satisfativa mencionada no art. 4º, *in fine*, do CPC. HILL, Flávia Pereira. O procedimento extrajudicial pré-executivo (PEPEX): reflexões sobre o modelo português em busca da efetividade da execução no Brasil. *In: Reflexões sobre a desjudicialização da execução civil*. MEDEIROS NETO, Elias Marques. RIBEIRO, Flávia Pereira. Curitiba: Juruá, 2020, p. 306.

Registre-se, porém, que a defesa da adequação como característica essencial do conceito atual de jurisdição vai muito além, tendo como principal fundamento a maior compatibilidade e efetividade de um determinado método a um caso específico, *v.g.* a utilização da mediação envolvendo a disputa pela guarda de um menor ou, em extremo oposto, a arbitragem para dirimir complexas disputas entre grandes empresas que preferem um julgador altamente especializado no tema e não desejam a publicização do conflito em razão de possíveis reações negativas do mercado. Em outras palavras, a utilização do meio adequado tende a proporcionar resultados mais favoráveis em termos de pacificação social com justiça, conforme será mais detalhadamente demonstrado no Capítulo 4, dedicado à mediação.

No que diz respeito ao aspecto instrumental da jurisdição, ínsito ao emprego de meios adequados de solução de conflitos, mostra-se cabível a noção de instrumentalidade empregada no processo civil tradicional,[32] desde que em sua roupagem mais moderna, de "formalismo-valorativo."[33]

Como se verifica há pelo menos duas décadas no processo civil tradicional, no conceito expandido de jurisdição não há espaço para formalismos desnecessários e, ainda com mais razão, para a vetusta hipótese de preponderância do apego excessivo à forma em detrimento da definição da titularidade do direito material em disputa.[34]

Uma advertência, no entanto, deve ser feita.

---

32 Sobre os escopos e a importância do processo nos planos social, econômico e político, confira-se a lição de Cândido Rangel Dinamarco: "(...) foi preciso quase um século para que os estudiosos se apercebessem de que o sistema processual não é algo destituído de conotações éticas e objetivos a serem cumpridos no plano social, no econômico e no político. Preponderou por todo esse tempo a crença de que ele fosse mero instrumento do direito material, sem consciência de seus escopos metajurídicos." DINAMARCO, Cândido Rangel. O futuro do processo civil brasileiro *In: Fundamentos do processo civil moderno.* São Paulo: Malheiros, 2000, t. II, p. 729.

33 A consagrada expressão foi cunhada por Carlos Alberto Alvaro de Oliveira. ALVARO DE OLIVEIRA, Carlos Alberto. *Do formalismo no processo civil*: proposta de um formalismo-valorativo. 3ª ed. rev., atual., e aumentada. São Paulo: Saraiva, 2009.

34 "A jurisdição contemporânea, dessa forma, tem o importante papel de retirar o processo do cárcere do formalismo desmesurado, cárcere este ao qual fora aprisionado desde as épocas mais remotas. Mesmo após a conquista de sua autonomia, não se pode negar que o processo sempre se encontrou acorrentado ao formalismo." PINHO, Humberto Dalla Bernardina de. *Jurisdição e pacificação*: limites e possibilidades do uso dos meios consensuais de resolução de conflitos na tutela dos direitos transindividuais e pluri-individuais. Curitiba: CRV, 2017, p. 33.

O repúdio ao formalismo exacerbado desenvolvido pela doutrina do processo civil clássico precisa ser transplantada para os demais meios heterocompositivos e autocompositivos, mas é igualmente correto que nestes também devem ser rigidamente observadas todas as garantias e direitos fundamentais das partes envolvidas,[35] salvo algumas peculiaridades específicas inerentes ao próprio instrumento, as quais serão abordadas nos Capítulos próprios sobre mediação e arbitragem.[36]

Mais uma vez deve-se recorrer à máxima de que a finalidade última da jurisdição contemporânea é a pacificação social com justiça, a qual não pode prescindir, naturalmente, da observância à cláusula do devido processo legal. Esta superior pacificação social será, em diversos casos, obtida com mais êxito fora dos limites da jurisdição estatal, a partir da efetiva aplicação da adequação entre o litígio e o instrumento para a sua resolução.

Pode-se afirmar, portanto, em mais um paralelo com o processo civil tradicional, que também os mecanismos adequados de resolução de litígios desempenham relevantes escopos políticos[37] e sociais, eis que plenamente enquadrados no conceito contemporâneo de jurisdição.

A noção de adequação assume, portanto, verdadeiro protagonismo no conceito hodierno de jurisdição, que passa a contar com outras duas

35 "Agora, com a expansão da noção da jurisdição, para que abarque também as ferramentas adequadas, mesmo que extrajudiciais, é necessário, igualmente estender a ideia da eficácia horizontal para a jurisdição. Dessa forma, mesmo numa conciliação ou mediação extrajudicial, ou ainda num procedimento arbitral, as garantias fundamentais devem ser preservadas, como já vimos em item anterior. Mesmo que não haja interferência direta e imediata do Estado, por se tratar de jurisdição em sentido amplo, não seria possível prescindir de tais garantias." PINHO, Humberto Dalla Bernardina de. *Jurisdição e pacificação*: limites e possibilidades do uso dos meios consensuais de resolução de conflitos na tutela dos direitos transindividuais e pluri-individuais. Curitiba: CRV, 2017, p. 260.

36 Alguns princípios da jurisdição estatal não se encaixam, por exemplo, na mediação e na arbitragem. O tema será minudenciado à frente, mas remete-se o leitor desde já ao texto: PINHO, Humberto Dalla Bernardina de; QUEIROZ, Pedro Gomes de. As Garantias Fundamentais do Processo e o Instituto da Mediação Judicial: Pontos de Tensão e de Acomodação. *Revista Jurídica Luso-Brasileira - RJLB*, Ano 3 (2017), nº 5.

37 "Também é importante o fundamento político da justiça participativa, pois não só mediadores e conciliadores, como as próprias partes, participam da solução do conflito, o que é característico da democracia participativa, com seus vários momentos em que a sociedade é chamada a atuar." GRINOVER, Ada Pellegrini. O minissistema brasileiro de justiça consensual: compatibilidade e incompatibilidades. *Publicações da Escola da AGU*. Brasília, v. 8, nº 1 jan./mar. 2016, pp. 15-36. Disponível em: <https://seer.agu.gov.br/index.php/EAGU/article/view/1167/846>. Acesso em 24 jan. 2021.

características essenciais, além das já tradicionais acessibilidade, instrumentalidade e efetividade,[38] a saber: *adequação* e *pacificação social*.[39]

Em síntese, tomar-se-á como premissa de toda a obra o conceito amplo de jurisdição, a englobar a tradicional prestação de justiça pelo Estado-juiz, por intermédio do Poder Judiciário, bem como pelas suas serventias extrajudiciais, além da arbitragem, como nítida manifestação de jurisdição privada, os *dispute boards*, recentemente regulamentados pela nova Lei de Licitações e Contratos Administrativos (Lei nº 14.133/2021) e, ainda, os meios autocompositivos, dentre os quais a negociação direta, a conciliação e a mediação, judiciais ou extrajudiciais.

Cabe aqui a advertência de Fredie Didier Jr. e Hermes Zaneti Jr., no sentido de que o Código de Processo Civil de 2015 não preconiza qualquer superioridade da justiça estatal em relação aos demais meios de solução de controvérsias.[40]

Analisados os conceitos teóricos estruturantes do tema, passa-se, neste momento, à análise de dois dos quatro marcos regulatórios que sustentam o chamado microssistema ou minissistema[41] dos meios adequados de solução de conflitos, a saber, as Resoluções do Conselho Nacional de Justiça, notadamente a nº 125/2010, e o Código de Processo Civil. Esses dois diplomas estabelecem, respectivamente, a diretriz política de emprego dos meios adequados de solução de litígios e normas de estímulo expresso a tais instrumentos.

O microssistema de meios adequados de solução de conflitos é composto, ainda, pela Lei de Mediação (Lei nº 13.140/2015) e pela Lei de Arbitragem (Lei nº 9.307/96, alterada pela Lei nº 13.129/2015), as quais,

---

38 De acordo com o art. 4º do CPC, efetividade engloba a atividade satisfativa, ou seja, a etapa executiva, com a entrega do bem em disputa ao seu titular assim reconhecido ao final da fase de conhecimento. Com efeito, de nada adianta o célere acertamento do direito material em disputa sem a sua efetiva entrega/transferência ao vencedor da ação.

39 PINHO, Humberto Dalla Bernardina de. *Jurisdição e pacificação*: limites e possibilidades do uso dos meios consensuais de resolução de conflitos na tutela dos direitos transindividuais e pluri-individuais. Curitiba: CRV, 2017, p. 265.

40 DIDIER JR., Fredie; ZANETI JR., Hermes. Justiça multiportas e tutela constitucional adequada: autocomposição em direitos coletivos. *In Justiça multiportas*. ZANETI JR., Hermes; CABRAL, Trícia Navarro Xavier. Coleção grandes temas do novo CPC. Coordenador Geral Fredie Didier Jr. Salvador: JusPodivm, 2017. pp. 35-66, p. 37.

41 GRINOVER, Ada Pellegrini. O minissistema brasileiro de justiça consensual: compatibilidade e incompatibilidades. *Publicações da Escola da AGU*. Brasília, v. 8, nº 1 jan./mar. 2016, pp. 15-36. Disponível em: <https://seer.agu.gov.br/index.php/EAGU/article/view/1167/846>. Acesso em 24 jan. 2021.

pela complexidade, especificidade e *vis actrativa* com a temática da participação dos entes públicos, merecerão estudo em capítulos próprios.

1.3. Do princípio da primazia do julgamento do mérito ao princípio da primazia da solução adequada do litígio

O princípio da primazia do julgamento do mérito parte da intuitiva noção de que os gastos de tempo, dinheiro e energia das partes, dos juízes e de todos os auxiliares da justiça com a propositura de uma ação judicial e respectiva tramitação processual deve conduzir à efetiva resolução do mérito da lide que lhe serviu de fundamento.

Tal princípio foi positivado no lapidar art. 488 do CPC. Com efeito, essa regra consiste em corolário dos princípios da cooperação, da ausência de nulidade sem prejuízo e da economia processual, ao prever que "*Desde que possível, o juiz resolverá o mérito sempre que a decisão for favorável à parte a quem aproveitaria eventual pronunciamento nos termos do art. 485.*"

As hipóteses previstas no art. 485, de extinção do processo sem a resolução do mérito consistem, à luz da efetividade da jurisdição, dos princípios da cooperação e da economia processual, no pior desfecho possível. Com efeito, movimenta-se a máquina do Poder Judiciário para obtenção de resultado zero, eis que resta assegurada ao autor a possibilidade de repropositura da mesma demanda, ante a ausência de formação de coisa julgada material.

A lógica de busca da efetiva solução dos conflitos, inerente à jurisdição estatal e tipificada no art. 488 pode e deve ser expandida e transplantada para a noção contemporânea de jurisdição.

Busca-se hoje algo além do desfecho dos processos judiciais com resolução do mérito.

O foco agora nem sequer reside no processo judicial tradicional, mas sim na efetiva solução do litígio com a sua máxima pacificação, independentemente do meio empregado para obtê-lo, desde que asseguradas todas as garantias dos jurisdicionados.

A noção de primazia da solução adequada do litígio parte da escolha e emprego do método mais apropriado para cada tipo de controvérsia, conforme demonstrado linhas acima, privilegiando, sempre que possível, a menor prática de atos até a efetiva pacificação.

Em outras palavras, a transição ora proposta será concretizada em maior grau na medida em que menos esforços sejam expendidos para a pacificação da controvérsia, se possível sem a instauração de processo judicial algum.

Exemplos máximos da ideia ora sustentada consistiriam na mediação pré-processual que pacifica por completo a disputa, bem como a resolução de um conflito via plataforma *online* de resolução de litígios dotada de inteligência artificial, na qual a solução para o caso vem a ser apresentada por um *software*, acatada pelas partes e apenas homologada pelo Poder Judiciário.

A título conclusivo deste tópico, o que se almeja hoje é a antítese do art. 485 do CPC, que trata do fenômeno do processo que vem a ser extinto sem resolução do mérito.

A situação ideal consiste justamente no inverso, ou seja, na resolução do conflito *sem* processo judicial.

1.4. Meios adequados de resolução de litígios no Código de Processo Civil de 2015

Além do emblemático art. 3º, norma fundamental do direito processual civil que traz o aclamado conceito elástico de jurisdição, em contraposição à garantia de acesso tão somente ao Poder Judiciário, prevista no art. 5º, inciso XXXV, da Constituição da República, a Seção IV do Capítulo III do CPC, composta pelos artigos 165 a 175, é integralmente dedicada à disciplina dos meios autocompositivos.

A regra inaugural, art. 165 *caput*, tem por escopo dar concretude à plena efetivação dos meios autocompositivos, ao impor a todos os tribunais do país a criação de centros judiciários de solução de conflitos, atualmente conhecidos pela sigla de CEJUSCs (ou CESOL, no caso da Justiça Federal da Seção Judiciária do Rio de Janeiro).

O art. 165, § 2, do CPC traz o conceito de conciliação,[42] encampando o entendimento majoritário da doutrina nacional, que a compreende como a técnica autocompositiva pela qual um profissional imparcial intervém para auxiliar as partes a alcançar um acordo, estando autorizado, inclusive, a expor as vantagens e desvantagens sobre as propostas apresentadas e até mesmo propor soluções para a controvérsia, sem poder, todavia, forçar a celebração do ajuste. O § 3º, por sua vez, ao dispor sobre as funções do mediador, apresenta a definição de mediação, destacando a sua aderência aos casos em que haja vínculo anterior entre as partes.[43]

Alguns outros dispositivos merecem breve registro, tais como o art. 166, que apresenta o rol de princípios regedores da conciliação e da me-

42 Objeto do Capítulo 3 desta obra.

43 Objeto do Capítulo 4 desta obra.

diação. Curioso destacar que, praticamente de forma simultânea ao Código, foi editada a Lei de Mediação, Lei nº 13.140/2015, que em seu art. 2º contempla rol praticamente idêntico. O art. 167 versa sobre o cadastro nacional e em TJs e TRFs dos conciliadores, mediadores e câmaras privadas, ao passo que o art. 168 trata da livre escolha do terceiro imparcial facilitador e o art. 169 sobre a remuneração desses profissionais, regra que veio a ser esmiuçada por Resolução do CNJ, conforme se analisará no próximo tópico.

Os artigos 170 a 172 dispõem sobre os casos de impedimento e impossibilidade temporária dos conciliadores e mediadores, enquanto o art. 173, ao dispor sobre graves violações, contempla as hipóteses de exclusão do cadastro de conciliadores e mediadores.

Para os fins desta obra merece destaque, naturalmente, o art. 174, que positiva a obrigatoriedade de criação, por parte da União, dos Estados, do Distrito Federal e dos Municípios, de câmaras de mediação e conciliação com vistas à solução consensual de conflitos entre órgãos e entidades da administração pública.[44]

Para além dos artigos 165 a 175, importante também consignar a função de abreviação do procedimento comum ordinário por meio de estímulos expressos à autocomposição contidos em dispositivos esparsos do Código de Processo Civil.

Tais normas têm por objetivo induzir comportamentos dos litigantes em processos judiciais a partir de estímulos econômicos. Visam à redução da beligerância, seja pelo desfecho do litígio em momento prematuro após a judicialização, por autocomposição, seja pelo não prosseguimento do litígio após a prolação de sentença.

Exemplos nítidos podem ser identificados nos parágrafos 3º e 4º do artigo 90[45] e no parágrafo 11 do artigo 85 do CPC.[46] Esses estímulos com-

44 "Art. 174. A União, os Estados, o Distrito Federal e os Municípios criarão câmaras de mediação e conciliação, com atribuições relacionadas à solução consensual de conflitos no âmbito administrativo, tais como:
I - dirimir conflitos envolvendo órgãos e entidades da administração pública; II - avaliar a admissibilidade dos pedidos de resolução de conflitos, por meio de conciliação, no âmbito da administração pública; III - promover, quando couber, a celebração de termo de ajustamento de conduta."

45 "Art. 90. Proferida sentença com fundamento em desistência, em renúncia ou em reconhecimento do pedido, as despesas e os honorários serão pagos pela parte que desistiu, renunciou ou reconheceu. (...) § 3º Se a transação ocorrer antes da sentença, as partes ficam dispensadas do pagamento das custas processuais remanescentes, se houver. § 4º Se o réu reconhecer a procedência do pedido e, simultaneamente, cumprir integralmente a prestação reconhecida, os honorários serão reduzidos pela metade."

46 "Art. 85. A sentença condenará o vencido a pagar honorários ao advogado do vencedor. (...) § 11. O tribunal, ao julgar recurso, majorará os honorários fixados anteriormente

portamentais consistem em manifestação da análise econômica do direito empregada pelo Código de Processo Civil com o objetivo de maximizar a implantação de sua grande diretriz de resolução consensual dos conflitos.[47]

Por fim, cabe o registro de que o art. 196 do CPC dispõe competir ao Conselho Nacional de Justiça regulamentar a prática e a comunicação de atos processuais por meio eletrônico, velar pela compatibilidade dos sistemas e disciplinar a incorporação progressiva de novos avanços tecnológicos. Ainda que tal dispositivo verse sobre processo eletrônico e tecnologia, há crescentes pontos de contato com o tema dos meios adequados, conforme se passará a expor no próximo tópico e no Capítulo 5, dedicado ao estudo das plataformas *online* de resolução de disputas.

1.5. Meios adequados de resolução de litígios nas Resoluções nº 125/2010, 225/2016, 271/2018, 345/2020 e 358/2020 do CNJ

Criado pela Emenda Constitucional nº 45/2004, o Conselho Nacional de Justiça possui, em seu amplo feixe de atribuições relativas ao controle e à forma de atuação do Poder Judiciário, a de expedir atos regulamentares ou recomendar providências.[48] Suas Resoluções, portanto, possuem na-

---

levando em conta o trabalho adicional realizado em grau recursal, observando, conforme o caso, o disposto nos §§ 2º a 6º, sendo vedado ao tribunal, no cômputo geral da fixação de honorários devidos ao advogado do vencedor, ultrapassar os respectivos limites estabelecidos nos §§ 2º e 3º para a fase de conhecimento." Cabe o registro de que a Lei de Mediação também dispõe de regra semelhante, a saber, o 22, §2º, IV, da Lei 13.140/2015: "IV - o não comparecimento da parte convidada à primeira reunião de mediação acarretará a assunção por parte desta de cinquenta por cento das custas e honorários sucumbenciais caso venha a ser vencedora em procedimento arbitral ou judicial posterior, que envolva o escopo da mediação para a qual foi convidada."

---

47 Sobre o tema da análise econômica do direito aplicada ao processo civil, que, à toda evidência, extrapola os limites deste livro, confira-se, na doutrina nacional, as seguintes obras: FUX, Luiz; BODART, Bruno. Processo civil e análise econômica. Rio de Janeiro: Forense, 2019. FUX, Rodrigo. Os influxos da análise econômica do direito no código de processo civil de 2015. *Revista de Processo*. Vol. 308, 2020, pp. 321-349. WOLKART, Erik Navarro. *Análise econômica do processo civil*: como a economia, o direito e a psicologia podem vencer a tragédia da justiça. São Paulo: Thompson Reuters Brasil, 2019. Com recorte teórico ainda mais alinhado às hipóteses ora descritas, vide a parte II da obra: ABREU, Rafael Sirangelo de. *Incentivos processuais*: economia comportamental e *nudges* no processo civil. São Paulo: Thompson Reuters Brasil, 2020. (Coleção o novo processo civil/Coordenadores Luiz Guilherme Marinoni, Sergio Cruz Arenhart, Daniel Mitidiero).

48 "Art. 103-B. O Conselho Nacional de Justiça compõe-se de 15 (quinze) membros com mandato de 2 (dois) anos, admitida 1 (uma) recondução, sendo: (...) § 4º Compete ao

tureza jurídica de atos normativos infralegais de observância obrigatória cujos destinatários são todos os tribunais e juízes.[49]

A Resolução nº 125/2010 do Conselho Nacional de Justiça instituiu e até hoje rege a Política Judiciária Nacional dos meios adequados de solução de conflitos.

Conforme referido na Introdução, tal Resolução consiste no marco regulatório dos meios adequados de solução de litígios e da própria noção de Justiça Multiportas no Brasil. Suas disposições vieram a ser plenamente encampadas pelo legislador ordinário, nos termos dos dispositivos do Código de Processo Civil analisados no tópico anterior, bem como da Lei de Mediação, que será objeto de análise no Capítulo 4.

Em brevíssima panorâmica, cabe destacar que seu art. 1º dispõe que a Política acima referida consiste em seu principal escopo, o qual será perseguido com o oferecimento, a todos os jurisdicionados, do direito a solucionar seus conflitos por meios adequados à natureza e peculiaridades do caso concreto. Trata-se da primeira normatização do princípio da adequação no ordenamento brasileiro.

Para implementar a Política Judiciária Nacional dos meios adequados de solução de conflitos, bem como a disseminação da cultura de pacificação social, seus arts. 2º e 3º preconizam a adequada formação e treinamento de servidores, conciliadores e mediadores, acompanhamento estatístico do emprego de tais meios consensuais, bem como a obrigatoriedade de auxílio fornecido pelo CNJ a todos os tribunais do país.

Os arts. 4º a 6º tratam das competências do CNJ destinadas à promoção de ações de incentivo à autocomposição de litígios e à pacificação social, enquanto o art. 7º impôs a todos os tribunais do país a obrigatoriedade de criação dos já mencionados Núcleos Permanentes de Métodos Consensuais de Solução de Conflitos.

Em interessante e harmonioso movimento, a Emenda nº 2 da Resolução nº 125, editada em 08 de março de 2016, incorpora diversas diretrizes e regras do CPC/2015, tais como a obrigatoriedade de realização

Conselho o controle da atuação administrativa e financeira do Poder Judiciário e do cumprimento dos deveres funcionais dos juízes, cabendo-lhe, além de outras atribuições que lhe forem conferidas pelo Estatuto da Magistratura: (...) I - zelar pela autonomia do Poder Judiciário e pelo cumprimento do Estatuto da Magistratura, podendo expedir atos regulamentares, no âmbito de sua competência, ou recomendar providências;"

49 As suas recomendações, por outro lado, consistem em meras orientações, não vinculando juízes e tribunais.

da audiência do art. 334 (art. 1º, § único), de realização de mediação pré-processual em tais Núcleos, evitando-se a tramitação de ação judicial relativa à controvérsia (art. 8º, § 1º), dentre outros aspectos, com o nítido objetivo de reforçá-las.[50]

Já pela Resolução nº 225/2016, o CNJ dispõe sobre a política nacional de justiça restaurativa, na esteira das Recomendações da ONU que menciona. Seu art. 1º *caput* e incisos trazem seu conceito e características essenciais.[51]

Ainda que a justiça restaurativa se enquadre como método adequado de resolução de controvérsias, tal como disposto em um dos *consideranda* da mencionada Resolução,[52] não podendo, portanto, deixar de ser ao menos mencionada em obra dedicada ao estudo do sistema multiportas de justiça, sua aplicabilidade possui *vis atractiva* com litígios na seara criminal, de família ou que envolvam comunidades,[53] distanciando-se da apli-

---

50 CABRAL, Trícia Navarro Xavier. Canal *YouTube* do Prof. Daniel Neves. Disponível em: <CNJ e o processo civil - com Tricia Navarro - YouTube>. Acesso em 08 abril 2021.

51 "Art. 1° A Justiça Restaurativa constitui-se como um conjunto ordenado e sistêmico de princípios, métodos, técnicas e atividades próprias, que visa à conscientização sobre os fatores relacionais, institucionais e sociais motivadores de conflitos e violência, e por meio do qual os conflitos que geram dano, concreto ou abstrato, são solucionados de modo estruturado na seguinte forma:
I - é necessária a participação do ofensor, e, quando houver, da vítima, bem como, das suas famílias e dos demais envolvidos no fato danoso, com a presença dos representantes da comunidade direta ou indiretamente atingida pelo fato e de um ou mais facilitadores restaurativos;
II - as práticas restaurativas serão coordenadas por facilitadores restaurativos capacitados em técnicas autocompositivas e consensuais de solução de conflitos próprias da Justiça Restaurativa, podendo ser servidor do tribunal, agente público, voluntário ou indicado por entidades parceiras;
III - as práticas restaurativas terão como foco a satisfação das necessidades de todos os envolvidos, a responsabilização ativa daqueles que contribuíram direta ou indiretamente para a ocorrência do fato danoso e o empoderamento da comunidade, destacando a necessidade da reparação do dano e da recomposição."

52 "CONSIDERANDO *que o direito ao acesso à Justiça, previsto no art. 5°, XXXV, da Carta Magna, além da vertente formal perante os órgãos judiciários, implica o acesso a soluções efetivas de conflitos por intermédio de uma ordem jurídica justa e compreende o uso de meios consensuais, voluntários e mais adequados a alcançar a pacificação de disputa;*"

53 "*Art. 1º, § 1º. Para efeitos desta Resolução, considera-se:*
(...)
V - Enfoque Restaurativo: abordagem diferenciada das situações descritas no caput deste artigo, ou dos contextos a elas relacionados, compreendendo os seguintes elementos: a) participação dos envolvidos, das famílias e das comunidades; b) atenção às necessidades legítimas da

cabilidade às controvérsias envolvendo a Fazenda Pública, razão pela qual não será objeto de análise específica.

A Resolução CNJ nº 271, de 11 de dezembro de 2018 tem por escopo regulamentar o art. 169 do CPC e o art. 13 da Lei de Mediação, criando parâmetros para a remuneração de conciliadores e mediadores que atuarem em tais procedimentos judiciais.

Tal Resolução se mostra imprescindível à concretização do acesso à ordem jurídica justa dentro da acepção atual e ampla de jurisdição, por viabilizar a remuneração de tais profissionais nos casos em que as partes, em razão de hipossuficiência, não possam arcar com os custos do procedimento de mediação, nos termos assegurados pelo art. 14, § 2º da Lei nº 13.140/2015.

Interessante registrar que o anexo dessa Resolução traz diferentes faixas regidas pelo duplo critério valor estimado da causa e auto atribuição da expertise do mediador. A partir da conjugação de tais critérios, chega-se a valores precisos de remuneração por hora de trabalho exercida pelo profissional.

A Resolução CNJ nº 345, de 09 de outubro de 2020, por sua vez, ainda que não trate propriamente sobre ferramentas de resolução de controvérsias, sobre elas poderá exercer considerável influência. Isto porque tal Resolução, editada pelo CNJ bom base na competência que lhe fora outorgada pelo art. 196 do CPC, dispõe sobre o "Juízo 100% Digital", almejando uma superior concretização do princípio constitucional do acesso à justiça.[54]

Indubitável que a tramitação por meio eletrônico tornou os processos judiciais muito mais céleres, objetivo erigido à garantia constitucional desde a Emenda Constitucional 45/2004 (art. 5º, inciso LXXVIII) e replicado pelo Código de Processo Civil como norma fundamental processual em seu art. 4º do CPC. Tal constatação serviu nitidamente como mote para a edição da Resolução 345 do CNJ.[55]

vítima e do ofensor; c) reparação dos danos sofridos; d) compartilhamento de responsabilidades e obrigações entre ofensor, vítima, famílias e comunidade para superação das causas e consequências do ocorrido."

54 Logo em seu primeiro considerando já se consigna tal objetivo: "CONSIDERANDO *que cabe ao Poder Judiciário implementar mecanismos que concretizem o princípio constitucional de amplo acesso à Justiça (art. 5º, XXXV, da Constituição Federal);*"

55 "CONSIDERANDO *que a tramitação de processos em meio eletrônico promove o aumento da celeridade e da eficiência da prestação jurisdicional;*"

De uma forma geral, parece inegável que os avanços tecnológicos devem otimizar a prestação jurisdicional fornecida pelo Estado-juiz, bem como incidir sobre os meios autocompositivos, para deles extrair suas máximas potencialidades, servindo de reforço ao sistema de justiça multiportas e contribuindo, em razão das maiores facilidades e menores custos para as partes, para a tão esperada transição da cultura do conflito para a cultura da pacificação.[56]

Ainda tendo por foco a inovação e tecnologia como um dos eixos centrais de sua atual gestão,[57] o CNJ editou em 02 de dezembro de 2020 a Resolução nº 358, a qual veio a regulamentar o emprego, pelo Poder Judiciário, de soluções tecnológicas aplicadas à conciliação e à mediação. Tal normativo revela-se de grande importância para o avanço das plataformas *online* de resolução de litígios no Brasil, ao dispor sobre as primeiras balizas para o manejo das ferramentas autocompositivas *online*, tornando-as obrigatórias em todos os tribunais do país dentro do prazo de 18 (dezoito) meses.

O estudo da Resolução nº 358/2020 do CNJ será retomado por ocasião da análise do tema das *ODRs*, *online dispute resolution*, ou plataformas *online* de resolução de disputas, objeto do Capítulo 5.

1.6. O microssistema de meios adequados de resolução de litígios

Pode-se afirmar com tranquilidade que hoje coexistem de forma harmônica no ordenamento jurídico brasileiro diversos microssistemas processuais acerca de temas específicos, tais como o da tutela coletiva[58] e o dos julgamentos de ações e recursos repetitivos representativos de controvérsias previsto no CPC/2015 (que formarão os pronunciamentos jurisdicionais qualificados ou precedentes vinculantes).[59]

56 TOFFOLI, José Antonio Dias. Prefácio à obra "*Tecnologia e justiça multiportas*". ÁVILA, Henrique; FUX, Luiz; CABRAL, Trícia Navarro Xavier. *Tecnologia e justiça multiportas*. Brasília: Foco, 2021, p. IX.

57 O uso da tecnologia para o aprimoramento da Justiça é um dos eixos prioritários da gestão do ministro Luiz Fux. "O CNJ tem incentivado os tribunais a utilizarem as ferramentas digitais, de forma a ampliar o acesso aos serviços. Disponível em: <https://www.cnj.jus.br/justica-social-uso-da-tecnologia-garantiu-acesso-ao-judiciario-na-pandemia/>. Acesso em 8 abril 2021.

58 PINHO, Humberto Dalla Bernardina de Pinho; MELLO PORTO, José Roberto Sotero. *Manual da Tutela Coletiva*. Rio de Janeiro: Saraivajur, 2021, p. 25.

59 RODRIGUES, Roberto de Aragão Ribeiro. *Precedente formado em casos repetitivos*: eficácia, *issue preclusion* e as teses jurídicas prejudiciais. Curitiba: Juruá, 2017, pp. 167-197.

A identificação de microssistemas não se trata de mero preciosismo acadêmico. Ao contrário, a sua razão de ser consiste na extração da máxima potencialidade de certos institutos que, por vezes, recebem regulamentação precária ou insuficiente. Tal se dá porque as normas de um microssistema são intercambiáveis.

A razão de ser dos microssistemas consiste exatamente na possibilidade desse intercâmbio de normas e na possibilidade de ampliação das potencialidades de institutos pouco regulados, mediante a interpretação sistemática de regras e princípios interoperáveis, tal como se passa, *v.g.*, com o emprego das regras sobre coisa julgada previstas no art. 103 do Código de Defesa do Consumidor a mandados de segurança ou injunção que, a despeito de regulados por lei própria, estas não trataram do tema de modo minucioso e pormenorizado. Situação semelhante se verifica com o incidente de assunção de competência, cuja regulamentação, exclusivamente pelo art. 947 do CPC, socorre-se, em diversos aspectos, da farta disciplina do incidente de resolução de demandas repetitivas (arts. 976 a 978 do CPC).

O microssistema de meios adequados de resolução de litígios,[60] dotado, naturalmente, da possibilidade de intercambialidade de suas normas, é composto atualmente pela Lei nº 13.140/2015 (Lei de Mediação), que consiste em seu cerne, bem como pelo Código de Processo Civil, pelas Resoluções do CNJ acima referidas, pela Convenção de Singapura, pela Lei nº 13.988/2020 (estas últimas objeto do Capítulo 3), pela Lei nº 9.377/96, atualizada pela Lei nº 13.129/2015 (Lei de Arbitragem, tema do Capítulo 6) e pela Lei nº 14.133/2021 (vide Capítulo 7).[61]

---

60 Neste sentido, confira-se, por todos, o posicionamento de Marcelo Veiga Franco: "É cabível sustentar que já há, no Brasil, um microssistema jurídico de incentivo normativo ao emprego dos meios adequados de solução de conflitos, o qual visa ampliar o acesso à justiça não apenas por instâncias judiciais, mas também por vias 'desjudicializadas'." FRANCO, Marcelo Veiga. *Administração Pública como litigante habitual*: a necessária mudança da cultura jurídica de tratamento dos conflitos. Londrina: Thoth, 2021, pp. 247-248.

61 Não se trata de rol exaustivo. Há outras formas de resolução de controvérsias que não serão abordados neste livro, tais como o instituto do *Ombudsman*, por meio do qual os cidadãos poderiam levar ao conhecimento da Administração Pública falhas na prestação de serviços e, a partir de tal comunicação, apresentar sua demanda, deflagrando procedimento administrativo autocompositivo destinado a dirimir o iminente litígio sem a necessidade de judicialização. Sobre o tema, remete-se o leitor à obra: AFFONSO, Flávia Martins. *Acesso à Justiça Administrativa e o Ombudsman*. Cidadão emancipado e efetividade do controle das instituições. Rio de Janeiro: Instituto EDS, 2021.

Podem ser mencionados, ainda, diplomas que contemplam normas pontuais relativas à solução de litígios por meios extrajudiciais plenamente aplicáveis à Administração Pública, tais como o Decreto-Lei nº 3.365/1941 (desapropriações por utilidade pública), cujo art. 10 admite acordos entre Poder Público e particulares desde a década de 1940,[62] tendo tal diretriz sido recentemente reforçada pelo art. 10-A, acrescentado pela Lei nº 13.867/2019;[63] a Lei nº 7.347/1985 (Lei da Ação Civil Pública), que prevê, em seu art. 5º, § 6º, o Termo de Ajustamento de Conduta;[64] bem como o Decreto-Lei nº 4.657/1942, atualizado pela Lei nº 13.655/2018 (Lei de Introdução às Normas do Direito brasileiro – LINDB), cujo art. 26[65] possibilita a celebração de compromissos entre a Administração Pública e administrados nos casos em que especifica.[66]

1.7. A questão da exigência de prévia comprovação de tentativa de autocomposição como condição da ação ou requisito para sua procedibilidade

Conforme visto linhas acima, o tema da exigência de prévia comprovação de tentativa de autocomposição para se ter acesso ao Poder Judiciário não é novo, remontando à Constituição de 1824, mas voltou à tona recentemente, ao menos no que diz respeito a controvérsias relativas a direitos patrimoniais disponíveis.

Em termos mais técnicos e precisos, a questão consiste em saber se seria constitucional mudança legislativa que viesse a condicionar a carac-

62 Art. 10. A desapropriação deverá efetivar-se mediante acordo ou intentar-se judicialmente, dentro de cinco anos, contados da data da expedição do respectivo decreto e findos os quais este caducará.

63 Art. 10-A. O poder público deverá notificar o proprietário e apresentar-lhe oferta de indenização.

64 § 6° Os órgãos públicos legitimados poderão tomar dos interessados compromisso de ajustamento de sua conduta às exigências legais, mediante cominações, que terá eficácia de título executivo extrajudicial.

65 Sobre tal dispositivo, remete-se o leitor ao recente artigo de Ravi Peixoto: PEIXOTO, Ravi. O art. 26 da LINDB como cláusula geral para a realização da autocomposição pela Administração Pública: uma análise dos limites e possibilidades. *Civil Procedure Review*, v. 12, nº 3: set.-dez. 2021. Disponível em: <https://civilprocedurereview.faculdadebaianadedireito.com.br/revista/article/download/241/224/457>. Acesso em 04 set. 2021.

66 As três hipóteses legais referidas neste parágrafo versam sobre relações entre a Administração Pública e administrados regidas pelo poder de império, as quais não serão abordadas nesta obra por extrapolar o recorte teórico proposto, limitado à consensualidade horizontal, possível apenas nas situações de igualdade entre Poder Público e particulares.

terização do interesse de agir como condição para o regular exercício do direito de ação à comprovação de prévia tentativa de solução consensual.

Por ocasião do emblemático julgamento do Recurso Extraordinário nº 631.240/MG, Relatado pelo Ministro Luís Roberto Barroso, o Plenário do Supremo Tribunal Federal considerou, em setembro de 2014, que a instituição de condições para o regular exercício do direito de ação revela-se compatível com o art. 5º, inciso XXXV, da Constituição da República, bem como fixou o entendimento de que a desnecessidade de exaurimento da via administrativa não afasta a exigência de formulação de prévio requerimento administrativo como regra.[67]

Na esteira desse *leading case* e de trabalhos doutrinários que vêm sustentando a necessidade de ressignificação do interesse de agir e do acesso à justiça,[68] bem como premido pelas elevadíssimas taxas de judicialização e de congestionamento do Poder Judiciário, o legislador brasileiro mais uma vez cogita modificar a disciplina das condições da ação.[69]

É exatamente esse o mote do Projeto de Lei nº 533/2019, de autoria do Deputado Júlio Delgado, atualmente em trâmite na Câmara dos Deputados, que pretende incluir um parágrafo único ao art. 17 do CPC,

---

67 Tratava-se, na origem, de ação cujo objeto era a concessão de aposentadoria, na qual a autora não havia formulado prévio requerimento administrativo perante o INSS. O julgamento do RE nº 631.240/MG, cuja repercussão geral naturalmente restou reconhecida, deu ensejo à fixação da Tese de Repercussão Geral nº 350, cuja primeira parte assim dispõe: "I - A concessão de benefícios previdenciários depende de requerimento do interessado, não se caracterizando ameaça ou lesão a direito antes de sua apreciação e indeferimento pelo INSS, ou se excedido o prazo legal para sua análise. É bem de ver, no entanto, que a exigência de prévio requerimento não se confunde com o exaurimento das vias administrativas;" BRASIL. *Supremo Tribunal Federal*. Recurso Extraordinário nº 631.240/MG. Disponível em: <http://www.stf.jus.br/portal/jurisprudenciaRepercussao/abrirTemasComRG.asp>. Acesso em 05 jul. 2021.

68 Vide, a título de exemplo, artigo doutrinário dedicado à análise do referido julgamento paradigmático: MENDES, Aluisio Gonçalves de Castro; SILVA, Jorge Luis da Costa. Acesso à justiça e necessidade de prévio requerimento administrativo: o interesse como condição da ação - comentários ao recurso extraordinário nº 631.240, de relatoria do ministro Luís Roberto Barroso. *Revista Eletrônica de Direito Processual – REDP*. Rio de Janeiro. Ano 14. Vol. 21, Nº 3. Setembro a Dezembro de 2020, pp. 01-25. Disponível em: <https://www.e-publicacoes.uerj.br/index.php/redp/article/view/54199/34871>. Acesso em 05 jul. 2021. Confira-se, ainda: PONTES, Daniel de Oliveira. *Mutações no interesse de agir à luz do direito processual civil brasileiro contemporâneo*. Rio de Janeiro: Lumen Juris, 2019.

69 Mais tecnicamente, as condições para *o regular exercício* do direito de ação, no sentido de que o autor efetivamente merecerá uma resposta sobre o mérito do seu pedido, ou seja, uma sentença com base no art. 487 do CPC.

para condicionar o interesse processual, nos casos de disputas sobre direitos patrimoniais disponíveis, à prévia comprovação da resistência do réu em satisfazer a pretensão do autor.[70]

A despeito de indiscutivelmente polêmica, em razão da cláusula pétrea contida no art. 5º, inciso XXXV, da Constituição Federal, a proposta não chega a ser teratológica quando se lança um olhar sobre alguns ordenamentos da América Latina.

Merece destaque a solução adotada pela Colômbia, onde seu Estatuto do Consumidor, a Lei nº 1.480/2011, condiciona o acesso ao Poder Judiciário à prévia tentativa de autocomposição, mediante exigência de reclamação anterior formulada pelo consumidor diretamente à empresa, sob pena de não restar configurado requisito imprescindível à procedibilidade da ação.

A engenhosidade do modelo colombiano desponta nas hipóteses em que as empresas não respondem às reclamações ou o fazem de maneira insatisfatória, casos em que não apenas se abrirá caminho para os consumidores acessarem a via judicial, como também lhes serão asseguradas uma considerável presunção de razão nas controvérsias submetidas ao Poder Judiciário. O sistema ainda produz o efeito de gerar a imposição de penalidades administrativas às empresas pela conduta inadequada na fase pré-processual.[71]

---

70 Trata-se do PL nº 533/2019, que prevê a alteração do CPC para contemplar solução extraprocessual prévia obrigatória nas controvérsias que envolvam direitos patrimoniais disponíveis. Pelo referido Projeto, seriam acrescidos o parágrafo único ao art. 17 e o § 3º ao artigo 491, cujas redações propostas seriam, respectivamente: "Parágrafo único: Em caso de direitos patrimoniais disponíveis, para haver interesse processual é necessário ficar evidenciada a resistência do réu em satisfazer a pretensão do autor." e "§ 3º Na definição da extensão da obrigação, o juiz levará em consideração a efetiva resistência do réu em satisfazer a pretensão do autor, inclusive, no caso de direitos patrimoniais disponíveis, se o autor, por qualquer meio, buscou a conciliação antes de iniciar o processo judicial." São dignas de transcrição as justificativas iniciais do Projeto, a saber: "O presente Projeto pretende estabelecer na lei o conceito da pretensão resistida, que consiste na demonstração de que o autor da ação procurou resolver o conflito antes de demandar o Judiciário. A medida parte da ideia que a maioria das pessoas tem a falsa premissa que é melhor recorrer ao Judiciário, ao invés de tentar solucionar o conflito, primeiramente, por meios administrativos. Não é razoável que o Judiciário, até por um aspecto estrutural e orçamentário, continue sendo o primeiro, único e o mais atrativo – financeiramente – acesso de materialização de direitos." Disponível em: <https://www.camara.leg.br/proposicoesWeb/prop_mostrarintegra;jsessionid=node01h22vendjj2rl1f02eryp1io4229843672.node0?codteor=1708243&filename=PL+533/2019>. Acesso em 04 jul. 2021.

71 LEY 1480 DE 2011: Por medio de la cual se expide el Estatuto del Consumidor y se dictan otras disposiciones:

Nota-se que tal regramento se apresenta mais sofisticado e interessante que o delineado pelo Projeto de Lei nº 533/2019, uma vez que, a despeito de condicionar o exercício do direito de ação à prévia reclamação em sede administrativa, consegue assegurar superior equilíbrio e paridade de armas entre consumidores e empresas.

(...)
Artículo 58. Procedimiento. Los procesos que versen sobre violación a los derechos de los consumidores establecidos en normas generales o especiales en todos los sectores de la economía, a excepción de la responsabilidad por producto defectuoso y de las acciones de grupo o las populares, se tramitarán por el procedimiento verbal sumario, con observancia de las siguientes reglas especiales:
(...)
5. A la demanda deberá acompañarse la reclamación directa hecha por el demandante al productor y/o proveedor, reclamación que podrá ser presentada por escrito, telefónica o verbalmente, con observancia de las siguientes reglas:
f) Si la respuesta es negativa, o si la atención, la reparación, o la prestación realizada a título de efectividad de la garantía no es satisfactoria, el consumidor podrá acudir ante el juez competente o la Superintendencia.
Si dentro del término señalado por la ley el productor o proveedor no da respuesta, se tendrá como indicio grave en su contra. La negativa comprobada del productor o proveedor a recibir una reclamación dará lugar a la imposición de las sanciones previstas en la presente ley y será apreciada como indicio grave en su contra.
O requisito de procedibilidade da ação também restará configurado quando o jurisdicionado apresentar uma ata de audiência de conciliação emitida por qualquer centro de conciliação legalmente estabelecido, nos termos da alínea "g":
g) Se dará por cumplido el requisito de procedibilidad de reclamación directa en todos los casos en que se presente un acta de audiencia de conciliación emitida por cualquier centro de conciliación legalmente establecido.
Disponível em: <https://www.funcionpublica.gov.co/eva/gestornormativo/norma.php?i=44306>. Acesso em 17 jun. 2021.

Capítulo 2

ADVOCACIA PÚBLICA

2.1. Noções preliminares: especificidades quanto ao emprego dos meios adequados de solução de conflitos pela Fazenda Pública

Antes de analisar as diversas formas de atuação da Advocacia Pública no Sistema Multiportas de Justiça, cumpre abordar as dificuldades teóricas para o emprego dos meios adequados de resolução de conflitos pela Administração Pública.

Uma primeira ordem de dificuldades diz respeito aos tradicionais dogmas da primazia *prima facie* do interesse público sobre interesses privados, da indisponibilidade absoluta de todo e qualquer interesse público e da dicotomia entre interesses públicos primários e secundários.[1]

Sobre o conceito de interesse público, é preciso, em primeiro lugar, dissociá-lo da noção de interesse do Estado, uma vez que aquele é mais amplo, sendo o Estado instituição criada com a finalidade de concretizá-lo na maior medida possível.[2] De forma ainda mais nítida, não há como identificar interesse público com o interesse da Administração Pública, eis que este desvela sempre interesses meramente secundários.[3]

Demais disso, hoje é assente a compreensão de que o interesse público não se apresenta necessariamente desvinculado ou antagônico aos

---

1 Interesse público primário é aquele que diz respeito aos objetivos centrais da organização estatal em prol da máxima organização da sociedade e bem-estar de seus indivíduos. Pode-se citar, a título de exemplo, as atividades fiscalizatórias e regulatórias do Estado, seu poder de polícia, função legislativa e de prestação jurisdicional. Por outro lado, o interesse público secundário se manifesta todas as vezes em que o desempenha atividades administrativas voltadas à consecução do interesse público primário. Consistem em exemplos as licitações preparatórias à contratações públicas, gestão de bens públicos, política de remuneração de servidores e todas as demais hipóteses nas quais se verifique interesse especificamente relacionado ao erário.

2 "(...) o interesse público não se opõe ao Estado, mas também com ele não se confunde. O Estado, em verdade, é um vetor do interesse público; instituição que há de estar voltada exclusivamente à sua consecução. Não está acima dele e nem é a sua síntese. É mecanismo subserviente do interesse público." PEREIRA, Hélio do Valle. *Manual da Fazenda Pública em Juízo*. 2ª ed. Rio de Janeiro: Renovar, 2006, p. 41.

3 OLIVEIRA, Rafael Carvalho Rezende. *Curso de Direito Administrativo*. 8ª ed. Rio de Janeiro: Método, 2020, p. 48.

interesses privados dos cidadãos,[4] até porque o atuar administrativo deve, em obediência à Constituição da República, concretizar na maior medida possível, o bem-estar da sociedade e os direitos individuais, sempre com o norte da dignidade da pessoa humana.

Como cediço, a tese da primazia dos interesses públicos sobre privados, com a consequente indisponibilidade absoluta dos interesses públicos passou por radical evolução, sendo certo que hoje a doutrina amplamente majoritária rechaça-a com veemência.[5]

Especificamente sobre a supremacia de todo e qualquer interesse público em abstrato, prevalece hoje na doutrina constitucionalista e administrativista a ideia de sua desconstrução,[6] cabendo, nas hipóteses de conflito com interesses privados, a realização de ponderação de interesses no caso concreto, até porque estes últimos também recebem proteção da

4 Para Alexandre dos Santos Aragão, o "interesse público e os interesses dos cidadãos, que antes eram vistos como potencialmente antagônicos, passam a ser vistos como, em princípio, reciprocamente identificáveis." ARAGÃO, Alexandre dos Santos. A "supremacia do interesse público" no advento do Estado de Direito e na hermenêutica do direito público contemporâneo. In: SARMENTO, Daniel (coord.). *Interesses públicos versus interesses privados:* desconstruindo o princípio de supremacia do interesse público. 1ª ed. 2ª tir. Rio de Janeiro: *Lumen Juris*, 2007, p. 3. No mesmo sentido, vide: IWAKURA, Cristiane Rodrigues. Da superação da indisponibilidade do objeto litigioso e importância sobre a análise com base em critérios de economicidade e eficiência para a escolha do adequado meio de resolução de conflitos pela administração pública. *Revista Eletrônica de Direito Processual – REDP*. Rio de Janeiro. Ano 15. Volume 22. Número 2. Maio a Agosto de 2021, p. 171.

5 Humberto Ávila destaca a fundamentalidade de diversos interesses individuais reconhecida pela própria Constituição da República como cláusulas pétreas, a confirmar a ausência de distinção ou supremacia de interesses públicos sobre interesses particulares. ÁVILA, Humberto. Repensando o princípio da supremacia do interesse público sobre o particular. In: SARMENTO, Daniel (coord.). *Interesses públicos* versus *interesses privados:* desconstruindo o princípio da supremacia do interesse público. 1ª ed. 2ª tir. Rio de Janeiro: *Lumen Juris*, 2007, p. 186.

6 Entre os constitucionalistas, vide, por todos, Humberto Ávila. ÁVILA, Humberto. Repensando o princípio da supremacia do interesse público sobre o particular. In: SARMENTO, Daniel (coord.). *Interesses públicos* versus *interesses privados:* desconstruindo o princípio da supremacia do interesse público. 1ª ed. 2ª tir. Rio de Janeiro: *Lumen Juris*, 2007. Na doutrina administrativista contemporânea, pode-se citar BINENBOJM, Gustavo. Da supremacia do interesse público ao dever de proporcionalidade: um novo paradigma para o Direito Administrativo: In: SARMENTO, Daniel. *Interesses públicos versus interesses privados*: desconstruindo o princípio da supremacia do interesse público. 1ª ed. 2ª tir. Rio de Janeiro: *Lumen Juris*, 2007, pp. 117-169 e OLIVEIRA, Rafael Carvalho Rezende. *Curso de Direito Administrativo*. 8ª ed. Rio de Janeiro: Método, 2020, p. 48.

Constituição, em alguns casos sob a roupagem qualificada de clásula pe-trea, tais como as garantias fundamentais previstas no seu art. 5º.

De tal assertiva pode-se extrair outra, qual seja, a da impossibili-dade de atribuição da característica da indisponibilidade absoluta dos interesses públicos.

Não mais se sustentam, portanto, os tradicionais dogmas da indispo-nibilidade de todo e qualquer interesse público,[7] bem como da primazia *prima facie* do interesse público sobre interesses individuais.[8]

Tais noções, que no passado consistiam em pilares do direito ad-ministrativo, revelavam-se, na opinião de Gustavo Schmidt, os prin-cipais obstáculos à adoção, por exemplo, da arbitragem no âmbito da Administração Pública.[9]

De igual modo, a igualmente clássica dicotomia entre interesse públi-co primário e interesses públicos secundários[10] encontra-se ultrapassada.[11]

Com efeito, para que estes sejam considerados legítimos, deverão sempre ser reconduzidos ao primeiro, por serem àquele umbilicalmente vinculados, sob pena de desvirtuamento do agir administrativo. Todo in-

7 Carlos Alberto de Salles classifica a *indisponibilidade* em material e normativa, de modo que os interesses *materialmente* indisponíveis, muito raros, seriam somente aqueles que, por sua natureza ou pela especial proteção jurídica de que se revestem, pertencem à co-letividade, tal como o meio ambiente, por exemplo. De outro lado, porém, a regra geral é de que os interesses públicos sejam apenas *normativamente* indisponíveis, isto é, a sua indisponibilidade decorre de mera previsão legal, e não da substância do interesse em si, tal como se observa, p.e., no § 1º do art. 17 da Lei nº 8.429/92 (LIA), que veda transa-ção, acordo ou conciliação nas ações de improbidade administrativa. SALLES, Carlos Alberto de. A indisponibilidade e a solução consensual de controvérsias. *In*: GABBAY, Daniela Monteiro; TAKAHASHI, Bruno (coords.). *Justiça Federal: inovações nos meca-nismos consensuais de soluções de conflitos*. Brasília: Gazeta Jurídica, 2014, pp. 211-215.

8 BINENBOJM, Gustavo. Da supremacia do interesse público ao dever de proporciona-lidade: um novo paradigma para o Direito Administrativo: In: SARMENTO, Daniel. *Interesses públicos versus interesses privados*: desconstruindo o princípio da supremacia do interesse público. 1ª ed. 2ª tir. Rio de Janeiro: *Lumen Juris*, 2007, pp. 117-169.

9 SCHMIDT, Gustavo da Rocha. *Arbitragem na administração pública*. Curitiba: Juruá, 2018, p 53.

10 Formulada na Itália, por Renato Alessi. ALESSI, Renato. *Sistema istituzionale del diritto amministrativo italiano*. 2ª ed. Milão: Giuffré, 1960.

11 A despeito disso, não se pode desconsiderar a recente positivação da tradicional clas-sificação doutrinária levada a cabo pelo administrativista italiano Renato Alessi, pelo Decreto Estadual do Rio de Janeiro nº 46.245/2018, cujo art. 1º, parágrafo único, con-sidera, para fins de arbitragem de conflitos que envolvam a Administração fluminense, como patrimoniais disponíveis "as controvérsias que possuam natureza pecuniária e que não versem sobre interesses públicos *primários*".

teresse fazendário tem por escopo assegurar a realização, em último grau, dos interesses coletivos, sociais e individuais indisponíveis, de sorte que a diferenciação entre interesses primários e secundários é artificiosa e não corresponde aos verdadeiros fins do Estado e da Administração Pública, que consistem em bem servir à população.

O atendimento às finalidades colimadas pelas políticas públicas deve, de outro lado, dar-se em atenção ao devido processo legal (formal e substancial) e à finitude dos recursos públicos, porquanto os ditames que regem o Estado não permitem que as suas provisões ocorram à margem do previsto em lei e além das limitações orçamentárias, ainda que sejam praticadas em benefício do povo, titular de todo o poder que é conferido aos agentes públicos.[12]

Se o parágrafo único do art. 1º da Constituição estatui que "*[T]odo o poder emana do povo, que o exerce por meio de representantes eleitos ou diretamente*", *tal significa que nenhum poder existe para satisfazer interesses secundários, senão tão-somente os interesses do povo (interesses primários)*.[13]

Por outro lado, não se pode desconsiderar que, não raras vezes, os entes públicos das diversas esferas celebram negócios jurídicos (contratos, convênios, permissões de uso etc) como se particulares fossem,[14] mediante a realização de atos de inequívoca disposição de seu patrimônio.[15]

Em tais casos, nos quais a Administração Pública despe-se de suas prerrogativas de império, colocando-se em igualdade de condições com o particular – doutrinariamente conhecidos como *contratos da administração* – deve-se admitir, via de regra, a celebração de conciliações, mediante

12 RODRIGUES, Roberto de Aragão Ribeiro. STRÄTZ, Murilo. O papel da Advocacia-Geral da União (AGU) no Sistema Multiportas: a transação referendada pela AGU necessita de homologação judicial para que ostente plena exequibilidade? *Revista Magister de Direito Civil e Processual Civil*, v. 86, pp. 82-105, 2018, p. 102.

13 RODRIGUES, Roberto de Aragão Ribeiro. STRÄTZ, Murilo. O papel da Advocacia-Geral da União (AGU) no Sistema Multiportas: a transação referendada pela AGU necessita de homologação judicial para que ostente plena exequibilidade? *Revista Magister de Direito Civil e Processual Civil*, v. 86, pp. 82-105, 2018, p. 102.

14 Acerca do tema, confira-se o Enunciado nº 13 da Jornada de Prevenção e Solução de Conflitos: "Podem ser objeto de arbitragem relacionada à Administração Pública, dentre outros, litígios relativos: I – ao inadimplemento de obrigações contratuais por qualquer das partes; II - à recomposição do equilíbrio econômico-financeiro dos contratos, cláusulas financeiras e econômicas."

15 SCHMIDT, Gustavo da Rocha. *Arbitragem na administração pública*. Curitiba: Juruá, 2018, p. 54.

concessões mútuas ou, ainda com mais razão, a adoção de meio heterocompositivo privado, tal como a arbitragem.

Por outro lado, tal não ocorrerá nas hipóteses em que a Administração Pública celebrar ajustes que envolvam interesses sobre os quais não possua poderes de disposição, tais como os relativos às suas políticas públicas primárias e os alusivos ao seu poder de polícia.[16]

Entre pessoas físicas e jurídicas privadas não há maiores dificuldades em se admitir a forma heterônoma de jurisdição não estatal – arbitragem – ou qualquer das modalidades de meios autocompositivos quanto aos seus direitos transacionáveis.

Leonardo Carneiro da Cunha chega a afirmar que, em relação a partes privadas: "*O objetivo de uma solução consensual não é aplicar a lei ao caso, mas compor interesses, acomodando as intenções das partes*".[17]

Já no que diz respeito às hipóteses em que uma das partes seja a Fazenda Pública[18] e estejam em disputa direitos indisponíveis,[19] a aplicação da lei não poderá ser desconsiderada, especialmente quando as intenções das partes estejam à margem da juridicidade cogente. Como se sabe,

---

16 ANDRADE, Gustavo Fernandes de. Arbitragem e administração pública: da hostilidade à gradual aceitação. In: *A reforma da arbitragem*. Ana Carolina Weber (et al.); coordenação Leonardo de Campos Melo, Renato Rezende Beneduzi. Rio de Janeiro: Forense, 2016, p. 420.

17 CUNHA, Leonardo Carneiro da. A *Fazenda Pública em juízo*. 15ª ed. rev., atual e ampl. Rio de Janeiro: Forense, 2018, p. 710.

18 "À evidência, estão excluídas do conceito de Fazenda Pública as sociedades de economia mista e as empresas públicas. Embora integrem a Administração Pública Indireta, não ostentam natureza de direito público, revestindo-se da condição de pessoas jurídicas de direito privado, a cujo regime estão subordinadas. Então, quando se alude à Fazenda Pública, na expressão não estão inseridas as sociedades de economia mista nem as empresas públicas, sujeitas que estão ao regime geral das pessoas jurídicas de direito privado" CUNHA, Leonardo Carneiro da. A Fazenda Pública em juízo. 15ª ed. rev., atual. e ampl. Rio de Janeiro: Forense, 2018, p. 4.

19 "Existem valores, atividades e bens públicos que, por sua imprescindibilidade para que o Estado exista e atue, são irrenunciáveis e inalienáveis. Vale dizer, no que tange ao núcleo fundamental das tarefas, funções e bens essencialmente públicos, não há espaço para atos de disposição. Mas essa afirmação comporta gradações. Existem atividades e bens que, em vista de sua absoluta essência pública, não podem ser abdicados ou alienados, ainda que mediante alguma contrapartida e nem mesmo com expressa autorização legal. Por exemplo, não se concebe que sequer por meio de lei o Poder Público possa renunciar, ainda que parcial ou pontualmente, ao seu poder de legislar ou à titularidade do Poder de Polícia" TALAMINI, Eduardo. A (in)disponibilidade do interesse público: consequências processuais (composições em juízo, prerrogativas processuais, arbitragem e ação monitória). *In: Revista de Processo*. São Paulo, v. 128, pp. 59-77, out. 2005. p. 60.

a juridicidade vai além estrita legalidade, para abranger as normas constitucionais, os princípios, as leis, as convenções internacionais, os textos infralegais e até os pronunciamentos judiciais vinculantes.[20]

Constata-se, portanto, a existência de cenário completamente diverso quanto à possibilidade de negociação, transação ou conciliação envolvendo entes públicos. A razão para tal assertiva repousa em duas evidentes constatações: a primeira é a plena disponibilidade que os particulares possuem sobre seus direitos de cunho patrimonial.

Com efeito, se os particulares podem até mesmo dispor de tais direitos materiais,[21] com muito mais razão têm total liberdade para escolher o método de resolução de controvérsias que se mostre mais adequado ao litígio.

O segundo fundamento para a total liberdade de escolha do método adequado de resolução de conflitos entre particulares reside na titularidade plena e exclusiva sobre tais direitos. Vale dizer: salvo nas hipóteses de legitimação extraordinária,[22] haverá total identidade entre o titular do direito material em disputa e a parte envolvida na conciliação, mediação, negociação ou arbitragem.

Outra dificuldade para o emprego de meios autocompositivos pelos entes públicos consiste na circunstância de que os procuradores que os

20 A propósito, em palestra no II Congresso de Processo Civil, promovido em 24.05.2018 pelo Centro Brasileiro de Mediação e Arbitragem, no Rio de Janeiro, Teresa Arruda Alvim asseverou que "o Direito brasileiro não é a lei, mas sim a lei interpretada pelos tribunais". Além do mais, a Administração não faz apenas o que está na Lei, mas também o que lhe determinam os dispositivos constitucionais, os enunciados de súmula vinculante, os decretos, as resoluções, as instruções normativas, as portarias etc. Neste sentido, confira o entendimento de Marco Antonio Rodrigues: "(...) a legalidade administrativa deve dar lugar à juridicidade administrativa: o administrador fica vinculado não puramente a disposições de leis, mas ao ordenamento jurídico como um todo. A constitucionalização do Direito, ao incidir sobre o Direito Administrativo, traz ao administrador uma vinculação ao ordenamento jurídico como um todo, e não puramente à lei." O processualista vai além, asseverando que: "Assim, pode-se afirmar que o administrador poderá praticar atos que não tenham previsão legal, mas que busquem dar efetividade a disposições da própria Constituição ou outras do ordenamento jurídico." Esta última assertiva foi feita para fundamentar a possibilidade de celebração de cláusula compromissória arbitral pela Administração Pública mesmo em casos de ausência de autorização legislativa expressa. RODRIGUES, Marco Antonio. *A fazenda pública no processo civil*. São Paulo: Atlas, 2016, p. 387.

21 Conforme previsão contida no art. 1.228 do Código Civil: "Art. 1.228. O proprietário tem a faculdade de usar, gozar e dispor da coisa, e o direito de reavê-la do poder de quem quer que injustamente a possua ou detenha."

22 Conforme previsão contida no art. 18 do CPC: "Art. 18. Ninguém poderá pleitear direito alheio em nome próprio, salvo quando autorizado pelo ordenamento jurídico."

presentam[23] defendem, em *ultima ratio*, interesses que pertencem à toda sociedade. Não se verifica, portanto, a perfeita identidade entre o titular do direito material em disputa e a parte processual que se sentará à mesa de conciliação ou mediação ou litigará em procedimento arbitral (Capítulo 6).

Dessa dificuldade pode-se extrair outra, relativa ao risco de violação ao princípio constitucional da impessoalidade.

De fato, atentaria frontalmente contra tal princípio a celebração de acordos vantajosos a determinadas pessoas físicas ou jurídicas em detrimento de outras que se encontrem em idênticas condições.[24]

Todas essas dificuldades já foram analisadas, aprofundadas e fundamentadamente superadas pela doutrina, com a devida encampação pelo legislador pátrio, notadamente pelo artigo 3º do CPC, que, por sua natureza de norma fundamental do direito processual civil, traz um comando mais aberto e fluido, típico das normas principiológicas[25] e pelos artigos

---

23 Superadas as teorias civilistas da Identidade, do Mandato e da Representação, vigora até hoje a centenária Teoria do Órgão (ou da Imputação Volitiva), do alemão Otto von Gierke, concebida no longínquo ano de 1887, que teve o mérito de fazer uma metáfora biológica com os órgãos de um determinado ente jurídico. Assim, *v.g.*, quando uma pessoa fala, considera-se que não é apenas a boca que está falando, mas sim a própria pessoa cuja boca emite palavras. Leonardo Carneiro da Cunha bem explica a aplicação dessa teoria na presentação da Fazenda por sua Advocacia, *verbis*: "Na verdade, a Procuradoria Judicial e seus procuradores constituem um órgão da Fazenda Pública. Então, o advogado público quando atua perante os órgãos do Poder Judiciário é a Fazenda Pública presente em juízo. Em outras palavras, a Fazenda Pública se faz presente em juízo por seus procuradores. Segundo a clássica distinção feita por Pontes de Miranda, os advogados públicos presentam a Fazenda Pública em juízo, não sendo correto aludir-se à representação. Com efeito, 'o órgão torna presente, portanto presenta a respectiva pessoa jurídica de cujo organismo faz parte. Esta é a razão pela qual não se haverá de exigir outorga de mandato pela União e demais entidades de direito público a seus respectivos procuradores." CUNHA, Leonardo Carneiro da. *A Fazenda Pública em juízo*. 15ª ed. rev., atual. e ampl. Rio de Janeiro: Forense, 2018, p. 7.

24 RODRIGUES, Marco Antonio. *A Fazenda Pública no processo civil*. São Paulo: Atlas, 2016, p. 377.

25 Em estudo anterior, sustentou-se, sobre o tema dos princípios que: "Não existe consenso doutrinário acerca da definição de princípio jurídico. Em linhas gerais, pode-se afirmar, com base na linha adotada por Canotilho, que princípios são normas dotadas de maior abstração e indeterminação, sendo certo que, em razão de sua carga axiológica, consistiriam nas bases fundantes de um sistema jurídico." RODRIGUES, Roberto de Aragão Ribeiro. *Ações Repetitivas*: o novo perfil da tutela dos direitos individuais homogêneos. 1ª ed. Curitiba: Juruá, 2013. Na doutrina nacional, é consagrada a definição de Humberto Ávila: "Os princípios são normas imediatamente finalísticas, primariamente prospectivas e com pretensão de complementaridade e de parcialidade, para cuja aplicação se de-

174 do CPC[26] e 32 da Lei de Mediação,[27] cujas redações, muito semelhantes, estimulam a criação de câmaras administrativas de resolução de conflitos em todas as esferas federativas.

Como argumento de reforço, não se pode desconsiderar que a manutenção das pesadas estruturas estatais que compõem o sistema de justiça oneram excessivamente a sociedade, uma vez que as custas processuais não cobrem, naturalmente, as despesas do Poder Judiciário. Igualmente suportados por impostos dos cidadãos e pessoas jurídicas são os valores dispendidos pelos entes públicos com a tramitação dos processos judiciais, bem como com juros e correção monetária que neles são frequentemente condenados a pagar após anos de batalhas judiciais acerca de temas sobre os quais a advocacia pública poderia ter celebrado acordo em momento prévio ou até mesmo agido para evitar aquele litígio.[28]

Estas últimas considerações, que encontram amparo no princípio constitucional da eficiência e da economicidade, também conduzem, inexoravelmente, à efetiva utilização dos meios consensuais pela Administração Pública. O modelo cooperativo de processo, implementado pelo artigo 6º do Código de Processo Civil também consiste em fundamento para a mudança de paradigma na forma de atuação da Advocacia Pública, que

manda uma avaliação da correlação entre o estado de coisas a ser promovido e os efeitos decorrentes da conduta havida como necessária à sua promoção." ÁVILA, Humberto. *Teoria dos princípios da definição à aplicação dos princípios jurídicos*. 5.ed. rev. e ampl. São Paulo: Malheiros Editores, 2006.

26 "Art. 174. A União, os Estados, o Distrito Federal e os Municípios criarão câmaras de mediação e conciliação, com atribuições relacionadas à solução consensual de conflitos no âmbito administrativo, tais como:
I - dirimir conflitos envolvendo órgãos e entidades da administração pública;
II - avaliar a admissibilidade dos pedidos de resolução de conflitos, por meio de conciliação, no âmbito da administração pública;
III - promover, quando couber, a celebração de termo de ajustamento de conduta."

27 "Art. 32. A União, os Estados, o Distrito Federal e os Municípios poderão criar câmaras de prevenção e resolução administrativa de conflitos, no âmbito dos respectivos órgãos da Advocacia Pública, onde houver, com competência para:
I - dirimir conflitos entre órgãos e entidades da administração pública;
II - avaliar a admissibilidade dos pedidos de resolução de conflitos, por meio de composição, no caso de controvérsia entre particular e pessoa jurídica de direito público;
III - promover, quando couber, a celebração de termo de ajustamento de conduta."

28 BUSATTO, Karoline. Considerações sobre a Lei de Mediação e a Administração Pública. *In: Mediação e Arbitragem na Administração Pública.* 1 ed. Curitiba: CRV, 2018, v. 1. Humberto Dalla Bernardina de Pinho; Roberto de Aragão Ribeiro Rodrigues. (Org.), pp. 165-190, p. 172.

deve abandonar a tradicional postura de eleição do Poder Judiciário como palco prioritário para a resolução de todos os seus conflitos.[29]

Encontra-se assentada, portanto, a premissa segura de que os entes públicos hoje podem resolver a maior parte de suas controvérsias e litígios por meios autocompositivos[30] ou heterocompositivos distintos da jurisdição estatal (arbitragem e *dispute boards*).

Analisadas tais dificuldades teóricas, cumpre registrar um óbice de grande relevância prática para a plena implementação das potencialidades do Sistema Multiportas de Justiça no âmbito da Administração Pública: a mudança de mentalidade quanto ao alcance, mais elástico, do conceito de acesso à justiça e de jurisdição ainda não se operou de forma plena no âmbito dos órgãos de controle, sejam eles internos ou externos.

Diante da visão ainda predominantemente apegada à noção de exclusividade da via judicial para a solução de conflitos, os administradores e advogados públicos temem, não sem razão, reprimendas principalmente por parte de órgãos de controle externos (notadamente Tribunal de Contas da União, Estados e, no caso de Rio de Janeiro e São Paulo, municipais).

A internalização, também por parte dos órgãos de controle, da noção de que a escolha pela via extrajudicial por vezes se apresenta mais benéfica para o interesse público que o litígio perante o Poder Judiciário consiste em condição *sine qua non* para que não pairem dúvidas por ocasião da celebração de todo e qualquer acordo no que diz respeito à observância ao princípio da impessoalidade ou desconfianças quanto à renúncia de créditos ou bens públicos para favorecimentos de determinados particulares.

Felizmente o estímulo expresso aos meios autocompositivos pelo Código de Processo Civil e pela Lei de Mediação trouxe importantes salvaguardas aos procuradores e agentes públicos em geral que venham a participar de soluções consensuais envolvendo interesses públicos.

---

29 Sobre Advocacia Pública e cooperação, vide: BRANCO, Janaína Soares Noleto Castelo. Advocacia Pública e Solução Consensual dos Conflitos. 2ª ed. rev. e atual. Salvador: Editora JusPodivm, 2020.

30 Tese encampada também pela doutrina administrativista contemporânea. Diogo de Figueiredo Moreira Neto já sustentava, em 2005, que o Estado se valesse da consensualidade sempre que possível. MOREIRA NETO, Diogo de Figueiredo. Mutações no Direito Administrativo. Novas Considerações (Avaliação e controle das transformações). *Revista Eletrônica sobre a Reforma do Estado*. Número 2, jun/jul/ago. 2005, Salvador, Bahia, p. 13. Disponível em: <http://www.direitodoestado.com.br/codrevista.asp?cod=46>. Acesso em 18 jan. 2021.

Neste sentido, o artigo 184 do CPC traz proteção aos representantes judiciais de entes públicos, ao estabelecer que "*O membro da Advocacia Pública será civil e regressivamente responsável quando agir com dolo ou fraude no exercício de suas funções.*"

O artigo 40 da Lei de Mediação traz proteção semelhante, ao prever que "*Os servidores e empregados públicos que participarem do processo de composição extrajudicial do conflito, somente poderão ser responsabilizados civil, administrativa ou criminalmente quando, mediante dolo ou fraude, receberem qualquer vantagem patrimonial indevida, permitirem ou facilitarem sua recepção por terceiro, ou para tal concorrerem.*"

Tais salvaguardas são de extrema importância para os administradores públicos e procuradores, verdadeiramente indispensável para a efetiva mudança de cultura - da judicialização para a autocomposição – e consequente consolidação e expansão dos meios consensuais para dirimir litígios envolvendo a Administração Pública.

A regulamentação legal e infralegal específica para a resolução consensual de controvérsias pela Fazenda Pública será objeto de análise nos Capítulos 3 e 4.

2.2. Advocacia pública como função essencial à justiça e verdadeiramente integrante do sistema de justiça brasileiro

A Constituição da República de 1988 agrupou, sob o título "*Funções Essenciais à Justiça*", o Ministério Público, a Defensoria Pública, a Advocacia Pública e a Advocacia Privada.

No que interessa mais precisamente ao objeto desta obra, cabe o registro de que o art. 131 criou a Advocacia-Geral da União, estabelecendo que "*A Advocacia-Geral da União é a instituição que, diretamente ou através de órgão vinculado, representa a União, judicial e extrajudicialmente, cabendo-lhe, nos termos da lei complementar que dispuser sobre sua organização e funcionamento, as atividades de consultoria e assessoramento jurídico do Poder Executivo.*"

No que concerne à evolução da feição do Estado brasileiro pós 1988, imprescindível pontuar que, a partir das Emendas Constitucionais nº 5, 6, 8 e 9, todas de 1995, as funções estatais de executor direto de atividades econômicas foram esvaziadas, com sua respectiva transferência à iniciativa privada. O Estado reservou para si, no entanto, o papel de agente regulador e fomentador de tais atividades.

Tal transferência de atividades veio a ser regulamentada pela Lei nº 8.987/1995 (Lei Geral das Concessões e Permissões), a qual estabelece, em seu art. 23-A (incluído pela Lei nº 11.196/2005), a possibilidade de previsão, nos contratos de concessão, de cláusula de emprego de mecanismos privados de solução de disputas, incluída a arbitragem.[31]

Selma Lemes Ferreira ensina que estava inaugurada a era do Direito Administrativo Consensual, incumbindo à Administração Pública flexibilizar regras e aquiescer a práticas contratuais privadas, com o objetivo de atrair vultosos investimentos privados, notadamente na área de obras de infraestrutura.[32]

Desde então, assiste-se a uma verdadeira escalada legislativa de fortalecimento dos meios adequados de solução de controvérsias – que também tem como destinatários os entes públicos – cujo ápice ocorreu no ano de 2015, com o advento das já multicitadas Leis nº 13.129, 13.140 e Código de Processo Civil.

Naturalmente, a Advocacia Pública precisa se moldar ao novo modelo de Estado brasileiro, assumindo protagonismo no sistema de justiça nacional.

Questão relevante que se coloca, de inegável aplicabilidade prática, consiste em perquirir se as tradicionais prerrogativas processuais atribuídas à Fazenda Pública também seriam aplicáveis aos demais métodos de solução de litígios, tais como a arbitragem ou qualquer dos meios autocompositivos.

A resposta é negativa.

Como cediço, a Fazenda Pública, quando litiga perante o Poder Judiciário, vale-se de benefícios constitucionais e legais em sua atuação. Os principais são a sistemática dos precatórios e das requisições de pequeno valor para a satisfação de execuções de quantia certa contra os entes públicos (art. 100 da CRFB), a contagem em dobro dos prazos para todas as suas manifestações processuais, a partir da intimação pessoal de seus procuradores (art. 183 do CPC) e a remessa necessária, cujas hipóteses restaram drasticamente mitigadas pelo art. 496 do CPC.

Ao aderir a um meio adequado heterocompositivo (arbitragem ou *dispute board*, a depender da espécie, conforme se abordará no Capítulo

---

31 Art. 23-A. O contrato de concessão poderá prever o emprego de mecanismos privados para resolução de disputas decorrentes ou relacionadas ao contrato, inclusive a arbitragem, a ser realizada no Brasil e em língua portuguesa, nos termos da Lei no 9.307, de 23 de setembro de 1996. (Incluído pela Lei nº 11.196, de 2005).

32 LEMES, Selma Ferreira. Prefácio. *In: Mediação e Arbitragem na Administração Pública:* Brasil e Portugal. Coordenadores Antônio Júdice Moreira...(et. al.). São Paulo: Almedina, 2020, p. 18.

7) ou autocompositivo (mediação, conciliação ou negociação direta), a Administração Pública renuncia à jurisdição estatal e, por via de consequência, às prerrogativas processuais que são exclusivas dessa forma de solução de litígios.[33]

Como cediço, a Administração Pública não leva todas as suas disputas ao Poder Judiciário, valendo-se, também, das demais formas de resolução de conflitos, as quais vão desde a autotutela[34] à jurisdição estatal (considerada a *extrema ratio*), passando pelos meios autocompositivos (negociação direta, conciliação e mediação) e heterocompositivos alheios à estrutura do Poder Judiciário (arbitragem e *dispute boards*).

Além disso, são frequentes as adjudicações de conflitos por meio de julgamentos por órgãos administrativos, tais como o Tribunal de Contas da União – TCU, Conselho Administrativo de Defesa Econômica – CADE, dentre outros,[35] cujas decisões formam títulos executivos extrajudiciais.

O tópico 2.4 demonstrará que, além dos meios autocompositivos à disposição da Fazenda Pública das três esferas, o Advogado-Geral da União é dotado de poder decisório em relação a conflitos entre órgãos e entidades federais, fator que assegura à Advocacia-Geral da União papel central, verdadeiramente ao lado do Poder Judiciário, no recentemente implementado e ainda incipiente sistema de justiça multiportas brasileiro.

---

33 Neste sentido, CUNHA, Leonardo Carneiro da. *A Fazenda Pública em juízo*. 17ª ed. rev., atual e ampl. Rio de Janeiro: Forense, 2020, p. 911.

34 É a execução da vontade sem título, sendo, em regra, vedada. Exceções admitidas entre particulares: desforço imediato do possuidor (CC, art. 1210, § 1º), direito de retenção do locatário (CC, art. 578), direito de greve, legítima defesa, estado de necessidade, guerra etc. Na Administração, porém, a auto-executoriedade é a regra geral (*privilège d'action d'office*), de sorte que a autotutela administrativa não soa tão excepcional. Vide, a respeito, o antigo entendimento do Supremo Tribunal Federal, cristalizado no Enunciado 473 de sua Súmula: "A Administração pode anular seus próprios atos, quando eivados de vícios que os tornem ilegais, porque deles não se originam direitos; ou revogá-los, por motivo de conveniência ou oportunidade, respeitados os direitos adquiridos, e ressalvada, em todos os casos, a apreciação judicial."

35 O Tribunal Marítimo, *v.g.*, é órgão auxiliar do Poder Judiciário (art. 1º da Lei nº 2.180/1954), mas exerce função jurisdicional quando atua como juízo arbitral (formando título executivo judicial – CPC, art. 515, VII). Já o Conselho Administrativo de Defesa Econômica - CADE, as Agências Reguladoras e o Tribunal de Contas da União - TCU, porém, só produzem títulos executivos extrajudiciais.

2.3. Estatísticas da atuação contenciosa da Fazenda Pública

De acordo com o Relatório *100 maiores litigantes*, elaborado pelo Conselho Nacional de Justiça – CNJ, no ano de 2012, órgãos e entidades da Administração Pública Federal direta e indireta ocuparam as cinco primeiras colocações da listagem.[36]

A despeito de tal Relatório ter sido elaborado há quase uma década, as mais recentes estatísticas consubstanciadas pelo CNJ no *Justiça em Números 2020*, de 2020, indicam, de maneira indubitável, o impacto negativo da judicialização contra as Fazendas Públicas, uma vez que as execuções fiscais representam 39% do total de casos pendentes, 70% das execuções em curso e taxa de congestionamento altíssima, na ordem de 87%, principalmente em razão da baixa probabilidade de recuperação dos créditos tributários após o exaurimento das vias administrativas.[37]

É igualmente verdadeiro que União, Estados, Municípios, autarquias, fundações públicas, empresas públicas e sociedades de economia mista travam milhares de relações jurídicas com particulares, sejam eles pessoas físicas e jurídicas, bem como entre elas.

O exagerado número de ações judiciais em curso que contam com um ou mais desses entes decorre, naturalmente, dessa enorme miríade de relações jurídicas, drasticamente agravada pelas imprescindíveis funções

---

36 Figura na primeira colocação o Instituto Nacional do Seguro Social – INSS, seguido pela Caixa Econômica Federal, a Fazenda Nacional, a União e o Banco do Brasil S.A. BRASIL. *100 maiores litigantes*. Brasília: Conselho Nacional de Justiça, p. 5. Disponível em: <https://bibliotecadigital.cnj.jus.br/jspui/bitstream/123456789/65/1/100%20Maiores%20Litigantes.pdf>. Acesso em 07 ago. 2021.

37 "Historicamente as execuções fiscais têm sido apontadas como o principal fator de morosidade do Poder Judiciário. O executivo fiscal chega a juízo depois que as tentativas de recuperação do crédito tributário se frustraram na via administrativa, provocando sua inscrição na dívida ativa. Dessa forma, o processo judicial acaba por repetir etapas e providências de localização do devedor ou patrimônio capaz de satisfazer o crédito tributário já adotadas, sem sucesso, pela administração fazendária ou pelo conselho de fiscalização profissional. Desse modo, acabam chegando ao Judiciário títulos de dívidas antigas e, por consequência, com menor probabilidade de recuperação. Os processos de execução fiscal representam 39% do total de casos pendentes e 70% das execuções pendentes no Poder Judiciário, com taxa de congestionamento de 87%. Ou seja, de cada cem processos de execução fiscal que tramitaram no ano de 2019, apenas 13 foram baixados. Desconsiderando esses processos, a taxa de congestionamento do Poder Judiciário cairia em 8,1 pontos percentuais, passando de 68,5% para 60,4% em 2019." BRASIL. *Justiça em números 2020*. Brasília: Conselho Nacional de Justiça, p. 155. Disponível em: <https://www.cnj.jus.br/wp-content/uploads/2020/08/WEB-V3-Justi%C3%A7a-em-N%C3%BAmeros-2020-atualizado-em-25-08-2020.pdf>. Acesso em 07 ago. 2021.

sociais exercidas pelo Estado Democrático de Direito brasileiro. Neste particular, merece destaque o considerável número de ações que têm por objeto a condenação dos entes públicos a fornecer medicamentos e tratamentos médicos, bem como benefícios assistenciais[38] e previdenciários[39] de toda ordem.

2.4. Breve panorâmica sobre a Advocacia-Geral da União: o maior escritório de contencioso no Brasil e no cenário mundial

Criada pela Constituição Federal de 1988, a Advocacia-Geral da União é, nos termos do já mencionado artigo 131, "*a instituição que, diretamente ou através de órgão vinculado, representa a União, judicial e extrajudicialmente (...)*".

Até então, a função de representação judicial e extrajudicial da União cabia, nos termos do parágrafo 2º do artigo 95 da Constituição da República de 1967, ao Ministério Público Federal ou até mesmo Estadual.[40] Àquela época, o desenho institucional do MP era absolutamente diverso, sendo certo que não lhe eram atribuídas diretamente pela Constituição anterior as relevantes funções de titular da ação penal pública, de defensor dos interesses difusos e coletivos, de *custos legis*, dentre outras.[41] Note-se

38 A pandemia gerada pela disseminação da COVID-19 a partir de março de 2020 trouxe como uma de suas muitas nefastas consequências o empobrecimento da população brasileira em praticamente todos os níveis. Quanto aos mais vulneráveis, foi implementada a política pública do auxílio emergencial, que trouxe a reboque intensa judicialização por parte daqueles que tiveram o benefício negado por não preencherem os requisitos previstos na lei que o instituiu.

39 Razão pela qual o INSS figura no topo do *ranking* dos maiores litigantes do país. BRASIL. *100 maiores litigantes*. Brasília: Conselho Nacional de Justiça, p. 5. Disponível em: <https://bibliotecadigital.cnj.jus.br/jspui/bitstream/123456789/65/1/100%20Maiores%20Litigantes.pdf>. Acesso em 07 ago. 2021.

40 "§ 2º Nas comarcas do interior, a União poderá ser representada pelo Ministério Público estadual."

41 "Art. 129. São funções institucionais do Ministério Público:
I - promover, privativamente, a ação penal pública, na forma da lei;
II - zelar pelo efetivo respeito dos Poderes Públicos e dos serviços de relevância pública aos direitos assegurados nesta Constituição, promovendo as medidas necessárias a sua garantia;
III - promover o inquérito civil e a ação civil pública, para a proteção do patrimônio público e social, do meio ambiente e de outros interesses difusos e coletivos;
IV - promover a ação de inconstitucionalidade ou representação para fins de intervenção da União e dos Estados, nos casos previstos nesta Constituição;
V - defender judicialmente os direitos e interesses das populações indígenas;

que, pelo atual regime constitucional, no qual o Ministério Público veio a ser drasticamente fortalecido, corrigiu-se a distorção do regime anterior, sendo-lhe agora expressamente vedado o exercício da *representação judicial e a consultoria jurídica de entidades públicas* (art. 129, IX).

A Advocacia-Geral da União veio a assumir esse papel em todas as instâncias e perante todos os tribunais brasileiros. No desempenho da representação da União, autarquias e fundações públicas apenas em processos judiciais, cabe o registro de que a AGU atuou, no ano de 2017, em nada menos que 20 milhões de ações e recursos perante a Justiça Federal,[42] o que corresponde a, aproximadamente, 25% (vinte e cinco por cento) de todo o acervo atual do Poder Judiciário.

A avaliação qualitativa de tal atuação é altamente positiva, tendo sido comprovadamente economizados aos cofres públicos a expressiva quantia de aproximadamente R$ 1,1 trilhão, incluídos valores economizados e arrecadados, bem como a atividade consultiva da Instituição.[43]

No que concerne especificamente à atuação perante o Supremo Tribunal Federal, além das tarefas ordinárias de defesa dos interesses da União em recursos extraordinárias, ações de competência originária etc., cabe destacar a função especial constitucionalmente atribuída ao Advogado-Geral da União de defensor da constitucionalidade de leis e atos normativos impugnados pelas vias do controle concentrado.[44]

VI - expedir notificações nos procedimentos administrativos de sua competência, requisitando informações e documentos para instruí-los, na forma da lei complementar respectiva;
VII - exercer o controle externo da atividade policial, na forma da lei complementar mencionada no artigo anterior;
VIII - requisitar diligências investigatórias e a instauração de inquérito policial, indicados os fundamentos jurídicos de suas manifestações processuais;
IX - exercer outras funções que lhe forem conferidas, desde que compatíveis com sua finalidade, sendo-lhe vedada a representação judicial e a consultoria jurídica de entidades públicas."

42 ADVOCACIA-GERAL DA UNIÃO. *Panorama 2017*. Brasília: AGU, 2018. Disponível em: <file:///C:/Users/rober/Downloads/panorama_2017_1_.pdf.> Acesso em 20 fev. 2021, p. 4.

43 ADVOCACIA-GERAL DA UNIÃO. *Panorama 2017*. Brasília: AGU, 2018. Disponível em: <file:///C:/Users/rober/Downloads/panorama_2017_1_.pdf.> Acesso em 20 fev. 2021, p. 9.

44 "Art. 103. Podem propor a ação direta de inconstitucionalidade e a ação declaratória de constitucionalidade:
§ 3º Quando o Supremo Tribunal Federal apreciar a inconstitucionalidade, em tese, de norma legal ou ato normativo, citará, previamente, o Advogado-Geral da União, que defenderá o ato ou texto impugnado."

Na seara da consensualidade, cerne desta obra, foram celebrados, também no ano de 2017, mais de 80 mil acordos em processos judiciais,[45] número que demonstra avanço, mas também representa um percentual tímido, de apenas 0,4% (zero vírgula quatro por cento) se comparado aos 20 milhões de ações acompanhadas pela AGU.

Além da intensa atuação judicial, incumbe também à AGU, por ostentar a condição de Instituição essencial à justiça e integrante do sistema de justiça nacional, buscar desenvolver alternativas juridicamente sustentáveis para a pacificação de conflitos fora da estrutura do Poder Judiciário[46] e construídas pelas próprias partes envolvidas, através do fortalecimento de canais de diálogo que tenham efetivas chances de alcançar o consenso.

Como informado na Introdução, um dos principais objetivos deste livro é a proposição de um desenho institucional que não apenas fortaleça o uso das já tradicionais ferramentas autocompositivas, mas a elas agregue o uso da tecnologia, preferencialmente com emprego de inteligência artificial, possibilitando a criação, dentro da estrutura da Advocacia-Geral da União, de um ambiente de rápido fluxo de informações, com a geração de propostas automatizadas de acordos aos particulares a partir de parâmetros previamente definidos, sem a necessidade de submissão de tais ajustes ao Poder Judiciário, com base no permissivo contido no artigo 32, parágrafo 3º, da Lei de Mediação.[47]

Tal construção será desenvolvida ao longo dos Capítulos 3, 4 e 5, que compõem a Segunda Parte desta obra.

---

45 ADVOCACIA-GERAL DA UNIÃO. *Panorama 2017*. Brasília: AGU, 2018. Disponível em: <file:///C:/Users/rober/Downloads/panorama_2017_1_.pdf.> Acesso em 20 fev. 2021, p. 8.

46 MENDONÇA, Grace Maria Fernandes. A mediação e a conciliação como mecanismos de promoção de uma sociedade mais pacífica e inclusiva: experiência da Advocacia-Geral da União. In: CURY, Augusto (org.). *Soluções Pacíficas de Conflitos para um Brasil Moderno*. Rio de Janeiro: Forense, 2019, pp. 245-274, 253.

47 "Art. 32. A União, os Estados, o Distrito Federal e os Municípios poderão criar câmaras de prevenção e resolução administrativa de conflitos, no âmbito dos respectivos órgãos da Advocacia Pública, onde houver, com competência para:

(...)

§ 3º Se houver consenso entre as partes, o acordo será reduzido a termo e constituirá título executivo extrajudicial."

2.5. A Advocacia-Geral da União enquanto órgão jurídico interfederativo

A defesa da assertiva título deste tópico, já adiantada linhas acima, fundamenta-se, essencialmente, em dois alicerces: no poder decisório atribuído ao Advogado-Geral da União para dirimir certos conflitos entre órgãos e entidades federais e no crescente fortalecimento das atribuições que vêm sendo atribuídas à Advocacia-Geral da União e, em especial, à Câmara de Mediação e de Conciliação da Administração Pública Federal (CCAF) que integra a sua estrutura.

Essa Câmara, na origem chamada de "*Câmara de Conciliação e Arbitragem da Administração Federal*", foi inicialmente disciplinada pelo art. 2º, II, "c", "6", do Anexo I do Decreto nº 7.392/2010, como órgão integrante da Consultoria-Geral da União (CGU), que, por sua vez, consiste no órgão de direção superior da AGU na seara consultiva, incumbido de subsidiar o Advogado-Geral da União no assessoramento jurídico que este presta ao Chefe do Poder Executivo da União, na forma do art. 10 da Lei Complementar nº 73/93.[48]

A CCAF encontra-se atualmente disciplinada pelo recente Decreto nº 10.608, de 25 de janeiro de 2021, que expressamente revogou o Decreto nº 7.392/2010.

O Decreto nº 10.608/21, em seu Anexo I, ao dispor sobre a estrutura organizacional da Advocacia-Geral da União, contempla, no artigo 2º, inciso II, alínea "c", 7, a *Câmara de Mediação e de Conciliação da Administração Pública Federal*.[49]

A mudança na nomenclatura da outrora "*Câmara de Conciliação e Arbitragem da Administração Federal*" revela-se correta e emblemática.

Ao excluir a menção à arbitragem, a designação atual passa a revelar de modo muito mais fidedigno a verdadeira vocação consensual e auto-

---

48 "Art. 10 - À Consultoria-Geral da União, direta e imediatamente subordinada ao Advogado-Geral da União, incumbe, principalmente, colaborar com este em seu assessoramento jurídico ao Presidente da República produzindo pareceres, informações e demais trabalhos jurídicos que lhes sejam atribuídos pelo chefe da instituição.
Parágrafo único. Compõem a Consultoria-Geral da União o Consultor-Geral da União e a Consultoria da União".

49 "Art. 2º A Advocacia-Geral da União tem a seguinte estrutura organizacional:
(...)
II - órgãos de direção superior:
(...)
c) Consultoria-Geral da União
(...)
7. Câmara de Mediação e de Conciliação da Administração Pública Federal;"

compositiva da Câmara. Não é demais lembrar que a arbitragem consiste em ferramenta genuinamente heterocompositiva, que em nada se assemelha aos institutos autocompositivos da mediação e da mediação, a não ser pelo fato de comporem soluções adequadas à resolução de conflitos independentes da jurisdição prestada pelo Estado.

Demais disso, a função de dirimir – pode-se dizer, de certo modo, arbitrar - controvérsias, com poder verdadeiramente adjudicatório, veio a ser atribuída por lei não à instituição Advocacia-Geral da União, mas ao seu dirigente máximo, o Advogado-Geral da União.

Com efeito, a exclusão da expressão "*arbitragem*" se afigura como correta porque, caso não venha a ser alcançado o consenso entre os entes públicos federais envolvidos na conciliação ou na mediação, o embate sairá da esfera de atuação da CCAF,[50] com o encaminhamento da contenda ao Consultor-Geral da União, que, por sua vez, a encaminhará ao Advogado-Geral da União, que a dirimirá com base no poder-dever que lhe foi atribuído pelo art. 36, § 1º da Lei de Mediação.[51]

Tem-se, nesta última hipótese, verdadeira *decisão* administrativa.

Ressalte-se que esse poder verdadeiramente adjudicatório conferido ao dirigente máximo da Instituição não configura novidade no ordenamento pátrio, cuja primeira previsão normativa, de redação bem menos incisiva se comparada à do dispositivo da Lei de Mediação acima referida, consta da Medida Provisória nº 2.180-35/2001, mais precisamente em seu art. 11, parágrafo único.[52]

---

50 "Art. 18. À Câmara de Mediação e de Conciliação da Administração Federal compete: VI - encaminhar, quando couber, ao Consultor-Geral da União as controvérsias jurídicas não solucionadas por procedimento de mediação para os fins do disposto no § 1° do art. 36 da Lei n° 13.140, de 2015;"

51 "Art. 36. No caso de conflitos que envolvam controvérsia jurídica entre órgãos ou entidades de direito público que integram a administração pública federal, a Advocacia-Geral da União deverá realizar composição extrajudicial do conflito, observados os procedimentos previstos em ato do Advogado-Geral da União.
§ 1º Na hipótese do caput, se não houver acordo quanto à controvérsia jurídica, caberá ao Advogado-Geral da União dirimi-la, com fundamento na legislação afeta."

52 "Art. 11. Estabelecida controvérsia de natureza jurídica entre entidades da Administração Federal indireta, ou entre tais entes e a União, os Ministros de Estado competentes solicitarão, de imediato, ao Presidente da República, a audiência da Advocacia-Geral da União.
Parágrafo único. Incumbirá ao Advogado-Geral da União adotar todas as providências necessárias a que se deslinde a controvérsia em sede administrativa."

Desse dispositivo datado de vinte anos, que emprega a expressão "*adotar todas as providências necessárias a que se deslinde a controvérsia em sede administrativa*" para a redação do artigo 36, § 1º da Lei nº 13.140/2015, "*caberá ao Advogado-Geral da União dirimi-la, com fundamento na legislação afeta*", tornou-se indiscutivelmente mais nítida e categórica a intenção do legislador em atribuir função verdadeiramente adjudicatória à referida autoridade.

Pitagoras Dytz defende que o Advogado-Geral da União é o juiz natural administrativo dos conflitos envolvendo entidades públicas: "*o Advogado-Geral da União também enverga a beca do magistrado; magistrado administrativo, mas nem por isso menos magistrado.*"[53]

Demonstrados esses dois cruciais papeis no sistema de justiça multiportas, a saber, as funções autocompositivas atribuídas à CCAF e a função atribuída ao Advogado-Geral da União de juiz administrativo de conflitos envolvendo órgãos e entidades de direito público federais, cumpre analisar as demais atribuições da AGU que reforçam sua relevância no sistema de justiça brasileiro.

A Lei Complementar nº 73/93 estabelece, em seus artigos 40 e 41,[54] uma função uniformizadora de entendimentos administrativos, a vincular toda a Administração Pública Federal, pela via de pareceres exarados pelo Advogado-Geral da União e aprovados pelo Presidente da República.

Essa atuação da AGU, no sentido de vincular toda a Administração Pública Federal a uma determinada interpretação jurídica, por meio de tais pareceres "qualificados", converge com a necessidade de que a ordem jurídica vigente seja aplicada de modo uniforme[55] e não oscile ao sabor de

---

53 DYTZ, Pitagoras. Da MP 2180-35, de 2001 à Lei 13.140, de 2015: o Advogado-Geral da União como juiz natural administrativo nos conflitos envolvendo entidades públicas. *In Desjudicialização, justiça conciliativa e poder público*. Coordenadores: Henrique Ávila, Kazuo Watanabe, Rita Dias Nolasco e Trícia Navarro Xavier Cabral. São Paulo: Thomson Reuters Brasil, 2021, pp. 255-271, p. 261.

54 "Art. 40. Os pareceres do Advogado-Geral da União são por este submetidos à aprovação do Presidente da República.
§ 1º O parecer aprovado e publicado juntamente com o despacho presidencial vincula a Administração Federal, cujos órgãos e entidades ficam obrigados a lhe dar fiel cumprimento.
§ 2º O parecer aprovado, mas não publicado, obriga apenas as repartições interessadas, a partir do momento em que dele tenham ciência."
Art. 41. Consideram-se, igualmente, pareceres do Advogado-Geral da União, para os efeitos do artigo anterior, aqueles que, emitidos pela Consultoria-Geral da União, sejam por ele aprovados e submetidos ao Presidente da República."

55 "Em suma, uma decisão judicial argumentativamente bem fundamentada exige que os fundamentos utilizados em sua justificação externa possam ser universalizados. Caso

entendimentos circunstanciais dos inúmeros órgãos federais, sob pena de grave ofensa à segurança jurídica. Com efeito, um ordenamento jurídico instável não protege as legítimas expectativas que os seus destinatários depositam nos atos oficiais.

Tal poder-dever concedido à Advocacia Pública prestigia a segurança jurídica. A Constituição da República, logo em seu art. 1º, estabelece que a República Federativa do Brasil "*constitui-se em Estado Democrático de Direito*", sendo pacífica a noção de que a concepção de Estado de Direito tem como um de seus principais alicerces a ideia de segurança jurídica.

O termo segurança também aparece expressamente contemplado no *caput* do art. 5º e no *caput* do art. 6º da CRFB, que tratam dos direitos e garantias fundamentais. E, conforme adverte Leonardo Greco[56], a referência constitucional ao termo "*segurança*", neste caso, não indica apenas a proteção da vida, da incolumidade física e do patrimônio, mas indica, sobretudo, a proteção da própria "*segurança jurídica*".

Na defesa da segurança jurídica, a Advocacia-Geral da União, cujos enunciados de súmula administrativa[57] devem ser seguidos por toda a Administração Federal, vem notabilizando-se, cada vez mais, tanto nas atividades de consultoria e assessoramento jurídico, que conferem sustentação jurídica à atuação diuturna da Administração Pública, quanto na atuação em processos judiciais em todas as instâncias, sobretudo perante o Supremo Tribunal Federal.[58]

---

contrário, ter-se-á uma decisão particularista e potencialmente arbitrária, dada a manifesta dificuldade de se controlar racionalmente as suas premissas." STRÄTZ, Murilo. *Teoria dos pronunciamentos judiciais vinculantes*: dos fundamentos jusfilosóficos ao utilitarismo consequencialista no regime instituído pelo novo Código de Processo Civil. Rio de Janeiro: Gramma Livraria e Editora, 2017, p. 320.

56 GRECO, Leonardo. Eficácia da declaração *erga omnes* de constitucionalidade ou inconstitucionalidade em relação à coisa julgada anterior. *In:* DIDIER JR., Fredie (coord.). *Relativização da coisa julgada.* 2ª ed. Salvador: JusPodivm, 2008, p. 254.

57 Disponíveis em: <https://www.in.gov.br/en/web/dou/-/sumulas-da-advocacia-geral-da--uniao-300416022>. Acesso em 26 jul. 2021.

58 Citam-se não somente as vitórias que a AGU tem obtido nas vultosas causas tributárias que deságuam no Supremo - majoritariamente decididas em prol dos Cofres Públicos -, mas, sobretudo, o êxito que a União tem tido na defesa judicial de políticas públicas, tais como os programas de Cotas nas Universidades, Mais Médicos, Bolsa-Família, Minha Casa Minha Vida, FIES, ProUni, ENEM, Pesquisas com Células-Tronco e tantos outros cuja constitucionalidade foi sustentada pela AGU e reafirmada pelo Supremo. Recentemente, a AGU, com a supervisão do Banco Central, mediou *o maior acordo judicial da história*, o qual foi homologado pelo Supremo Tribunal Federal em 01º/03/2018

De volta à ideia que motiva este tópico, de caracterização da AGU como órgão jurídico interfederativo, imprescindível chamar atenção para o fato de que sua atuação não se exaure no plano federal, pois, em âmbito federativo, já lhe cabia dirimir, consensualmente, desde o ano de 2010, na forma do art. 18, III, do revogado Decreto nº 7.392,[59] as controvérsias administrativas entre entes ou órgãos da Administração Pública Federal e também da Administração Pública dos Estados, do Distrito Federal e dos Municípios.

Chegou-se a sustentar, em estudo anterior,[60] que o art. 37 da Lei nº 13.140/2015[61] teria alargado tal atribuição da AGU, pois a redação do novo dispositivo legal, ao suprimir a locução "*por meio de conciliação*" (que constava daquele Decreto, hoje revogado pelo de nº 10.608/21), teria autorizado que o Advogado-Geral da União procedesse a uma verdadeira *arbitragem interfederativa*, com caráter nitidamente adjudicatório mesmo para entes *não* federais, desde que para tanto tivesse sido devidamente provocado após tentativa frustrada de solução consensual no âmbito da CCAF. A defesa de tal posicionamento, em artigo publicado no ano de 2018, se deu na vigência do hoje revogado Decreto nº 7.392/2010, pelo qual os órgãos envolvidos, ainda que integrantes da Administração Pública Estadual, Distrital ou Municipal, poderiam, na hipótese de não obtenção de consenso sobre a controvérsia, celebrar uma espécie de com-

nos autos da ADPF 165/DF/2009. Esse acordo entre poupadores e bancos, voltado a compensar as perdas com os planos econômicos Bresser (1987), Verão (1989) e Collor 2 (1991), porá fim a mais de um milhão de processos e renderá pagamentos amigáveis aos poupadores em montante total que supera doze BILHÕES de reais, segundo o próprio STF (http://www.stf.jus.br/portal/cms/verNoticiaDetalhe.asp?idConteudo=371096).

59 "Art. 18. À Câmara de Conciliação e Arbitragem da Administração Federal compete: (...)
III - dirimir, por meio de conciliação, as controvérsias entre órgãos e entidades da Administração Pública Federal, bem como entre esses e a Administração Pública dos Estados, do Distrito Federal, e dos Municípios;"

60 RODRIGUES, Roberto de Aragão Ribeiro; STRÄTZ, Murilo. O papel da Advocacia-Geral da União (AGU) no Sistema Multiportas: a transação referendada pela AGU necessita de homologação judicial para que ostente plena exequibilidade? *Revista Magister de Direito Civil e Processual Civil*, v. 86, pp. 82-105, 2018, p. 98.

61 "Art. 37. É facultado aos Estados, ao Distrito Federal e aos Municípios, suas autarquias e fundações públicas, bem como às empresas públicas e sociedades de economia mista federais, submeter seus litígios com órgãos ou entidades da administração pública federal à Advocacia-Geral da União, para fins de composição extrajudicial do conflito."

promisso arbitral, por meio do qual se comprometeriam a aceitar a solução adjudicada proferida pelo Advogado-Geral da União.[62]

Importante destacar que tal entendimento pessoal, sustentado no mencionado artigo doutrinário, hoje não mais se coaduna com o posicionamento oficial da Advocacia-Geral da União sobre o tema.

Com efeito, o Advogado-Geral da União aprovou o Parecer nº 0001/2019/CCAF/CGU/AGU, de 20 de março de 2019, o qual estabelece, em síntese, que a Câmara de Mediação e Conciliação da Administração Pública Federal não possui atribuição para dirimir controvérsias jurídicas interferederativos. De acordo com o Parecer, a Lei de Arbitragem não se aplica à CCAF.[63]

Em síntese, a Câmara de Mediação e Conciliação da Administração Pública Federal, órgão integrante da estrutura da AGU, possui hoje, à luz do Decreto nº 10.608/21, a função precípua de buscar a solução consensual de conflitos em que esteja envolvido ao menos um ente público federal.

Na hipótese de controvérsia exclusivamente entre órgãos públicos integrantes da Administração Federal, caso não se obtenha o consenso no âmbito da Câmara, o litígio poderá vir a ser dirimido por decisão administrativa do Advogado-Geral da União, de acordo com a previsão contida no art. 36, §1º da Lei de Mediação.

Já nos casos de controvérsias interfederativas, caso não seja alcançado o consenso sobre a controvérsia ao longo das tratativas de tentativa de composição autocompositivas, a cargo da CCAF, não mais se afigura possível sustentar, como outrora,[64] que tais entes se sujeitarão à so-

62 A atuação de um órgão público como instituição arbitral não seria inédita, vide o exemplo acima citado da atuação excepcional do Tribunal Marítimo como juízo arbitral, cuja decisão forma autêntico título executivo (art. 515, VII, do CPC).

63 Segue a ementa do referido Parecer: EMENTA: COMPETÊNCIA PARA DIRIMIR CONTROVÉRSIA JURÍDICA. O "ARBITRAMENTO" PREVISTO NO ART. 18, VI DO DECRETO 7.392/2010. A ARBITRAGEM COMO FORMA JURISDICIONAL DE RESOLUÇÃO DE CONFLITO. LEI 9.307/1996 E SUA INAPLICABILIDADE NA CCAF. CONSENSO COMO FORMA AUTOCOMPOSITIVA DE RESOLUÇÃO DE CONFLITO. APLICAÇÃO E AMPLITUDE SUBJETIVA DOS ARTS. 36 E 37 DA LEI 13.140/2015. REVISÃO DO ENTENDIMENTO CONTIDO NOS PARECERES 00003/2016/CCAF/CGU/AGU E DO PARECER AGU/AG-12/2010. EXTINÇÃO DOS SEUS EFEITOS GERAIS."

64 RODRIGUES, Roberto de Aragão Ribeiro; STRÄTZ, Murilo. O papel da Advocacia-Geral da União (AGU) no Sistema Multiportas: a transação referendada pela AGU necessita de homologação judicial para que ostente plena exequibilidade? *Revista Magister de Direito Civil e Processual Civil*, v. 86, pp. 82-105, 2018.

lução adjudicada exarada pelo AGU, nos termos disposto no art. 37 da Lei de Mediação, com a interpretação que lhe foi atribuída pelo Parecer nº 0001/2019/CCAF/CGU/AGU. Isto porque o alcance atribuído à expressão "*composição extrajudicial do conflito*" restou limitado aos meios autocompositivos, excluindo-se, expressamente, a possibilidade de solução adjudicada proferida pelo Advogado-Geral da União acerca de conflitos envolvendo Estados, Distrito Federal, Municípios e suas autarquias e fundações públicas.

A estrutura da agora denominada Câmara de Mediação e Conciliação da Administração Pública Federal será esmiuçada em tópico próprio no Capítulo 4. Mas cabe o registro, desde já, que o exercício dessas competências administrativas pela Advocacia-Geral da União tem contribuído e tende a cada vez mais contribuir para tornar a solução de conflitos mais adequada, célere, democrática e menos custosa. Em suma, a gestão dos conflitos passa a ser mais eficiente.[65]

Com efeito, a experiência comum e os dados trazidos pela jurimetria[66] têm demonstrado que as soluções extrajudiciais costumam ser mais céleres que os feitos judiciais, os quais têm um tempo próprio.[67]

---

65 Odete Medauar observa que a resolução rápida e consensual de controvérsias pela Administração, longe de violar o princípio da indisponibilidade, efetivamente o concretiza. MEDAUAR, Odete. *Direito administrativo moderno.* 18ª ed. rev. e atual. São Paulo: Revista dos Tribunais, 2014, p. 150.

66 Em definição sucinta, jurimetria consiste na aplicação da estatística ao Direito.

67 Leonardo Greco observa que "a jurisdição necessita de um tempo, por menor que seja, para ser exercida", e que "curta demora que a tutela efetiva pode tolerar é apenas aquela que resulta da necessidade de assegurar ao adversário o pleno exercício de sua defesa, ainda assim na medida em que não se ultrapasse o limite em que seja lícito exigir o sacrifício do interesse cuja tutela se afigura urgente, e da necessidade de assegurar ao próprio juiz uma cognição adequada." GRECO, Leonardo. Garantias fundamentais do processo: o processo justo. *In*: *Estudos de direito processual.* Campos dos Goytacazes: Ed. Faculdade de Direito de Campos, 2005, p. 269. Na mesma linha, Paulo Cezar Pinheiro Carneiro destaca que a celeridade processual sempre foi uma preocupação brasileira quando se fala em acesso à justiça. CARNEIRO, Paulo Cezar Pinheiro. *Acesso à justiça*: juizados especiais cíveis e ação civil pública: uma nova sistematização da teoria geral do processo. 2ª ed. rev. e atual. Rio de Janeiro: Forense, 2007, p. 48. Observa-se que o tempo da ritualidade judiciária evoca o tempo do Direito. Assim como o tempo judiciário, o Direito, ao assimilar textos provenientes de épocas diferentes, parece ser insensível ao tempo. Sublima a perenidade para proporcionar à sociedade uma atualidade eterna. Integra o passado num presente eterno. Contra a corrupção do tempo, o Direito afirma a sua inesgotável capacidade de auto-regeneração, de sublimação do caráter finito da História. Portanto, luta contra o abandono trazendo a cada grupo social a possibilidade de se reproduzir sem ser afetado pelo tempo. É o "não tempo" do Direito". SPENGLER, Fabiana. O Tempo do Processo e o Tempo da Mediação. *Revista Eletrônica de Direito Proces-*

Além do ganho em termos de eficiência, pode-se dizer que a via consensual em regra alcança superior pacificação, uma vez que os órgãos públicos envolvidos na controvérsia acabam não apenas participando da resolução consensual do problema que os afeta, mas efetivamente protagonizando a construção da solução dialogicamente mais adequada a evitar que o problema persista e que as partes permaneçam insatisfeitas.

A solução heterocompositiva dada pelo Judiciário, não raras vezes, somente resolve o processo, a "camada superficial" da controvérsia, deixando de resolver, porém, os reais fundamentos que lhe subjazem.

Daí a importância de ser a Advocacia Pública cada vez mais atuante na resolução dos litígios em que seus entes representados figurem como parte interessada.

A característica de ente jurídico interfederativo da AGU desponta de forma inequívoca em razão da regra prevista no art. 37, *caput*, da Lei de Mediação, que faculta aos Estados, Distrito Federal, Municípios, suas autarquias e fundações públicas, bem como às empresas públicas e sociedades de economia mistas federais, submeter seus litígios com órgãos ou entidades da Administração Pública Federal à Advocacia-Geral da União, para fins de composição extrajudicial do conflito, ainda que por tal se entenda tão somente as formas autocompositivas.

sual - REDP, vol. VIII, julho/dez 2011. Há, porém, que se ter cautela com julgamentos açodados, como já advertia o emérito e saudoso Professor BARBOSA MOREIRA, ao asseverar que, *verbis*: "Um processo informado por preocupações garantísticas necessariamente será menos rápido que um processo que as ponha de lado. No terreno penal, por exemplo, alguém poderia ser tentado a enxergar a imagem por excelência da rapidez no linchamento do suspeito: julgamento instantâneo e execução imediata; mas é muito duvidoso, felizmente, que se proponha com êxito semelhante modelo à consideração dos legisladores contemporâneos" BARBOSA MOREIRA, José Carlos. O problema da duração dos processos: premissas para uma discussão séria. *In*: *Temas de direito processual*, 9ª série. São Paulo: Saraiva, 2007. p. 377.

SEGUNDA PARTE

MEIOS ADEQUADOS DE RESOLUÇÃO DE CONTROVÉRSIAS EM ESPÉCIE E SUA ADAPTABILIDADE E APLICABILIDADE À FAZENDA PÚBLICA

Capítulo 3

CONSENSUALIDADE NA ADMINISTRAÇÃO PÚBLICA: NEGOCIAÇÃO, CONCILIAÇÃO E TRANSAÇÃO ENVOLVENDO ENTES PÚBLICOS

3.1. Noções introdutórias

Conforme exposto na primeira parte deste livro, em um "sistema de justiça multiportas", há sempre uma forma mais adequada de solução para cada espécie de litígio, eis que o conceito contemporâneo de jurisdição exige mais do que o mero julgamento do caso concreto, mas também que haja uma verdadeira pacificação da controvérsia, com desfecho satisfatório para as partes, na maior medida do possível.[1]

No Brasil, a noção de sistema multiportas foi positivada, em um primeiro momento, pela Resolução nº 125/2010 do Conselho Nacional de Justiça, em cujos *consideranda* se lê "*que o direito de acesso à justiça*[2], *previsto no art. 5º, XXXV, da Constituição Federal, além da vertente formal perante os órgãos judiciários, implica acesso à ordem jurídica justa e a soluções efetivas*". Abertura ainda mais emblemática foi operada pelo CPC/2015, que, em seu artigo 3º, estendeu a referida garantia constitucional de inafastabili-

---

1 PINHO, Humberto Dalla Bernardina de. *Jurisdição e pacificação*: limites e possibilidades do uso dos meios consensuais de resolução de conflitos na tutela dos direitos transindividuais e pluri-individuais. Curitiba: CRV, 2017, p. 265. LESSA NETO, João Luiz. O novo CPC adotou o modelo multiportas!!! E agora?! *Revista de Processo*. São Paulo: RT, v. 244, jun. 2015, pp. 427-441.

2 Para Mauro CAPPELLETTI e Bryant GARTH, os meios alternativos de resolução de controvérsias integram a terceira onda de acesso à justiça. CAPPELLETTI, Mauro; GARTH, Bryant. *Acesso à justiça*. Trad. Ellen Gracie Northfleet. Porto Alegre: Sérgio Antonio Fabris Editor, 1988, pp. 68-71. Já Dierle Nunes e Ludmila Teixeira afirmam que "o acesso democrático à justiça exige que as autonomias dos cidadãos sejam respeitadas não somente no momento da gênese do direito, mas sobretudo no momento aplicativo." NUNES, Dierle; TEIXEIRA, Ludmila. *Acesso à justiça democrático*. Brasília: Gazeta Jurídica, 2013, p. 67. Humberto Dalla também enaltece o respeito que o CPC/2015 positivou em relação à autonomia das partes, ao, entre outras disposições, expressamente franquear ao autor que opte, desde sua petição inicial, pela realização ou não da audiência de conciliação ou mediação (art. 319, VII, do CPC). PINHO, Humberto Dalla Bernardina de. O Histórico da Lei de Mediação Brasileira: do Projeto de Lei 94 à Lei n° 13.140/2015. *Revista de Arbitragem e Mediação*, Ano 12, nº 46. Jul./Set. de 2015, p. 130.

dade do controle de lesão ou ameaça a direito para além dos limites do Poder Judiciário.[3]

Tal pacificação se revela mais plausível com o uso dos meios autocompositivos, eis que "*os próprios titulares constroem o consenso, solucionando o conflito de acordo com sua vontade informada.*"[4]

Mesmo as formas heterocompositivas fora da estrutura do Poder Judiciário podem, por vezes, lograr maior êxito na busca pela pacificação social, que pode decorrer, por exemplo, do superior conformismo das partes com a solução imposta por árbitro ou instituição arbitral por elas previamente escolhida, conforme se analisará no Capítulo 7.

Verifica-se, portanto, mesmo na arbitragem, nitidamente heterocompositiva, ao menos uma *base prévia* de autonomia da vontade e de consensualidade, ainda que tão somente no que diz respeito ao acordo quanto à forma e a quem dirimirá o litígio.

Voltando aos meios autocompositivos, são neles que o predicado da autonomia da vontade desponta de forma plena, fator que contribui decisivamente para a construção de um desfecho mais favorável à controvérsia.

Os conceitos de negociação direta, conciliação e transação representam, na verdade, institutos muito próximos, que têm em comum o fato de as partes interessadas cederem parcialmente em suas posições, geralmente fazendo concessões mútuas com a finalidade de alcançar o consenso acerca da controvérsia.

Não se olvida que a autocomposição pode, em certas circunstâncias, e desde que os negociantes conheçam os reais interesses dos envolvidos, propiciar a criação de posições plenamente satisfatórias e de ganhos mútuos para as partes, situação objeto de estudo pelo famoso Programa de

---

3 A expressão "*apreciação jurisdicional*", empregada pelo CPC/2015 denota, inequivocamente, a opção do legislador de reforçar a arbitragem como método heterocompositivo integrante da jurisdição (artigo 3º, § 1º), bem como de estimular a solução consensual dos conflitos (artigo 3º, §§ 2º e 3º). Todos esses meios hoje integram, inequivocamente, o conceito de jurisdição.

4 GRINOVER, Ada Pelegrini. *Ensaio sobre a processualidade*: fundamentos para uma nova teoria geral do processo. São Paulo: Gazeta Jurídica, 2016, p. 65.

Negociação de Harvard[5] e bem resumida pela tradicional expressão norte--americana *win-win negotiation*.[6]

Tais ferramentas autocompositivas serão adequadas para dirimir controvérsias simples, geralmente de cunho patrimonial e nas quais não haja a preocupação de manutenção de vínculo pré-existente entre as partes. Exemplos clássicos são os conflitos que emergem de pequenos acidentes de trânsito ou de relações de consumo, controvérsias sobre o índice de correção monetária aplicável a condenações judiciais, nos quais não há, naturalmente, preocupação com preservação de vínculo, o qual sequer existia antes do fato gerador da disputa.

A sua previsão legal no ordenamento brasileiro não é nova, eis que presente na Lei nº 6.515/77 (Lei da dissolução da sociedade conjugal)[7] e na Lei nº 9.099/95 (Lei dos Juizados Especiais),[8] cujo procedimento sim-

5 "Quando se estuda a doutrina de Harvard sobre negociação, de início percebe-se a necessidade de se abandonar as formas mais arcaicas de negociação, a chamada "negociação posicional" ou a "barganha posicional". A negociação baseada em posições parte da premissa rudimentar de que para que uma das partes ganhe alguma coisa, a outra, necessariamente, deve perder algo. É a chamada negociação do GANHA-PERDE, em que o negociador se compromete em pressionar o máximo possível e ceder o mínimo possível, sem se preocupar com os resultados para o oponente. A negociação de Harvard consiste em criar um mecanismo ou procedimento de comunicação voltado à persuasão, na qual se busca discutir o mérito das questões discutidas pelas partes, a partir de princípios comum a todos, buscando os resultados mais satisfatórios possíveis para os interesses de todos os atores do processo de negociação. BRASIL. Advocacia-Geral da União. *Manual de negociação baseado na Teoria de Harvard. Brasília*: Escola da Advocacia-Geral da União Ministro Victor Nunes Leal. Brasília: EAGU, 2017. Disponível em: <file:///C:/Users/rober/Downloads/manual_de_negociacao_-_versao_final.pdf >. Acesso em 28 dez. 2020, p. 21.

6 "No entanto, é comum que negociações terminem como a proverbial história dos meninos que brigam por causa de uma laranja. Depois de finalmente chegar a um acordo e dividir a fruta meio a meio, o primeiro pegou a sua metade, comeu a fruta e jogou a casca fora, enquanto o outro jogou a fruta fora e usou a casca para fazer um doce." FISHER, Roger; URY, William & PATTON, Bruce; tradução Ricardo Vasques Vieira. *Como chegar ao sim*: como negociar acordos sem fazer concessões. Rio de Janeiro: Solomon, 2014, p. 71.

7 Os artigos 34, *caput* e 40, § 2º, trazem, respectivamente, menções a separação judicial consensual e divórcio consensual.

8 Tal Lei traz nada menos que vinte e cinco menções ao termo "conciliação", merecendo destaque a contida no art. 2º, que estabelece os princípios norteadores dos Juizados Especiais Cíveis e Criminais: "Art. 2º O processo orientar-se-á pelos critérios da oralidade, simplicidade, informalidade, economia processual e celeridade, buscando, sempre que possível, a conciliação ou a transação."

plificado veio a ser estendido à Justiça Federal (Lei nº 10.259/2001) e à Fazenda Pública (Lei nº 12.153/2009).

A diferença entre negociação e conciliação está na presença de um terceiro imparcial que auxilia as partes na busca de tal consenso. Este terceiro imparcial se fará sempre presente na conciliação e apenas excepcionalmente na negociação (exclusivamente na hipótese residual de negociação assistida).[9]

Na negociação direta, portanto, as próprias partes perseguem a solução da controvérsia sem se valerem do auxílio de uma terceira pessoa facilitadora do consenso.

Já o termo transação figura no título deste Capítulo em razão da previsão do relevante e inovador instituto da *transação por adesão*, no art. 35 da Lei nº 13.140/2015, que será objeto de análise no tópico 3.7.

O instituto da *mediação*, por sua vez, mais específico e complexo, e que não tem por pressuposto a realização de concessões mútuas, mas sim a preocupação central com a pacificação do conflito, mediante a busca do restabelecimento do diálogo entre as partes envolvidas e a manutenção do relacionamento entre elas, consiste, como cediço, em meio autocompositivo consideravelmente diverso, a merecer análise no Capítulo 4.

Passa-se, portanto, à análise do estágio atual de utilização da negociação, conciliação e transação por adesão pelos entes públicos, com foco nas experiências desenvolvidas no âmbito da Advocacia-Geral da União, bem como a traçar alguns prognósticos para o avanço seguro de tais vias consensuais como alternativa à jurisdição estatal.

3.2. Negociação

Entende-se por negociação a espécie de meio autocompositivo pelo qual as partes buscam a construção de uma solução consensual via interlocução direta, sem qualquer auxílio de terceiros.[10]

---

9 GRINOVER, Ada Pellegrini. O minissistema brasileiro de justiça consensual: compatibilidade e incompatibilidades. *Publicações da Escola da AGU*. Brasília, v. 8, nº 1 jan./mar. 2016, pp. 15-36. Disponível em: <https://seer.agu.gov.br/index.php/EAGU/article/view/1167/846>. Acesso em 24 jan. 2021, p. 19.

10 Neste sentido, vide LEITE, Carlos Henrique Costa; NITÃO, Clara Rachel Barros. Centrais de negociação da Procuradoria-Geral da União: a evolução do modelo autocompositivo e os novos critérios para a realização de acordos. *In Desjudicialização, justiça conciliativa e poder público*. Coordenadores: Henrique Ávila, Kazuo Watanabe, Rita Dias Nolasco e Trícia Navarro Xavier Cabral. São Paulo: Thomson Reuters Brasil, 2021, pp. 293-312, p. 297.

É precisamente a ausência de um terceiro facilitador da busca pelo consenso que a distingue da conciliação.

A doutrina aponta que, caso haja ambiente para tal diálogo direto entre as partes, sem a intermediação de qualquer pessoa, mais fértil será o terreno para a obtenção de uma autocomposição efetiva e dotada de elevado grau pacificador.[11]

Carlos Henrique Costa Leite e Clara Rachel Barros Nitão sustentam, com acerto, que, constatada a possibilidade de estabelecimento de um canal de comunicação direto entre as partes, o meio autocompositivo a ser empregado deve ser a negociação e não a conciliação ou a mediação, as quais devem figurar como opção subsidiária.[12] Com efeito, a autonomia da vontade das partes assume expressão máxima na negociação direta entre as partes envolvidas na controvérsia.

No âmbito da Administração Pública Federal, a negociação no curso de processos judiciais nos quais figure como parte a União é realizada pelas Centrais de Negociação da Procuradoria-Geral da União,[13] criadas pela Portaria PGU nº 02, de 14 de dezembro de 2012.

Este novo modelo ampliou o escopo das Centrais de Negociação em razão da instituição dos Planos Nacionais de Negociação, que consistem na fixação de diretrizes destinadas aos Advogados da União a fim de que estes possam oferecer propostas de acordos em temas repetitivos previamente selecionados. Os 17 (dezessete) Planos Nacionais de Negociação até hoje delineados[14]

---

11 MOURÃO, Alessandra Nascimento S. F. (Coord.); CAMPOS, Anita Pissolito; AZEVEDO, Monique Haddad Knöchelmann; SIMIONATO, Monica. *Fundamentos da negociação para o ambiente jurídico*. São Paulo: Saraiva, 2014, p. 38.

12 LEITE, Carlos Henrique Costa; NITÃO, Clara Rachel Barros. Centrais de negociação da Procuradoria-Geral da União: a evolução do modelo autocompositivo e os novos critérios para a realização de acordos. *In Desjudicialização, justiça conciliativa e poder público*. Coordenadores: Henrique Ávila, Kazuo Watanabe, Rita Dias Nolasco e Trícia Navarro Xavier Cabral. São Paulo: Thomson Reuters Brasil, 2021, pp. 293-312, p. 298.

13 Mais especificamente, pelo seu Departamento de Negociação, Estudos Jurídicos e Direito Eleitoral – DNE, que possui previsão no Decreto nº 10.608, de 25 de janeiro DE 2021, que em seu art. 24 estabelece suas atribuições.

14 Existem, até o momento, 17 Planos Nacionais de Negociação, sobre variados temas recorrentes na atuação da AGU, v.g., Plano nº 1: Processos que versam sobre a extensão aos aposentados e pensionistas das gratificações de desempenho GDATA, GDPGTAS, GDASST, GDPGPE, GDPST, GDATEM e/ou GDAFAZ durante o período em que não tiverem sido regulamentadas até o início dos efeitos financeiros do primeiro ciclo de avaliação individualizada dos servidores em atividade, Plano nº 3: Processos que versam sobre (in)exigibilidade do pagamento do custeio do auxílio pré-escolar por parte do

têm em comum a presença de uma questão exclusivamente jurídica homogênea que se replica em milhares de ações.[15]

Registre-se que o âmbito de atuação das Centrais de Negociação não se esgota nessas ações de massa, abrangendo, também, casos dotados de peculiaridades e características específicas, ainda que altamente complexos. O fator determinante para o pleno êxito das Centrais será a possibilidade de interlocução direta entre as partes com vistas à obtenção do consenso, independentemente da complexidade da matéria de fundo do conflito.

No que concerne aos litígios que tenham por base questões jurídicas pacificadas por precedentes vinculantes (art. 927 do CPC), sustentar-se-á, no Capítulo 5, que a eficiência da Administração Pública atingirá sua expressão máxima com a instituição de plataformas *online* de resolução de disputas dotadas de inteligência artificial.

3.3. Conciliação

A conciliação tem seus princípios norteadores previstos no art. 166 do Código de Processo Civil,[16] ao passo que o seu art. 165, § 2º estatui que "*O conciliador, que atuará preferencialmente nos casos em que não houver vínculo anterior entre as partes, poderá sugerir soluções para o litígio, sendo vedada a utilização de qualquer tipo de constrangimento ou intimidação para que as partes conciliem.*"

Tal norma traz praticamente o conceito do instituto, que, pela doutrina nacional, é usualmente conceituado como a técnica autocompositiva pela qual um profissional imparcial intervém para auxiliar as partes a alcançar um acordo, estando autorizado, inclusive, a expor as vantagens e desvantagens sobre as propostas apresentadas e até

servidor público. Plano nº 4: Processos que tramitam na Justiça Federal ou nos Juizados Especiais Federais e cuja controvérsia se restrinja ao índice de correção monetária aplicável a condenações sofridas pela União.

15 O tema foi amplamente enfrentado em estudos anteriores: RODRIGUES, Roberto de Aragão Ribeiro. *Precedente formado em casos repetitivos*: eficácia, *issue preclusion* e as teses jurídicas prejudiciais. Curitiba: Juruá, 2017. RODRIGUES, Roberto de Aragão Ribeiro. *Ações Repetitivas*: o novo perfil da tutela dos direitos individuais homogêneos. 1ª ed. Curitiba: Juruá, 2013.

16 "Art. 166. A conciliação e a mediação são informadas pelos princípios da independência, da imparcialidade, da autonomia da vontade, da confidencialidade, da oralidade, da informalidade e da decisão informada."

mesmo propor soluções para a controvérsia, sem poder, todavia, forçar a celebração do ajuste.[17]

3.3.1. Objeto da conciliação: análise do art. 3º da Lei 13.140/2015

Ainda que a Lei nº 13.140/2015 trate, em sua quase totalidade, do instituto da mediação, bem como esta obra conte com Capítulo próprio para o seu estudo, impõe-se a análise do dispositivo em epígrafe desde já, eis que versa sobre os limites objetivos da mediação, também aplicáveis à conciliação.

Com efeito, o art. 3º da Lei nº 13.140/2015[18] estabelece a possibilidade de consenso das partes envolvendo direitos indisponíveis, mas transigíveis.

A questão que se impõe, portanto, consiste em identificar quais direitos indisponíveis poderiam ser considerados transigíveis e quais não poderiam ser objeto de transação, mediante atos de disposição parcial para obtenção do consenso.

Um primeiro parâmetro legal pode ser encontrado no art. 841 do Código Civil, segundo o qual "*Só quanto a direitos patrimoniais de caráter privado se permite a transação*".

A aplicação desse parâmetro por si só se mostra vaga e insuficiente, eis que, conforme já sustentado em estudo anterior,[19] direitos de visitação e de guarda em matéria de família, *v.g.*, não são "*direitos patrimoniais*", assim como os interesses da Fazenda Pública ou do Ministério Público não ostentam "caráter *privado*". O fato de tais direitos poderem, sim, ser objeto de transação – até porque não há disposição do direito em si, senão mera regulação do seu exercício - demonstra a impropriedade daquela restrição legal em sede de família, ministerial e fazendária.

Outro deve ser o critério a ser buscado pelo intérprete.

---

17 TARTUCE, Fernanda. *Mediação nos conflitos civis*. 4ª ed., rev. atual. e ampl. Rio de Janeiro: Forense; São Paulo: MÉTODO, 2018, p. 49.

18 "Art. 3º Pode ser objeto de mediação o conflito que verse sobre direitos disponíveis ou sobre direitos indisponíveis que admitam transação.
§ 1º A mediação pode versar sobre todo o conflito ou parte dele.
§ 2º O consenso das partes envolvendo direitos indisponíveis, mas transigíveis, deve ser homologado em juízo, exigida a oitiva do Ministério Público".

19 RODRIGUES, Roberto de Aragão Ribeiro. STRÄTZ, Murilo. O papel da Advocacia-Geral da União (AGU) no Sistema Multiportas: a transação referendada pela AGU necessita de homologação judicial para que ostente plena exequibilidade? *Revista Magister de Direito Civil e Processual Civil*, v. 86, pp. 82-105, 2018.

Em reforço, os métodos consensuais (autocompositivos), ao contrário do que se dá com a arbitragem (heterocompositiva), não sofrem o cerceamento do art. 852 do Código Civil, que veda expressamente o compromisso arbitral para solução de questões de estado, de direito pessoal de família e de outras que não tenham caráter estritamente patrimonial.[20]

Como se vê, o método heterocompositivo arbitral possui âmbito de incidência deveras mais estreito que o contemplado pela autocomposição, até porque um é adjudicatório, enquanto o outro, consensual, de modo que, em não se aperfeiçoando o consenso, o tema conflituoso ainda poderá ser levado à adjudicação judicial ou arbitral.

Vale lembrar que a eleição do método adequado de resolução do conflito que envolva entes públicos compreende apenas a renúncia à via da jurisdição estatal, que, a depender do caso concreto, pode não se mostrar como a mais adequada.

3.3.2. Regulamentação infralegal do procedimento de conciliação em âmbito federal

Ainda que não tratem especificamente sobre conciliação, não se pode deixar de mencionar as Portarias AGU nº 487 e 488, de 2016, respectivamente atualizadas pelas Portarias AGU nº 160 e 161, de 2020, as quais conferem aos Membros da Instituição importantes autorizações para abstenções de interposição de recursos, desistência de recursos e até mesmo para o não oferecimento de contestações nas hipóteses em que especifica.

Tais Portarias são de extrema importância para o cenário de racionalização da administração da justiça no Brasil, eis que concretizam a diretriz de transição da tradicional postura da litigância e recorribilidade quase que automática para a cultura da consensualidade e da pacificação, almejada pelo legislador brasileiro notadamente pelo CPC e pela Lei de Mediação.

Em tese, qualquer tipo de processo judicial (desde as demandas repetitivas, de massa ou complexos e de grande valor) podem se tornar elegíveis à negociação ou conciliação, cabendo às Centrais de Negociação aferir as perspectivas de economicidade do acordo.[21]

20 "Art. 852. É vedado compromisso para solução de questões de estado, de direito pessoal de família e de outras que não tenham caráter estritamente patrimonial."

21 BRASIL. Advocacia-Geral da União. Procuradoria-Geral da União. Disponível em: <https://agudf.sharepoint.com/sites/pgu/SitePages/dee-centrais-de-negociacao.aspx>. Acesso em 29 ago. 2021.

No que concerne especificamente às negociações, a Procuradoria-Geral da União, órgão de direção superior da AGU, editou a Portaria PGU nº 11, de 08 de junho de 2021, que tem por objeto a regulamentação do procedimento para celebração de acordos, mediante negociação, destinados a encerrar, pela via autocompositiva, ações judiciais, bem como a prevenir a sua propositura.[22]

Tal Portaria contempla, ainda, o importante conceito de "Plano de Negociação", definindo-o, em seu art. 2º, inciso V, como "*o documento que padroniza parâmetros de acordo sobre determinada matéria litigiosa.*" Tais formas de negociação em massa e com parâmetros previamente estabelecidos mostra-se vantajosa não apenas pelo ganho de escala na celebração de acordos, mas também por viabilizar, de forma inequívoca, a observância do dever de impessoalidade e de igualdade de condições que devem ser oferecidas aos administrados que se encontrem em idênticas situações.

A Advocacia-Geral da União vem, portanto, gradualmente moldando suas posturas à noção contemporânea de jurisdição e à implementação de um sistema de justiça verdadeiramente multiportas.

3.4. Práticas autocompositivas já em curso no âmbito da Administração Pública

O primeiro exemplo de prática consensual bem-sucedida não poderia ser outro que não o grande acordo coletivo capitaneado pela Advocacia-Geral da União acerca dos expurgos inflacionários devidos aos poupadores da caderneta de poupança lesados pelos planos econômicos das décadas de 1980 e 1990.

---

22 Importante consignar que, além da evidente busca por benefícios mútuos para as partes da negociação, a celebração do acordo não implica o reconhecimento do direito em disputa, tampouco a desistência da tese defendida pela União em casos análogos. Eis a redação do art. 1º e parágrafos da Portaria, que contemplam tais regras:

"Art. 1º Esta Portaria regulamenta, no âmbito da Procuradoria-Geral da União e de seus órgãos de execução, o procedimento para a celebração de acordos, mediante negociação, destinados a encerrar ações judiciais ou a prevenir a propositura destas, relativamente a débitos da União.

§ 1º O procedimento de negociação de que trata esta Portaria pressupõe a obtenção de benefícios mútuos para os envolvidos e obedecerá aos princípios da legalidade, da voluntariedade, da autonomia, da oralidade, da boa-fé, da desburocratização, da eficiência e da economicidade.

§ 2º A formalização do acordo não implica o reconhecimento do direito discutido no litígio, nem acarreta a desistência da tese defendida pela União em casos semelhantes."

Tal ajuste contou com a participação da Advocacia-Geral da União, na condição de mediadora, da Procuradoria-Geral do Banco Central, como assistente, bem como, naturalmente, de representantes adequados dos interesses dos particulares em jogo, a saber, o Instituto de Defesa do Consumidor – IDEC e a Frente Brasileira dos Poupadores – FEBRAPO. Pelos bancos e instituições financeiras interessadas a representação ficou a cargo da Federação Brasileira dos Bancos - FEBRABAN.[23]

Os termos do ajuste, entabulados entre os envolvidos ao longo de mais de um ano de tratativas, vieram a ser homologados pelo Supremo Tribunal Federal no bojo da Arguição de Descumprimento de Preceito Fundamental nº 165, Rel. Min. Ricardo Lewandowski.[24]

O acordo contou com a adesão de 95 mil particulares poupadores, tendo sido pagos aproximadamente 1,4 bilhões de reais.[25] Todos os termos do acordo coletivo e mesmo o pedido de habilitação dos advogados, mediante o preenchimento de formulário eletrônico, constam de *site* próprio,[26] que possui a roupagem de uma plataforma virtual de resolução de litígios, *online dispute resolution - ODR*, meio autocompositivo que será analisado no Capítulo 5.

Já na esfera estadual, cabe citar a experiência da Procuradoria-Geral do Estado do Rio de Janeiro, que, objetivando estimular soluções consensuais e prevenir judicialização de conflitos, instituiu o programa +Consenso, que conta com a Câmara de Resolução de Litígios em Saúde e a Câmara Administrativa de Solução de Conflitos.[27]

Tais Câmaras foram criadas em parceria com demais órgãos do governo do Estado e a Defensoria Pública do Rio de Janeiro, sendo certo que a primeira possibilita o acesso direto do cidadão que venha a necessitar de medicamento, internação ou transferência de nosocômio em caráter de urgência, ao passo que a Câmara Administrativa tem por objeto, nos termos do art. 1º da Resolução PGE 4.430, de 05 de agosto de 2019, a

23 MENDONÇA, Grace Maria Fernandes. A mediação e a conciliação como mecanismos de promoção de uma sociedade mais pacífica e inclusiva: experiência da Advocacia-Geral da União. In: CURY, Augusto (org.). *Soluções Pacíficas de Conflitos para um Brasil Moderno*. Rio de Janeiro: Forense, 2019, pp. 245-274, pp. 264-265.

24 Supremo Tribunal Federal. Disponível em: <http://portal.stf.jus.br/processos/detalhe.asp?incidente=2665693>. Acesso em 21 jul. 2021.

25 Notícia disponível em: <https://www.conjur.com.br/2019-dez-09/agu-busca-quem-teve-poupanca-prejudicada-planos>. Acesso em 14 fev. 2021.

26 <https://www.pagamentodapoupanca.com.br/>.

27 Disponível em: <https://pge.rj.gov.br/mais-consenso>. Acesso em 17 abril 2021.

autocomposição de controvérsias administrativas ou judiciais que envolvam a Administração Pública Estadual direta e indireta do Estado do Rio de Janeiro,[28] nos mesmos moldes da Câmara de Mediação e Conciliação da Administração Pública – CCAF, que será objeto de estudo no Capítulo 4.

Ainda em âmbito estadual, na seara da responsabilidade civil, é digno de registro o recente Termo de Cooperação Técnica firmado entre a Defensoria Pública e a Procuradoria-Geral do Estado do Rio de Janeiro. Tal instrumento tem por objeto a resolução extrajudicial de pretensões perseguidas por vítimas ou famílias de vítimas de disparo por ama de fogo ocorrido no curso de operações policiais. O acordo a ser firmado poderá contemplar indenizações e reparações por danos materiais, morais e estéticos.[29]

A doutrina especializada menciona, ainda, a via consensual e preventiva adotada pela Procuradoria-Geral do Município do Rio de Janeiro, por meio de Termo de Ajustamento de Conduta - TAC assinado em 2012 com Ministério Público e Defensoria Pública do Rio de Janeiro, para fins de desmobilização de grandes áreas, à época dos preparativos das intervenções urbanísticas necessárias para a implementação dos projetos Transcarioca e Transoeste.[30]

3.5. A autocomposição sobre direitos indisponíveis celebrada pela Fazenda Pública e a questão da (des)necessidade de homologação judicial para que ostente plena exequibilidade[31]

Não há previsão legal expressa no sentido de que a conciliação (ou mesmo a mediação) deva ser precedida, necessariamente, de fundamenta-

28 BRASIL. *Procuradoria-Geral do Estado do Rio de Janeiro*. Disponível em: <https://pge.rj.gov.br/comum/code/MostrarArquivo.php?C=OTc1Mg%2C%2C>. Acesso em 17 abril 2021.

29 Disponível em: <https://pge.rj.gov.br/imprensa/noticias/2021/02/pge-rj-e-dpge-rj-assinam-termo-de-cooperacao-tecnica-para-a-resolucao-extrajudicial-dos-atendimentos--as-vitimas-por-disparo-de-arma-de-fogo-ocorrido-no-curso-de-operacoes-policiais>. Acesso em 15 fev. 2021.

30 FREITAS, Flávia Corrêa Azeredo de. PARANAGUÁ, Ana Cláudia P. Cáo. Advocacia Pública Federal e a prática da mediação privada: reflexões à luz da orientação normativa nº 57/2019 do Advogado-Geral da União. *In*: Humberto Dalla Bernardina de Pinho; Roberto de Aragão Ribeiro Rodrigues. (Org.). *Mediação e arbitragem na administração pública*: volume 2. 1ª ed. Santa Cruz do Sul: Essere nel Mondo, 2020, v. 2, pp. 8-31, p. 19.

31 Este tópico corresponde, em grande parte, a um resumo de estudo anterior, em coautoria com Murilo Strätz: RODRIGUES, Roberto de Aragão Ribeiro. STRÄTZ, Murilo. O papel da Advocacia-Geral da União (AGU) no Sistema Multiportas: a transação referendada pela AGU necessita de homologação judicial para que ostente plena exequibilidade? *Revista Magister de Direito Civil e Processual Civil*, v. 86, p. 82-105, 2018.

ção jurídica que a justifique. Não obstante, há um implícito dever de aderência à juridicidade a pautar a resolução dos conflitos de que participe o Estado, *lato sensu*, conforme exposto no tópico anterior.

O art. 32, *caput*, da Lei de Mediação (Lei nº 13.140/2015)[32] estabelece que caberá à Advocacia Pública dos entes federativos, por meio das câmaras de prevenção e resolução administrativa de conflitos a ela vinculadas, dirimir dissensos entre órgãos e entidades da Administração Pública, compor controvérsias entre particulares e pessoas jurídicas de direito público e promover, quando couber, a celebração de termo de ajustamento de conduta (TAC)[33].

---

32 "Art. 32. A União, os Estados, o Distrito Federal e os Municípios poderão criar câmaras de prevenção e resolução administrativa de conflitos, no âmbito dos respectivos órgãos da Advocacia Pública, onde houver, com competência para:
I - dirimir conflitos entre órgãos e entidades da administração pública;
II - avaliar a admissibilidade dos pedidos de resolução de conflitos, por meio de composição, no caso de controvérsia entre particular e pessoa jurídica de direito público;
III - promover, quando couber, a celebração de termo de ajustamento de conduta.
§ 1º O modo de composição e funcionamento das câmaras de que trata o *caput* será estabelecido em regulamento de cada ente federado.
§ 2º A submissão do conflito às câmaras de que trata o *caput* é facultativa e será cabível apenas nos casos previstos no regulamento do respectivo ente federado.
§ 3º Se houver consenso entre as partes, o acordo será reduzido a termo e constituirá título executivo extrajudicial.
§ 4º Não se incluem na competência dos órgãos mencionados no *caput* deste artigo as controvérsias que somente possam ser resolvidas por atos ou concessão de direitos sujeitos a autorização do Poder Legislativo.
§ 5º Compreendem-se na competência das câmaras de que trata o *caput* a prevenção e a resolução de conflitos que envolvam equilíbrio econômico-financeiro de contratos celebrados pela administração com particulares".

33 Acerca dos TACs, que são títulos executivos extrajudiciais (Lei nº 7.347/1985, art. 5º, § 6º), a Lei nº 9.469/1997, que, entre outras providências, regulamenta a transação prevista na Lei Orgânica da AGU, estabelece, *verbis*:
"Art. 4º-A. O termo de ajustamento de conduta, para prevenir ou terminar litígios, nas hipóteses que envolvam interesse público da União, suas autarquias e fundações, firmado pela Advocacia-Geral da União, deverá conter: (redação dada pela Lei nº 12.249, de 2010)
I - a descrição das obrigações assumidas;
II - o prazo e o modo para o cumprimento das obrigações;
III - a forma de fiscalização da sua observância;
IV - os fundamentos de fato e de direito; e
V - a previsão de multa ou de sanção administrativa, no caso de seu descumprimento.
Parágrafo único. A Advocacia-Geral da União poderá solicitar aos órgãos e entidades públicas federais manifestação sobre a viabilidade técnica, operacional e financeira das obrigações a serem assumidas em termo de ajustamento de conduta, cabendo ao Advogado-Geral da União a decisão final quanto à sua celebração. (Incluído pela Lei nº 12.249, de 2010)".

O § 3º do mesmo dispositivo assevera que, se houver consenso entre as partes, o acordo será reduzido a termo e constituirá título executivo extrajudicial. O art. 40, inciso XII, do Decreto nº 10.608/2021[34] dispõe que, no que toca à Advocacia-Geral da União (AGU)[35], se a controvérsia for conciliada, será firmado o Termo de Conciliação (equivalente ao Termo de Mediação previsto no art. 20, parágrafo único, da Lei nº 13.140/2015), a ser homologado pelo Advogado-Geral da União.

Já o art. 3º, § 2º, da mesma Lei nº 13.140/2015,[36] por sua vez, estabelece que o consenso das partes envolvendo direitos indisponíveis, mas transigíveis, necessita ser *homologado* em juízo, exigida a oitiva do Ministério Público.[37]

A questão que se propõe neste tópico diz respeito à aquisição de exigibilidade, enquanto título executivo extrajudicial, de um acordo sobre direito indisponível referendado pela Advocacia Pública sem oitiva do Ministério Público nem homologação judicial. Em outras palavras, a ausência de participação do *Parquet*, bem como de homologação pelo Poder Judiciário de tais acordos extrajudiciais comprometem, irremediavelmente, a validade e a eficácia dos títulos que neles se formam?

---

34 "Art. 40. São atribuições do Advogado-Geral da União, órgão mais elevado de assessoramento jurídico do Poder Executivo federal:
(...)
XII - homologar termo de conciliação realizado no âmbito da Advocacia-Geral da União;"

35 A LC nº 73/1993 (Lei Orgânica da AGU), em seu art. 4º, VI, atribui ao Advogado-Geral da União a competência para acordar em ações de interesse da União, *verbis*:
"Art. 4º - São atribuições do Advogado-Geral da União:
VI - desistir, transigir, acordar e firmar compromisso nas ações de interesse da União, nos termos da legislação vigente".
Tal competência pode ser delegada, na forma do que estabelece o art. 1º da Lei nº 9.469/1997, *verbis*:
"Art. 1º O Advogado-Geral da União, diretamente ou mediante delegação, e os dirigentes máximos das empresas públicas federais, em conjunto com o dirigente estatutário da área afeta ao assunto, poderão autorizar a realização de acordos ou transações para prevenir ou terminar litígios, inclusive os judiciais. (Redação dada pela Lei nº 13.140, de 2015)".

36 "Art. 3º Pode ser objeto de mediação o conflito que verse sobre direitos disponíveis ou sobre direitos indisponíveis que admitam transação.
§ 1º A mediação pode versar sobre todo o conflito ou parte dele.
§ 2º O consenso das partes envolvendo direitos indisponíveis, mas transigíveis, deve ser homologado em juízo, exigida a oitiva do Ministério Público".

37 Tal decisão homologatória de autocomposição extrajudicial de qualquer natureza consiste em título executivo judicial, na forma do art. 515, III, do CPC/2015, como cediço.

O inciso IV do art. 784 do Código de Processo Civil,[38] inovando em relação à redação original do revogado Código de Processo Civil de 1973, prevê ser título executivo extrajudicial, entre outros, o instrumento de transação referendado pelo Ministério Público, Defensoria ou Advocacia Pública. Essa atual previsão reproduz a redação dada pela Lei nº 8.953/1994 ao inciso II do art. 585 do CPC/73,[39] com exceção da Advocacia Pública, que não estava ali prevista.

A moldura legal dada a esse título executivo pelo CPC/2015 segue em parte a disciplina contida no art. 4º, § 4º, da Lei Complementar nº 80/1994 (Lei Orgânica Nacional da Defensoria Pública - LONDP)[40], com a redação dada pela LC nº 132/2009, cujo teor, porém, é um pouco mais abrangente (só semanticamente)[41] que a dicção do digesto processual,

38 "Art. 784. São títulos executivos extrajudiciais:
(...)
IV - o instrumento de transação referendado pelo Ministério Público, pela Defensoria Pública, pela Advocacia Pública, pelos advogados dos transatores ou por conciliador ou mediador credenciado por tribunal".

39 Art. 585. São títulos executivos extrajudiciais: (Redação dada pela Lei nº 5.925, de 1º.10.1973)
(...)
II - a escritura pública ou outro documento público assinado pelo devedor; o documento particular assinado pelo devedor e por duas testemunhas; *o instrumento de transação referendado pelo Ministério Público, pela Defensoria Pública* ou pelos advogados dos transatores; (Redação dada pela Lei nº 8.953, de 13.12.1994)

40 "Art. 4º São funções institucionais da Defensoria Pública, dentre outras:
(...)
II – promover, prioritariamente, a solução extrajudicial dos litígios, visando à composição entre as pessoas em conflito de interesses, por meio de mediação, conciliação, arbitragem e demais técnicas de composição e administração de conflitos; (Redação dada pela Lei Complementar nº 132, de 2009).
§ 4º O instrumento de transação, mediação ou conciliação referendado pelo Defensor Público valerá como título executivo extrajudicial, inclusive quando celebrado com a pessoa jurídica de direito público. (Incluído pela Lei Complementar nº 132, de 2009)".

41 Diz-se "mais abrangente", porém, apenas do ponto de vista semântico, porque, tecnicamente, a conciliação e a mediação nada mais são do que meios para se atingir um fim, a transação, assim entendida como resultado da autocomposição ou solução consensual da controvérsia, vale dizer, o acordo ou consenso firmado entre as partes que se desentendiam. A propósito, o art. 1º, parágrafo único, da Lei de Mediação (L. nº 13.140/2015) reza: "Considera-se mediação a atividade técnica exercida por terceiro imparcial sem poder decisório, que, escolhido ou aceito pelas partes, as auxilia e estimula a identificar ou desenvolver soluções consensuais para a controvérsia". Em verdade, há basicamente quatro tipos de meios *extrajudiciais* de solução de conflitos (MESC's): a negociação (sem intermediação por terceiro), a conciliação (intermediação pelo conciliador, que costuma propor soluções de modo mais ativo), a mediação (intermediação

uma vez que a LONDP contempla, talvez até de modo atécnico, a conciliação e a mediação, além da *transação* propriamente dita.

3.5.1. A posição do Superior Tribunal de Justiça sobre o tema

O Superior Tribunal de Justiça assentou (REsp nº 1.117.639/MG, 3ª Turma, DJe 21/02/2011)[42] que o acordo firmado perante a Defensoria Pública, mesmo não homologado judicialmente, constitui documento hábil a viabilizar a execução de alimentos sob o rito especial do artigo 733 do revogado CPC/73 (art. 911 c/c art. 528, §§ 2º a 7º, do CPC/2015)[43],

---

pelo mediador, cuja postura é menos propositiva e mais indicada para conflitos decorrentes de vínculos anteriores entre as partes, como de Direito de Família e Societário) e a arbitragem (*heterocomposição*). Os três primeiros (negociação, conciliação e mediação) são métodos *autocompositivos* que podem levar a uma transação (concessões mútuas – CC, art. 840) ou a uma submissão (que em juízo é considerada renúncia ou reconhecimento da procedência do pedido).

---

42 "RECURSO ESPECIAL - PROCESSUAL CIVIL - EXECUÇÃO DE ALIMENTOS - ACORDO REFERENDADO PELA DEFENSORIA PÚBLICA ESTADUAL - AUSÊNCIA DE HOMOLOGAÇÃO JUDICIAL - OBSERVÂNCIA DO RITO DO ARTIGO 733 E SEGUINTES DO CÓDIGO DE PROCESSO CIVIL - POSSIBILIDADE, NA ESPÉCIE - RECURSO ESPECIAL PROVIDO. 1. Diante da essencialidade do crédito alimentar, a lei processual civil acresce ao procedimento comum algumas peculiaridades tendentes a facilitar o pagamento do débito, dentre as quais destaca-se a possibilidade de a autoridade judicial determinar a prisão do devedor. 2. O acordo referendado pela Defensoria Pública estadual, além de se configurar como título executivo, pode ser executado sob pena de prisão civil. 3. A tensão que se estabelece entre a tutela do credor alimentar *versus* o direito de liberdade do devedor dos alimentos resolve-se, em um juízo de ponderação de valores, em favor do suprimento de alimentos a quem deles necessita. 4. Recurso especial provido" BRASIL. *Superior Tribunal de Justiça*. Recurso Especial nº 1.117.639/MG, 3ª Turma, DJe 21/02/2011. Acesso em 15 mar. 2019.

43 "Art. 911. Na execução fundada em título executivo extrajudicial que contenha obrigação alimentar, o juiz mandará citar o executado para, em 3 (três) dias, efetuar o pagamento das parcelas anteriores ao início da execução e das que se vencerem no seu curso, provar que o fez ou justificar a impossibilidade de fazê-lo.

Parágrafo único. Aplicam-se, no que couber, os §§ 2.º ao 7.º do art. 528."

"Art. 528. No cumprimento de sentença que condene ao pagamento de prestação alimentícia ou de decisão interlocutória que fixe alimentos, o juiz, a requerimento do exequente, mandará intimar o executado pessoalmente para, em 3 (três) dias, pagar o débito, provar que o fez ou justificar a impossibilidade de efetuá-lo.

§ 1.º Caso o executado, no prazo referido no *caput*, não efetue o pagamento, não prove que o efetuou ou não apresente justificativa da impossibilidade de efetuá-lo, o juiz mandará protestar o pronunciamento judicial, aplicando-se, no que couber, o disposto no art. 517.

§ 2.º Somente a comprovação de fato que gere a impossibilidade absoluta de pagar justificará o inadimplemento.

inclusive com cominação de prisão civil. O mesmo entendimento foi aplicado no REsp 1.285.254/DF (4ª Turma, Rel. Min. Marco Buzzi, DJe 01/08/2013)[44], em relação a acordo referendado pelo Ministério Público.

Vê-se, assim, que é convergente o entendimento dos dois órgãos colegiados (3ª e 4ª Turmas) que integram a 2ª Seção do STJ, incumbida de uniformizar a interpretação do direito infraconstitucional em matéria de direito privado (ex.: comércio, consumo, contratos, família, sucessões).

Considerando que o Órgão Especial e a 1ª Seção (formada pela 1ª e 2ª Turmas) do STJ, esta competente para apreciar temas de Direito Público, ainda não se pronunciaram sobre a questão, tal entendimento da 2ª Seção deve estender-se aos acordos referendados pela Advocacia Pública que transijam interesses indisponíveis?

---

§ 3.º Se o executado não pagar ou se a justificativa apresentada não for aceita, o juiz, além de mandar protestar o pronunciamento judicial na forma do § 1º, decretar-lhe-á a prisão pelo prazo de 1 (um) a 3 (três) meses.
§ 4.º A prisão será cumprida em regime fechado, devendo o preso ficar separado dos presos comuns.
§ 5.º O cumprimento da pena não exime o executado do pagamento das prestações vencidas e vincendas.
§ 6.º Paga a prestação alimentícia, o juiz suspenderá o cumprimento da ordem de prisão.
§ 7.º O débito alimentar que autoriza a prisão civil do alimentante é o que compreende até as 3 (três) prestações anteriores ao ajuizamento da execução e as que se vencerem no curso do processo.»

---

44 "RECURSO ESPECIAL - OBRIGAÇÃO ALIMENTAR EM SENTIDO ESTRITO – DEVER DE SUSTENTO DOS PAIS A BEM DOS FILHOS - EXECUÇÃO DE ACORDO EXTRAJUDICIAL FIRMADO PERANTE O MINISTÉRIO PÚBLICO - DESCUMPRIMENTO - COMINAÇÃO DA PENA DE PRISÃO CIVIL - POSSIBILIDADE.
1. Execução de alimentos lastreada em título executivo extrajudicial, consubstanciado em acordo firmado perante órgão do Ministério Público (art. 585, II, do CPC), derivado de obrigação alimentar em sentido estrito - dever de sustento dos pais a bem dos filhos.
2. Documento hábil a permitir a cominação de prisão civil ao devedor inadimplente, mediante interpretação sistêmica dos arts. 19 da Lei nº 5.478/68 e 733 do Estatuto Processual Civil. A expressão "acordo" contida no art. 19 da Lei nº 5.478/68 compreende não só os acordos firmados perante a autoridade judicial, alcançando também aqueles estabelecidos nos moldes do art. 585, II, do Estatuto Processual Civil, conforme dispõe o art. 733 do Código de Processo Civil. Nesse sentido: REsp 1117639/MG, Rel. Ministro Massami Uyeda, Terceira Turma, julgado em 20/05/2010, DJe 21/02/2011.
3. Recurso especial provido, a fim de afastar a impossibilidade apresentada pelo Tribunal de origem e garantir que a execução alimentar seja processada com cominação de prisão civil, devendo ser observada a previsão constante da Súmula 309 desta Corte de Justiça" (REsp 1285254/DF, Rel. Ministro MARCO BUZZI, 4ª Turma, julgado em 04/12/2012, DJe 01/08/2013).

3.5.2. *Aspectos a serem considerados acerca da (des)necessidade de homologação judicial da autocomposição acerca de direitos indisponíveis celebrada pela Fazenda Pública*

A busca da resposta ao questionamento objeto deste tópico deve passar, necessariamente, pela análise de 10 (dez) pontos essenciais.

Inicialmente, cumpre apontar três constatações que, isoladamente consideradas, poderiam ser consideradas óbices à tese da desnecessidade de homologação judicial, a saber:

1) a exigência legal de homologação judicial (art. 3º, § 2º, da Lei nº 13.140/2015) é posterior aos precedentes do STJ mencionados no tópico anterior (que são dos anos de 2011 e 2013), sem embargo de recentes decisões monocráticas os aplicarem, silenciando sobre a inovação legislativa;[45]

2) o juízo de delibação exercido pela homologação judicial,[46] por mais que não adentre o mérito das questões transacionadas, decorre de exigência legal que não pode ser sumariamente desprezada, sob pena de se fazer tábula rasa de dispositivo processual expresso e, com isso, subverter a própria noção de Estado de Direito (*Rule of Law*)[47];

---

45 Exemplo disso é a decisão proferida, em 10/03/2017, pelo Min. Raul Araújo no REsp 1.531.084/GO, publicada em 17/04/2017, que deu provimento ao recurso especial interposto pelo MP/GO para afastar a impossibilidade jurídica do pedido de execução do acordo por ele referendado sem homologação judicial, bem como determinar o retorno dos autos à origem para prosseguimento da execução alimentícia.

46 "Homologar significar agregar a um ato realizado por outro sujeito a autoridade do sujeito que o homologa" (...) "Ao homologar um ato compositivo celebrado entre as partes o juiz não soluciona questão alguma, referente ao *meritum causae*, nem decide sobre a pretensão deduzida na inicial. Limita-se a envolver o ato nas formas de uma decisão judiciária, sendo-lhe absolutamente vedada qualquer verificação da conveniência dos negócios celebrados e muito menos avaliar as oportunidades de vitória porventura desperdiçadas por uma das partes ao negociar". (...) "São cinco os pontos que lhe cumpre verificar, mas nenhum deles referente aos possíveis direitos das partes: a) se realmente houve uma declaração de vontade de reconhecer o pedido, de renunciar ao direito ou de ajustar mútuas concessões entre as partes; b) se a matéria comporta ato de disposição (CC, art. 841); c) se os contratantes são titulares do direito do qual dispõem total ou parcialmente; d) se são capazes de transigir; e) se estão adequadamente representados. Esses pontos dizem respeito à ordem pública e sua verificação constitui dever do juiz – quer alguma das partes a haja requerido ou mesmo de ofício – negando homologação ao ato se lhe faltar algum dos requisitos, um só que seja." DINAMARCO, Cândido Rangel. *Instituições de Direito Processual Civil.* 7ª ed. São Paulo: Malheiros, 2017, pp. 320–321.

47 "O princípio da legalidade, base do Estado de Direito, só tem sentido prático se concretizado à luz do princípio da isonomia. Se houver várias regras para decidir-se o mesmo caso, como se vai saber de antemão qual vai ser a aplicada pelo juiz, no caso de José? É

3) os precedentes do STJ mencionados no tópico anterior voltam-se a tutelar crédito alimentício, de modo a fazer uma ponderação de interesses entre as necessidades vitais do alimentando e a obrigatoriedade de controle judicial sobre o acordo das partes perante o MP ou a DP, o que nem sempre ocorre em transações referendadas pela Advocacia Pública, mais afetas, naturalmente, a interesses fazendários e administrativos, ressalvados os tributários (art. 38 da Lei de Mediação);

Estes três primeiros pontos revelam-se, indubitavelmente, contrários à possibilidade de dispensa de homologação judicial nas transações celebradas pela Advocacia-Geral da União que tenham por objeto direitos indisponíveis.

Passa-se, neste momento, aos fundamentos aptos à construção da tese de que há sim possibilidade de dispensa de homologação judicial na hipótese em questão:

1) há um regime processual uniforme para o Ministério Público, a Defensoria Pública e a Advocacia Pública, de modo que, sendo os três órgãos considerados Funções Essenciais à Justiça (FEJ), não se justifica diversidade de tratamento às transações por eles referendadas;

2) O estímulo dado pela nova legislação à adoção dos Meios Adequados de Resolução de Controvérsias (MASC's), cuja feição vai além de meros "meios alternativos" ou "equivalentes jurisdicio-

inútil a lei ser a mesma para todos, se os tribunais podem interpretá-la de modos diferentes e surpreender os jurisdicionados" ALVIM,, Teresa Arruda. Cada caso comporta uma solução correta? *In*: MENDES, Aluísio Gonçalves de Castro; MARINONI, Luiz Guilherme; WAMBIER, Teresa Arruda Alvim (coords). *Direito jurisprudencial*, vol. II. São Paulo: Ed. RT, pp. 1119-1238, 2014, p. 225. No mesmo sentido, Luís Roberto Barroso observa que a superação histórica do jusnaturalismo e o fracasso político do positivismo abriram caminho para um conjunto amplo e ainda inacabado de reflexões acerca do Direito, de modo que o pós-positivismo busca ir além da legalidade estrita, sem desprezar, porém, o direito posto, *verbis*: "A interpretação e aplicação do ordenamento jurídico hão de ser inspiradas por uma teoria de justiça, mas não podem comportar voluntarismos ou personalismos, sobretudo os judiciais. No conjunto de ideias ricas e heterogêneas que procuram abrigo neste paradigma em construção incluem-se a atribuição de normatividade aos princípios e a definição de suas relações com valores e regras; a reabilitação da razão prática e da argumentação jurídica; a formação de uma nova hermenêutica constitucional; e o desenvolvimento de uma teoria dos direitos fundamentais edificada sobre o fundamento da dignidade humana. Nesse ambiente, promove-se uma reaproximação entre o Direito e a filosofia" BARROSO, Luís Roberto. *Neoconstitucionalismo e constitucionalização do direito: o triunfo tardio do direito constitucional no Brasil*. Disponível em: <www.luisrobertobarroso.com.br/wpcontent/themes/LRB/pdf/neoconstitucionalismo_e_constitucionalizacao_do_direito_pt.pdf.> Acesso em 25 jan. 2021.

nais", parece desaconselhar que todo e qualquer acordo sobre direito indisponível referendado por um órgão das FEJ passe pelo Judiciário, assoberbando-lhe com processos cujo mérito os juízes sequer apreciarão. Com efeito, faz muito mais sentido que a homologação judicial só se dê em feitos que já tramitem em juízo, situação em que a mediação se diz paraprocessual, uma vez que visa à extinção de um processo já em curso.

3) o bom atendimento ao interesse público primário pode ser prejudicado com o atraso e os custos causados pela homologação judicial das controvérsias jurídicas que a Advocacia Pública procura solucionar consensual e rapidamente, como, *v.g.*, por meio da transação por adesão, prevista no art. 35 da Lei nº 13.140/2015.

4) conforme a regra prevista no art. 36, § 4º, da Lei nº 13.140/2015[48], nas hipóteses em que a matéria objeto do litígio esteja sendo discutida em ação de improbidade administrativa ou sobre ela haja decisão do Tribunal de Contas da União, dependerá da anuência expressa do juiz da causa ou do Ministro Relator a conciliação a ser realizada pela AGU;

5) a recusa[49] de uma das partes à exequibilidade da transação por elas firmada, mediante embargos à execução lastreados exclusivamente

---

48 "Art. 36. No caso de conflitos que envolvam controvérsia jurídica entre órgãos ou entidades de direito público que integram a administração pública federal, a Advocacia-Geral da União deverá realizar composição extrajudicial do conflito, observados os procedimentos previstos em ato do Advogado-Geral da União.
§ 1º Na hipótese do *caput*, se não houver acordo quanto à controvérsia jurídica, caberá ao Advogado-Geral da União dirimi-la, com fundamento na legislação afeta.
§ 2º Nos casos em que a resolução da controvérsia implicar o reconhecimento da existência de créditos da União, de suas autarquias e fundações em face de pessoas jurídicas de direito público federais, a Advocacia-Geral da União poderá solicitar ao Ministério do Planejamento, Orçamento e Gestão a adequação orçamentária para quitação das dívidas reconhecidas como legítimas.
§ 3º A composição extrajudicial do conflito não afasta a apuração de responsabilidade do agente público que deu causa à dívida, sempre que se verificar que sua ação ou omissão constitui, em tese, infração disciplinar.
§ 4º Nas hipóteses em que a matéria objeto do litígio esteja sendo discutida em ação de improbidade administrativa ou sobre ela haja decisão do Tribunal de Contas da União, a conciliação de que trata o *caput* dependerá da anuência expressa do juiz da causa ou do Ministro Relator".

49 Eis a salomônica proposta formulada por Humberto Dalla Bernardina de Pinho para evitar tal recusa intempestiva e divorciada da boa-fé objetiva: "Se ao final do processo de mediação se chega ao acordo e, ao final, uma das partes, de forma injustificada, se nega a cumpri-lo, não alcançaremos o efeito prático esperado. Por isso, consideramos que nessas hipóteses de mediação, inclusive para que as partes possam manifestar sua boa vontade de forma concreta, seria ideal que o cumprimento das obrigações se inicias-

na ausência de homologação judicial, alimenta a danosa cultura da litigiosidade, refuta o dogma do *pacta sunt servanda* e, ao mesmo tempo, contraria o princípio da boa-fé objetiva e o imperativo ético-jurídico que veda comportamentos contraditórios (*venire contra factum proprium*)[50], além de desprezar a segurança jurídica e a prévia delibação feita por órgão jurídico com assento constitucional e legalmente incumbido de referendar o instrumento de transação;

6) a homologação judicial não tem o condão de alterar a natureza dos interesses considerados indisponíveis, tampouco o de defendê-los (até porque tal função cabe eminentemente ao MP, na forma do art. 127 da CF, da LOMP e do art. 176 do CPC[51]), porquanto nem mesmo atos jurídicos praticados ou fatos processuais ocorridos em sede judiciária podem afastar eventual indisponibilidade, tais como, *v.g.*, os efeitos da revelia (art. 344, *caput*[52]), a convenção sobre o ônus da prova (art. 373, § 3º, I[53])

---

se, inclusive, antes da homologação do acordo por parte do juiz. E aqui nos inspiramos na figura da transação penal nos Juizados Criminais (art. 76, L. 9.099/1995)" PINHO, Humberto Dalla Bernardina de; QUEIROZ, Pedro Gomes de. As Garantias Fundamentais do Processo e o Instituto da Mediação Judicial: Pontos de Tensão e de Acomodação. *Revista Jurídica Luso-Brasileira - RJLB*, Ano 3 (2017), nº 5, p. 900.

---

50 No Código de Processo Civil encontra expressão nos seguintes dispositivos: "Art. 5º Aquele que de qualquer forma participa do processo deve comportar-se de acordo com a boa-fé." "Art. 276. Quando a lei prescrever determinada forma sob pena de nulidade, a decretação desta não pode ser requerida pela parte que lhe deu causa."

51 "Art. 176. O Ministério Público atuará na defesa da ordem jurídica, do regime democrático e dos interesses e direitos sociais e individuais *indisponíveis*."

52 "Art. 345. A revelia não produz o efeito mencionado no art. 344 se:
I - havendo pluralidade de réus, algum deles contestar a ação;
II - o litígio versar sobre direitos *indisponíveis*;
III - a petição inicial não estiver acompanhada de instrumento que a lei considere indispensável à prova do ato;
IV - as alegações de fato formuladas pelo autor forem inverossímeis ou estiverem em contradição com prova constante dos autos."

53 "Art. 373. O ônus da prova incumbe:
I - ao autor, quanto ao fato constitutivo de seu direito;
II - ao réu, quanto à existência de fato impeditivo, modificativo ou extintivo do direito do autor.
(...)
§ 3º A distribuição diversa do ônus da prova também pode ocorrer por convenção das partes, salvo quando:
I - recair sobre direito *indisponível* da parte;
II - tornar excessivamente difícil a uma parte o exercício do direito."

e a confissão de fatos relativos a direitos indisponíveis (art. 392[54]); e, *last but not least*,

7) ao revés do que se dá com a homologação judicial, na qual ao magistrado não é dado avaliar a conveniência do negócio celebrado,[55] a transação mediada pela Advocacia Pública deve vir acompanhada de fundamentação jurídica que bem justifique a resolução consensualmente adequada da controvérsia, apontando economia ao erário ou melhoria no funcionamento administrativo da máquina estatal, em observância aos princípios que devem reger a Administração Pública, em especial a legalidade, a impessoalidade, a moralidade, a publicidade e a eficiência (Constituição da República, art. 37).

Como se vê, são muitas as discussões jurídicas que podem ser suscitadas no presente tema, sendo certo que nem as três primeiras nem as sete últimas pode ser desprezada.

Como exposto no Capítulo 2, as conciliações promovidas pela Câmara de Mediação e Conciliação da AGU, com o intuito de dirimir controvérsias surgidas entre órgãos e entidades da Administração Pública Federal, bem como entre esses e a Administração Pública de outros entes da federação consistem em genuínos meios autocompositivos.

Sustenta-se, portanto, que tais formas de solução de conflitos praticados pelos órgãos integrantes das Funções Essenciais à Justiça dispõem de autonomia institucional para, em um "sistema de justiça multiportas", dispensarem a homologação judicial de transações, mesmo nas hipóteses em que versem sobre direitos indisponíveis.[56]

---

54 "Art. 392. Não vale como confissão a admissão, em juízo, de fatos relativos a direitos *indisponíveis*.
§ 1º A confissão será ineficaz se feita por quem não for capaz de dispor do direito a que se referem os fatos confessados.
§ 2º A confissão feita por um representante somente é eficaz nos limites em que este pode vincular o representado."

55 Cândido Rangel DINAMARCO ensina que o juiz, ao homologar um acordo, "limita-se a envolver o ato nas formas de uma decisão judiciária, sendo-lhe absolutamente vedada qualquer verificação da conveniência dos negócios celebrados e muito menos avaliar as oportunidades de vitória porventura desperdiçadas por uma das partes ao negociar" DINAMARCO, Cândido Rangel. *Instituições de Direito Processual Civil*. 7ª ed. São Paulo: Malheiros, 2017, p. 3

56 Faz muito mais sentido que a homologação judicial só se dê em feitos que já tramitem em juízo, situação em que a mediação se diz paraprocessual, uma vez que visa à extinção de um processo já em curso. Ada Pellegrini Grinover ensina que, em tal tipo de

Corrobora-se aqui a conclusão alcançada em estudo desenvolvido em coautoria com Murilo Strätz, no sentido de que "*a exigência de homologação judicial contida no art. 3º, § 2º, da Lei nº 13.140/2015 deve ser interpretada como aplicável tão-somente aos acordos referendados por advogados privados/mediadores não integrantes do MP, DP ou AP.*"[57] Por fim, sustentou-se, na ocasião, que "*a imprescindibilidade de homologação judicial de todo e qualquer acordo referendado pelas FEJ não presta reverência à concepção de Estado de Direito e ao protoprincípio da segurança jurídica, que desponta como uma das suas principais expressões.*"[58]

Em síntese, os anseios de acesso à ordem jurídica justa, mediante o emprego de variados métodos de resolução de litígios, inerentes a um verdadeiro sistema multiportas - que se pretende implementar de forma plena no Brasil -, não se coaduna com a exigência de homologação judicial de transações celebradas pela Advocacia Pública.

---

mediação, as funções do mediador muito se assemelham às de um conciliador. "Embora próximas, por tenderem ambas à autocomposição (e apartando-se, assim, da arbitragem, que é um meio de heterocomposição de controvérsias, em que o juiz privado substitui o juiz togado), conciliação e mediação distinguem-se porque, na primeira, o conciliador, após ouvir os contendores, sugere a solução consensual do litígio, enquanto na segunda o mediador trabalha mais o conflito, fazendo com que os interessados descubram as suas causas, removam-nas e cheguem assim, por si sós, à solução da controvérsia. Parece, entretanto, que a mediação paraprocessual apresenta duas facetas: sendo seus objetivos resolver o conflito e conseguir o acordo, a mediação clássica, que não se volta precipuamente ao processo, dá ênfase à solução do conflito, sendo o acordo apenas o seu apêndice natural, podendo vir, ou não; enquanto a mediação voltada para o processo dá ênfase sobretudo à obtenção do acordo, porque tem o escopo precípuo de evitar ou encurtar o processo, sendo a pacificação dos contendores a consequência de um acordo alcançado pelo consenso dos interessados. Observe-se, ainda, que na mediação paraprocessual, acima descrita, o mediador não deve permanecer exclusivamente no campo do esclarecimento das causas do conflito, evitando a formulação de uma proposta de acordo. Ao contrário, é conveniente que o mediador sugira aos contendores a solução, dando-lhe roupagem jurídica. Assim sendo, pode-se afirmar que, na mediação voltada para o processo, o mediador deverá ser ao mesmo tempo um conciliador." GRINOVER, Ada Pellegrini. Mediação paraprocessual. *In*: *Tribunal Multiportas: investindo no capital social para maximizar o sistema de solução de conflitos no Brasil*. Rafael Alves de Almeida, Tania Almeida, Mariana Hernandez Crespo (org). Rio de Janeiro: Editora FGV, 2012, p. 97.

---

57 RODRIGUES, Roberto de Aragão Ribeiro. STRÄTZ, Murilo. O papel da Advocacia-Geral da União (AGU) no Sistema Multiportas: a transação referendada pela AGU necessita de homologação judicial para que ostente plena exequibilidade? *Revista Magister de Direito Civil e Processual Civil*, v. 86, pp. 82-105, 2018, p. 103.

58 *Ibidem*, p. 103.

3.6. A transação por adesão prevista na Lei nº 13.140/2015

O instituto, regulamentado pelo art. 35 da Lei de Mediação,[59] consiste, em síntese, na possibilidade de que as controvérsias entre particulares e entes da Administração Pública venham a ser objeto de transação por adesão, mediante prévia autorização do Advogado-Geral da União, que se baseará na jurisprudência pacífica do Supremo Tribunal Federal ou de tribunais superiores.

Importante destacar que, por possuir efeitos gerais, consubstanciados em resolução administrativa prévia, com aplicabilidade a todos os casos idênticos, nos termos dos parágrafos 1º, 2º e 3º,[60] a transação por adesão ostenta a grande virtude de zelar pela observância do princípio da impessoalidade, que deve nortear toda e qualquer atividade do Estado.[61]

Com efeito, tal regra impede a particularização de acordos e, por via de consequência, a concessão de condições mais privilegiadas a determinados indivíduos.

Dentre as três espécies do gênero autocomposição tratadas neste livro, a saber, negociação direta, conciliação e mediação (objeto do Capítulo 4), a transação por adesão se enquadra na primeira, possuindo grande potencial para a resolução de conflitos pluri-individuais, frequentes na Fazenda Pública de todas as esferas.

Resta facilitada, ainda, a etapa de execução, tão tormentosa nas ações coletivas que têm por objeto a tutela de direitos individuais homogêneos,[62]

---

59 "Art. 35. As controvérsias jurídicas que envolvam a administração pública federal direta, suas autarquias e fundações poderão ser objeto de transação por adesão, com fundamento em:
I - autorização do Advogado-Geral da União, com base na jurisprudência pacífica do Supremo Tribunal Federal ou de tribunais superiores; ou
II - parecer do Advogado-Geral da União, aprovado pelo Presidente da República."

60 "§ 1º Os requisitos e as condições da transação por adesão serão definidos em resolução administrativa própria.
§ 2º Ao fazer o pedido de adesão, o interessado deverá juntar prova de atendimento aos requisitos e às condições estabelecidos na resolução administrativa.
§ 3º A resolução administrativa terá efeitos gerais e será aplicada aos casos idênticos, tempestivamente habilitados mediante pedido de adesão, ainda que solucione apenas parte da controvérsia."

61 PORTO, José Roberto Sotero de Mello. RODRIGUES, Roberto de Aragão Ribeiro. A celebração de acordos em massa como potencialidade do IRDR. *In: Direito processual contemporâneo*: estudos em homenagem a Humberto Dalla Bernardina de Pinho. 1ª ed. Rio de Janeiro: Editora GZ, 2018, pp. 299-311, p. 307.

62 Vide as infindáveis execuções decorrentes de ações coletivas que tiveram por objeto a cobrança do percentual de 28,86% a título de reajuste aos servidores públicos federais

eis que, na transação por adesão o acordo celebrado necessariamente implica a renúncia, pelo interessado, ao direito sobre o qual se fundamenta a ação ou recurso, nos termos do parágrafo 4º do art. 35. Não há margem, portanto, para ulterior discussão acerca do *quantum* efetivamente devido.

Em estudo anterior,[63] defendeu-se a possibilidade de que os acordos objeto deste tópico se efetivassem durante o período de suspensão dos processos à espera da fixação da tese jurídica nos casos-paradigma representativos da questão jurídica repetitiva.[64] Nesse particular, Humberto Dalla Bernardina de Pinho admite que se suceda solução consensual do litígio repetitivo tanto nos casos afetados como nos que restaram sobrestados.[65]

A transação por adesão revela elevada força atrativa em relação ao microssistema de casos repetitivos. Com efeito, a Fazenda Pública é autêntica litigante habitual, notadamente após o advento da Constituição Federal de 1988, que atribuiu largo papel garantidor ao Estado. Ademais, quando se discute, *v.g.*, eventual direito de categoria de servidores públicos, tem-se potencial multiplicidade de ações fundadas nessa mesma questão jurídica, passível de pacificação com a fixação de uma tese.[66]

Encontrando esse cenário – de repetitividade de ações sobre mesma matéria, possivelmente a já ter dado ensejo a incidente vocacionado à sua pacificação, com a imediata suspensão dos processos -, deverá a Administração Pública aproveitar a oportunidade dada pelo ordenamento processual para que se inicie expediente transacional. O acordo fica

---

civis e militares, concedidos há mais de vinte anos, pelas Lei nº 8.622/93 e 8.627/93. O dispêndio de tempo em tais execuções, até os dias atuais, evidentemente sobrecarrega e compromete uma atuação mais relevante e estratégica dos Membros da Advocacia-Geral da União.

---

63 PORTO, José Roberto Sotero de Mello. RODRIGUES, Roberto de Aragão Ribeiro. A celebração de acordos em massa como potencialidade do IRDR. *In: Direito processual contemporâneo*: estudos em homenagem a Humberto Dalla Bernardina de Pinho. 1ª ed. Rio de Janeiro: Editora GZ, 2018, pp. 299-311, p. 309.

64 Enunciado n° 63 da I Jornada de Prevenção e Solução Extrajudicial de Litígios: "A perspectiva da conciliação judicial, inclusive por adesão, em razão ou no bojo de Incidente de Resolução de Demandas Repetitivas, é compatível com o Código de Processo Civil (Lei nº 13.105, de 16 de março de 2015) e com a Lei da Mediação (Lei nº 13.140, de 26 de junho de 2015)".

65 PINHO, Humberto Dalla Bernardina de. *Jurisdição e pacificação:* limites e possibilidades do uso dos meios consensuais de resolução de conflitos na tutela dos direitos transindividuais e pluri-individuais. Curitiba: CRV, 2017, pp. 237-240.

66 O segundo IRDR instaurado no TJRJ versou sobre matéria atinente à gratificação de funcionários públicos (IRDR 0018608-85.2016.8.19.0000).

facilitado, ademais, (i) pela possibilidade de o ente público enxergar o panorama global de ações sobre a questão, e (ii) pela suspensão imposta *ex lege*, a qual acaba por estimular os litigantes particulares a resolver, mais brevemente, seu imbróglio pela via consensual.

3.7. Os acordos previstos na Lei nº 13.988/2020[67]

3.7.1. A transação tributária prevista na Lei nº 13.988/2020

Conforme disposto na exposição de motivos da Medida Provisória nº 899/2019,[68] que veio a ser convertida na Lei nº 13.988/2020, seu principal escopo consiste na criação de "*mecanismos indutores de autocomposição em causas de natureza fiscal*", por meio da regulamentação, em âmbito federal, da regra prevista no artigo 171 do Código Tributário Nacional.

A MP teve ainda a louvável intenção de esvaziar "*a prática comprovadamente nociva de criação periódica de parcelamentos especiais, com concessão de prazos e descontos excessivos a todos aqueles que se enquadram na norma (mesmo aqueles com plena capacidade de pagamento integral da dívida)*", o que já lhe rendeu os merecidos elogios da doutrina especializada.[69]

Passando à visão panorâmica de seus dispositivos, depreende-se que o art. 1° dessa Lei estabelece os requisitos e as condições para que a União e suas autarquias e fundações realizem transação resolutiva de litígios relativos à cobrança de créditos de natureza tributária *ou não*.

Logo, o escopo inicial de transação exclusivamente tributária, mencionado acima, veio a ser ampliado ainda no momento de maturação da Medida Provisória apelidada de "MP do contribuinte legal", cuja exposição

---

67 Este tópico corresponde, em grande parte, a um resumo do artigo: PINHO, Humberto Dalla Bernardina de; RODRIGUES, Roberto de Aragão Ribeiro. Primeiras reflexões sobre a transação prevista pela Lei nº 13.988, de 14 de abril de 2020. *In: Mediação e arbitragem na administração pública*: volume 2. 1 ed. Santa Cruz do Sul: Essere nel mondo, 2020, v. 1, Humberto Dalla Bernardina de Pinho; Roberto de Aragão Ribeiro Rodrigues. (Org.) pp. 156-165.

68 Disponível em: <http://www.planalto.gov.br/ccivil_03/_ato2019-2022/2019/Exm/Exm-MP-899-19.pdf> Acesso em 22 maio 2020.

69 "De fato, a recorrência de parcelamentos especiais em um horizonte de curto prazo, como se observou ao longo dos últimos vinte anos, reduz o *compliance* tributário e estimula o financiamento indireto de agentes privados com o dinheiro público." PEPE, Rafael Gaia. RODRIGUES, Marco Antonio. Ela, a transação fiscal, vista por nós, advogados públicos. *Jota. Tribuna da Advocacia Pública*. Disponível em: <https://www.jota.info/opiniao-e-analise/colunas/tribuna-da-advocacia-publica/ela-a-transacao-fiscal-vista-por-nos-os-advogados-publicos-09052020>. Acesso em 22 maio de 2020.

de motivos faz menção expressa aos demais órgãos de direção superior da Advocacia-Geral da União - Procuradoria-Geral Federal e Procuradoria-Geral da União – que passam a ser responsáveis, respectivamente, pelo mesmo modelo de resolução consensual no que diz respeito às dívidas tributárias das autarquias e fundações federais e à cobrança dos créditos devidos à União de natureza não tributária.

É certo que a transação se reveste das características de ato discricionário da Administração e, como tal, orientado pelos princípios da oportunidade e conveniência. Contudo, o ato deve ser, sempre, motivado, atendendo, ainda, aos princípios da isonomia, da capacidade contributiva, da transparência, da moralidade, da razoável duração dos processos e da eficiência e publicidade, salvo para as informações protegidas pelo sigilo.[70]

O parágrafo 4º do artigo 1º da Lei dispõe sobre os possíveis objetos da transação, abarcando os créditos tributários não judicializados, tributos da União e dívida ativa da União, autarquias e fundações públicas federais nas condições que especifica nos incisos I, II e III.

Importante destacar, uma vez mais, que a Lei em questão não dispõe apenas sobre a possibilidade de transação em matéria tributária, eis que o inciso III acima referido elenca, também, os créditos cuja cobrança pertença à atribuição da Procuradoria-Geral da União, nos termos de ato do Advogado-Geral da União e sem prejuízo do disposto na Lei nº 9.469, de 10 de julho de 1997.

Por outro lado, o legislador, no § 5°, ressalva que a transação de créditos de natureza tributária será realizada nos termos do art. 171 do Código Tributário Nacional.

A Lei, na forma do art. 2°, trata de três modalidades de transação, a saber:

---

70 É o que se extrai dos parágrafos de seu artigo 1º:

"§ 1º A União, em juízo de oportunidade e conveniência, poderá celebrar transação em quaisquer das modalidades de que trata esta Lei, sempre que, motivadamente, entender que a medida atende ao interesse público.

§ 2º Para fins de aplicação e regulamentação desta Lei, serão observados, entre outros, os princípios da isonomia, da capacidade contributiva, da transparência, da moralidade, da razoável duração dos processos e da eficiência e, resguardadas as informações protegidas por sigilo, o princípio da publicidade.

§ 3º A observância do princípio da transparência será efetivada, entre outras ações, pela divulgação em meio eletrônico de todos os termos de transação celebrados, com informações que viabilizem o atendimento do princípio da isonomia, resguardadas as legalmente protegidas por sigilo."

i) por proposta individual ou por adesão, na cobrança de créditos inscritos na dívida ativa da União, de suas autarquias e fundações públicas, ou na cobrança de créditos que seja de competência da Procuradoria-Geral da União;

ii) por adesão, nos demais casos de contencioso judicial ou administrativo tributário; e

iii) por adesão, no contencioso tributário de pequeno valor.

Institui-se, na transação por adesão prevista nos incisos I a III do art. 2º, instrumento semelhante àquele previsto no art. 35 da Lei nº 13.140/2015 (Lei de Mediação), fato que será abordado e criticado ao final deste artigo.

O art. 3° da Lei n° 13.988/20 condiciona a proposta de transação à assunção de diversos compromissos que têm por alicerce a cláusula geral da boa-fé, bem como em desestímulos ao prosseguimento de qualquer forma de litigância, seja em sede administrativa ou judicial.

Ademais, o § 1° desse art. 3° configura como confissão, na forma do art. 389 do CPC, a aceitação das condições da transação e o § 3° determina que só se dará a extinção do crédito quando forem integralmente cumpridas todas as condições previstas no termo.

Por outro lado, seu art. 4° elenca as hipóteses de rescisão da transação, baseadas, em síntese, em descumprimento da avença pactuada, esvaziamento de patrimônio com intuito de fraude, falência ou extinção, bem como pela prática de atos ilícitos ou dolosos que maculem o acordo. Ocorrendo uma dessas hipóteses, o devedor deverá ser notificado e poderá apresentar impugnação, no prazo de 30 dias, na forma da Lei n° 9.784/99 (art. 4°, § 1°). Sendo mantida a rescisão, o contribuinte não poderá aderir a uma nova transação pelo prazo de 2 (dois) anos, ainda que relativa a débito distinto (art. 4º, § 4º).

O art. 5° da Lei n° 13.988/20 impõe restrições ao uso da transação, excluindo a sua possibilidade quanto às multas de natureza penal, hipóteses de concessão de descontos instituídas por programas governamentais que especifica e que venha a beneficiar devedor considerado por lei como contumaz.

Com relação ao teto do valor a ser transacionado, o art. 8° menciona a necessidade de edição de ato específico de atribuição do Ministro da Economia ou do Advogado-Geral da União.

O Capítulo II (arts. 10 a 15) da Lei trata da transação na cobrança de créditos da União e de suas autarquias e fundações públicas,[71] enquanto o Capítulo III trata da transação por adesão no contencioso tributário de relevante e disseminada controvérsia jurídica.

O Capítulo IV trata da transação por adesão no contencioso tributário de pequeno valor, assim considerado aquele que não supere 60 salários mínimos.

Assim, na forma do art. 24, a transação relativa a crédito tributário de pequeno valor será realizada na pendência de impugnação, de recurso ou de reclamação administrativa ou no processo de cobrança da dívida ativa da União.

De acordo com o art. 25, a transação de que trata esse Capítulo poderá contemplar, em síntese, três espécies de benefícios: concessão de descontos, observado o limite máximo de 50% (cinquenta por cento) do valor total do crédito; dilação de prazos e formas de pagamento especiais, incluídos o diferimento e a moratória, obedecido o prazo máximo de quitação de 60 (sessenta) meses; e oferecimento, substituição ou alienação de garantias e de constrições.

O § 1º assegura a possibilidade de cumulação desses três benefícios, mas o art. 26 prevê a hipótese de condicionamento da proposta de transação ao compromisso do interessado de requerer a homologação judicial do acordo.

O art. 29 traz redação muito próxima à do art. 40 da Lei de Mediação, no sentido de que os agentes públicos que participarem do processo de composição do conflito, judicial ou extrajudicialmente, com o objetivo de celebração de transação nos termos da Lei em questão, somente poderão ser responsabilizados, inclusive perante os órgãos públicos de controle interno e externo, quando agirem com dolo ou fraude para obter vantagem indevida para si ou para outrem. Conforme sustentado no Capítulo 2, trata-se de salvaguarda absolutamente imprescindível para a efetiva expansão dos meios autocompositivos no âmbito da advocacia pública.

Verificam-se, todavia, algumas incompatibilidades *prima facie* entre a transação prevista na Lei objeto deste tópico e institutos previstos na Lei de Mediação.

A primeira questão que chama a atenção é o fato de a nova Lei não fazer menção, em seu Capítulo III, que dispõe sobre transação por adesão no contencioso tributário de relevante e disseminada controvérsia jurí-

---

71 No que concerne à delegação prevista no art. 14, há, no âmbito da Procuradoria-Geral da Fazenda Nacional, substanciosa e pormenorizada regulamentação na Portaria PGFN nº 9.917, de 14 de abril de 2020.

dica, ao art. 35 da Lei de Mediação, que, justamente, trata da transação por adesão, mas que até hoje não foi posto em prática sob a alegação de depender de norma regulamentadora.

A nova ferramenta prevista na Lei n° 13.988/20, embora carregue o mesmo nome, parece apresentar diferenças bem marcantes quanto à iniciativa e ao procedimento para sua operacionalização.

Com efeito, o art. 16 confere iniciativa ao Ministro da Economia para propor aos sujeitos passivos transação resolutiva de litígios aduaneiros ou tributários decorrentes de relevante e disseminada controvérsia jurídica. Para tanto, poderá tomar por base manifestação da Procuradoria-Geral da Fazenda Nacional e da Secretaria Especial da Receita Federal.

Não custa lembrar que o art. 35 da Lei de Mediação[72] confere iniciativa ao Advogado-Geral da União, com base em "jurisprudência pacífica" dos Tribunais Superiores (inciso I) ou mediante aprovação pelo Presidente da República (inciso II). Tínhamos, portanto, dois critérios: um jurídico e outro político.

O § 2° do art. 16 da Lei n° 13.988/20, por sua vez, prevê que essa nova proposta de transação versará, preferencialmente, sobre controvérsia restrita a segmento econômico ou produtivo, a grupo ou universo de contribuintes ou a responsáveis delimitados, vedada, em qualquer hipótese, a alteração de regime jurídico tributário. O § 3º considera como con-

---

72 Art. 35. As controvérsias jurídicas que envolvam a administração pública federal direta, suas autarquias e fundações poderão ser objeto de transação por adesão, com fundamento em:
I - autorização do Advogado-Geral da União, com base na jurisprudência pacífica do Supremo Tribunal Federal ou de tribunais superiores; ou
II - parecer do Advogado-Geral da União, aprovado pelo Presidente da República.
§ 1º Os requisitos e as condições da transação por adesão serão definidos em resolução administrativa própria.
§ 2º Ao fazer o pedido de adesão, o interessado deverá juntar prova de atendimento aos requisitos e às condições estabelecidos na resolução administrativa.
§ 3º A resolução administrativa terá efeitos gerais e será aplicada aos casos idênticos, tempestivamente habilitados mediante pedido de adesão, ainda que solucione apenas parte da controvérsia.
§ 4º A adesão implicará renúncia do interessado ao direito sobre o qual se fundamenta a ação ou o recurso, eventualmente pendentes, de natureza administrativa ou judicial, no que tange aos pontos compreendidos pelo objeto da resolução administrativa.
§ 5º Se o interessado for parte em processo judicial inaugurado por ação coletiva, a renúncia ao direito sobre o qual se fundamenta a ação deverá ser expressa, mediante petição dirigida ao juiz da causa.
§ 6º A formalização de resolução administrativa destinada à transação por adesão não implica a renúncia tácita à prescrição nem sua interrupção ou suspensão.

trovérsia jurídica relevante e disseminada aquela que trata de questões tributárias que ultrapassem os interesses subjetivos da causa.

Já o art. 17 prevê que a proposta de transação será publicada na forma de um edital, ao passo que o § 1° do art. 35 da Lei de Mediação prevê a edição de uma Resolução Administrativa.

O art. 18 restringe a possibilidade de celebração dessa nova transação à existência, na data de publicação do edital, de inscrição em dívida ativa, de ação judicial, de embargos à execução fiscal ou de reclamação ou recurso administrativo pendente de julgamento definitivo, relativamente à tese objeto da transação.

No entanto, o parágrafo único desse dispositivo prevê a rescisão do acordo quando contrariar decisão judicial definitiva prolatada antes da celebração da transação.

O art. 19 descreve o procedimento para que o sujeito passivo da obrigação tributária solicite sua adesão à transação, na forma do ato do Ministro da Economia. Para tanto, o interessado deverá:

a) requerer a homologação judicial do acordo, para que se constitua em título executivo judicial, na forma do art. 515 do CPC;

b) sujeitar-se, em relação aos fatos geradores futuros ou não consumados, ao entendimento dado pela administração tributária à questão em litígio, ressalvada a cessação de eficácia prospectiva da transação decorrente do advento de precedente persuasivo nos termos dos incisos I, II, III e IV do art. 927 do CPC[73] ou nas hipóteses previstas no art. 19 da Lei n° 10.522/2002.[74]

---

73 Art. 927. Os juízes e os tribunais observarão:
I - as decisões do Supremo Tribunal Federal em controle concentrado de constitucionalidade;
II - os enunciados de súmula vinculante;
III - os acórdãos em incidente de assunção de competência ou de resolução de demandas repetitivas e em julgamento de recursos extraordinário e especial repetitivos;
IV - os enunciados das súmulas do Supremo Tribunal Federal em matéria constitucional e do Superior Tribunal de Justiça em matéria infraconstitucional;
V - a orientação do plenário ou do órgão especial aos quais estiverem vinculados.

74 Art. 19. Fica a Procuradoria-Geral da Fazenda Nacional dispensada de contestar, de oferecer contrarrazões e de interpor recursos, e fica autorizada a desistir de recursos já interpostos, desde que inexista outro fundamento relevante, na hipótese em que a ação ou a decisão judicial ou administrativa versar sobre: (Redação dada pela Lei nº 13.874, de 2019)
I - matérias de que trata o art. 18;
II - tema que seja objeto de parecer, vigente e aprovado, pelo Procurador-Geral da Fazenda Nacional, que conclua no mesmo sentido do pleito do particular; (Redação dada pela Lei nº 13.874, de 2019)

Duas questões chamam a atenção nesse ponto: a primeira é a expressão "*precedente persuasivo*" que parece contraditória diante de tudo o que a doutrina e a jurisprudência pátrias vêm definindo acerca do alcance do art. 927 do CPC e da natureza vinculante dos pronunciamentos judiciais qualificados ali elencados. Aqui andou mal o legislador.

A segunda é a própria referência expressa ao art. 927 do CPC. Não custa lembrar que a transação por adesão prevista no inciso I do art. 35 da Lei de Mediação, pressupõe "*jurisprudência pacífica*", um conceito indeterminado e que certamente traria insegurança jurídica ao instituto. Nesse sentido, a redação do art. 19 da Lei n° 13.988/20, mais precisa e detalhada, merece elogio.

O art. 20, a seu turno, traz diversas hipóteses em que a transação restará vedada, lançando mão, uma vez mais, da inadequada e imprecisa expressão "*precedentes persuasivos*" previstos no art. 927 CPC, na hipótese em que tais pronunciamentos jurisdicionais, na verdade de observância obrigatória, forem integralmente favoráveis à Fazenda Nacional.

Finalmente, o art. 22, § 3° dispõe que a transação por adesão será realizada exclusivamente por meio eletrônico.

Por fim, registra-se que o fato de a nova Lei não ter feito menção ao art. 35 da Lei de Mediação traz perplexidade à comunidade jurídica.

III - (VETADO). (Incluído pela Lei nº 12.788, de 2013)
IV - tema sobre o qual exista súmula ou parecer do Advogado-Geral da União que conclua no mesmo sentido do pleito do particular; (Redação dada pela Lei nº 13.874, de 2019)
V - tema fundado em dispositivo legal que tenha sido declarado inconstitucional pelo Supremo Tribunal Federal em sede de controle difuso e tenha tido sua execução suspensa por resolução do Senado Federal, ou tema sobre o qual exista enunciado de súmula vinculante ou que tenha sido definido pelo Supremo Tribunal Federal em sentido desfavorável à Fazenda Nacional em sede de controle concentrado de constitucionalidade; (Redação dada pela Lei nº 13.874, de 2019)
VI - tema decidido pelo Supremo Tribunal Federal, em matéria constitucional, ou pelo Superior Tribunal de Justiça, pelo Tribunal Superior do Trabalho, pelo Tribunal Superior Eleitoral ou pela Turma Nacional de Uniformização de Jurisprudência, no âmbito de suas competências, quando: (Incluído pela Lei nº 13.874, de 2019)
a) for definido em sede de repercussão geral ou recurso repetitivo; ou (Incluída pela Lei nº 13.874, de 2019)
b) não houver viabilidade de reversão da tese firmada em sentido desfavorável à Fazenda Nacional, conforme critérios definidos em ato do Procurador-Geral da Fazenda Nacional; e (Incluída pela Lei nº 13.874, de 2019)
VII - tema que seja objeto de súmula da administração tributária federal de que trata o art. 18-A desta Lei. (Incluído pela Lei nº 13.874, de 2019)

A Lei n° 13.140/2015 é o marco legal da mediação no direito brasileiro. Um diploma reconhecido nacionalmente por sua precisão técnica e pela efetividade de suas disposições.

A melhor interpretação é a extensiva, com base na já tradicional noção de microssistema, neste caso dos meios autocompositivos, que tem a Lei de Mediação como seu cerne, como sustentado no tópico 1.6.

Parece fora de dúvida, também, que a própria natureza do sistema multiportas impõe tal interpretação extensiva, de modo a abarcar o maior número possível de instrumentos, a fim de se encontrar o mais adequado para a resolução de cada litígio.[75]

A despeito de tais considerações, considera-se que melhor seria se a nova Lei tivesse interagido de maneira mais harmônica com o ordenamento já consolidado.

75 RODRIGUES, Roberto de Aragão Ribeiro. STRÄTZ, Murilo. O papel da Advocacia-Geral da União (AGU) no Sistema Multiportas: a transação referendada pela AGU necessita de homologação judicial para que ostente plena exequibilidade? *REVISTA MAGISTER DE DIREITO CIVIL E PROCESSUAL CIVIL*, v. 86, 2018, p. 85.

Capítulo 4

MEDIAÇÃO PÚBLICA

4.1. Conceito de mediação no Direito estrangeiro e brasileiro

A primeira fonte normativa a ser analisada para fins de delimitação do conceito de mediação vem do Direito Internacional. Trata-se da Convenção da Organização das Nações Unidas - ONU sobre a Execução de Acordos de Mediação, usualmente chamada apenas de "Convenção de Mediação de Singapura".[1]

Por tal Convenção, firmada em 7 de agosto de 2019 e assinada pelo Brasil em 04 de junho de 2021,[2] a mediação passa a ser definitivamente reconhecida pela comunidade jurídica internacional como autêntico método de resolução de controvérsias.[3]

Sua Seção 1 traz previsões gerais, tais como escopo de aplicação (mediação comercial internacional e acordos internacionais) e, em seu item 3, a definição de mediação como "*o processo, seja ele referido pela expressão mediação, conciliação ou expressão de sentido semelhante, pelo qual as partes solicitam que uma terceira pessoa (ou pessoas) as auxilie na tentativa de alcançar um acordo amigável sobre sua disputa decorrente de relação contratual ou*

---

1 Disponível em: <https://uncitral.un.org/sites/uncitral.un.org/files/media-documents/uncitral/en/annex_ii.pdf>. Acesso em 10 fev. 2021.

2 Ministério da Economia. Disponível em: <https://www.gov.br/economia/pt-br/assuntos/noticias/2021/junho/brasil-assina-a-convencao-de-singapura-sobre-mediacao-internacional>. Acesso em 05 jul. 2021. Mariana Freitas de Souza e Silvia Maria Costa Brega enalteceram, com precisão, a importância de tal adesão: "Ao aderir à Convenção de Singapura, insere-se nosso País no relevante contexto comercial internacional, reconhecendo e valorizando a mediação como forma de solução de conflitos, no mesmo patamar de importância e segurança jurídica dos métodos adversariais. Nesse sentido, acredita-se que a Convenção de Singapura representará, para a Mediação, o que a Convenção de Nova Iorque representou para a Arbitragem - dar exequibilidade a decisões proferidas em Estados-membros, sinalizando para o mercado exterior a importância conferida àquele método alternativo de solução de controvérsias." SOUZA, Mariana Freitas de; BREGA, Silvia Maria Costa. A convenção de Singapura sobre acordos em mediação. *Migalhas Consensuais*. Disponível em: <https://www.migalhas.com.br/coluna/migalhas-consensuais/347920/a-convencao-de-singapura-sobre-acordos-em-mediacao>. Acesso em: 28 jun. 2021.

3 MARIGHETTO, Andrea. A convenção da ONU e a importância da resolução amigável de conflitos. *Consultor Jurídico*. Disponível em: <https://www.conjur.com.br/2019-set-25/marighetto-convencao-singapura-resolucao-amigavel-conflitos>. Acesso em 10 fev. 2021.

outra relação jurídica. O mediador não tem autoridade para impor às partes uma solução para o litígio."[4]

Trata-se de previsão semelhante à adotada pelo Direito português. Com efeito, a Lei nº 29/2013, "Lei da Mediação portuguesa", dispõe, em seu artigo 2º, que a mediação consistiria na "*forma de resolução alternativa de litígios, realizada por entidades públicas ou privadas, através do qual duas ou mais partes em litígio procuram voluntariamente alcançar um acordo com a assistência de um mediador de conflitos.*" Quanto à figura do mediador, a Lei estabelece que se trata de um "*terceiro, imparcial e independente, desprovido de poderes de imposição aos mediados, que os auxilia na tentativa de construção de um acordo final sobre o objeto do litígio.*"[5]

A regulamentação espanhola vai no mesmo sentido, eis que Lei nº 05/2012, que disciplina a mediação de conflitos cíveis e mercantis, traz o seguinte conceito para o instituto em seu artigo 1º: "*Entende-se por mediação o meio de solução de controvérsias, qualquer que seja a sua denominação, no qual duas ou mais partes tentam voluntariamente alcançar por elas próprias um acordo com a intervenção de um mediador.*"[6]

---

4 Tradução livre de: "3. *For the purposes of this Law, "mediation" means a process, whether referred to by the expression mediation, conciliation or an expression of similar import, whereby parties request a third person or persons ("the mediator") to assist them in their attempt to reach an amicable settlement of their dispute arising out of or relating to a contractual or other legal relationship. The mediator does not have the authority to impose upon the parties a solution to the dispute.*" Disponível em <https://uncitral.un.org/sites/uncitral.un.org/files/media-documents/uncitral/en/annex_ii.pdf>. Acesso em 10 fev. 2021.

5 Artigo 2º - Definições
Para efeitos do disposto na presente lei, entende-se por:
a) «Mediação» a forma de resolução alternativa de litígios, realizada por entidades públicas ou privadas, através do qual duas ou mais partes em litígio procuram voluntariamente alcançar um acordo com assistência de um mediador de conflitos;
b) «Mediador de conflitos» um terceiro, imparcial e independente, desprovido de poderes de imposição aos mediados, que os auxilia na tentativa de construção de um acordo final sobre o objeto do litígio. Disponível em: <http://www.pgdlisboa.pt/leis/lei_mostra_articulado.php?nid=1907&tabela=leis>. Acesso em 10 fev. 2021.

6 "*Artículo 1. Concepto.*
Se entiende por mediación aquel medio de solución de controversias, cualquiera que sea su denominación, en que dos o más partes intentan voluntariamente alcanzar por sí mismas un acuerdo con la intervención de un mediador." Disponível em: <https://www.boe.es/eli/es/l/2012/07/06/5/con>. Acesso em 1º ago 2021.
"*Artículo 6. Voluntariedad y libre disposición.*
1. La mediación es voluntaria.
2. Cuando exista un pacto por escrito que exprese el compromiso de someter a mediación las controversias surgidas o que puedan surgir, se deberá intentar el procedimiento pactado de

A Espanha também adota um modelo de plena autonomia das partes quanto à opção pela mediação ou jurisdição estatal, sem a previsão de qualquer condicionante para o acesso direto ao Poder Judiciário.[7] Neste sentido dispõe a Lei de Mediação do país, ao deixar clara a voluntariedade plena a tal método de resolução de litígios.[8]

O mesmo se passa nos Estados Unidos, onde *Uniform Mediation Act*, de 2003, dispõe, em seu item 1 que "*mediação consiste no processo pelo qual um mediador facilita a comunicação e a negociação entre as partes para auxiliá-las a alcançar um acordo voluntário relativo à disputa.*"[9]

Cenário diverso é encontrado na Itália, onde o Decreto Legislativo nº 28/2010 positivou regras gerais sobre a mediação nas áreas cível e comercial, estipulando, em seu artigo 5º, que a sua tentativa é obrigatória, consistindo em condição de procedibilidade para uma extensa gama de ações judiciais.[10]

---

buena fe, antes de acudir a la jurisdicción o a otra solución extrajudicial. Dicha cláusula surtirá estos efectos incluso cuando la controversia verse sobre la validez o existencia del contrato en el que conste.
3. Nadie está obligado a mantenerse en el procedimiento de mediación ni a concluir un acuerdo." Disponível em: <https://www.boe.es/eli/es/l/2012/07/06/5/con>. Acesso em 1º ago 2021.

---

7 PINTO, Adriano Moura da Fonseca; SILVA JUNIOR, Sidney Rosa da. Políticas públicas de mediação de conflitos em perspectiva comparada Brasil e Espanha. *Estudos sobre mediação*: no Brasil e no exterior: volume I [recurso eletrônico] / Adriano Moura da Fonseca Pinto ... [et al.] (coordenadores) – Santa Cruz do Sul: Essere nel Mondo, 2020, pp. 8-22, p. 14.

8 "*Artículo 6. Voluntariedad y libre disposición.*
1. La mediación es voluntaria.
2. Cuando exista un pacto por escrito que exprese el compromiso de someter a mediación las controversias surgidas o que puedan surgir, se deberá intentar el procedimiento pactado de buena fe, antes de acudir a la jurisdicción o a otra solución extrajudicial. Dicha cláusula surtirá estos efectos incluso cuando la controversia verse sobre la validez o existencia del contrato en el que conste.
3. Nadie está obligado a mantenerse en el procedimiento de mediación ni a concluir un acuerdo." Disponível em: <https://www.boe.es/eli/es/l/2012/07/06/5/con>. Acesso em 1° ago 2021.

9 Tradução livre de: *(1) "Mediation" means a process in which a mediator facilitates communication and negotiation between parties to assist them in reaching a voluntary agreement regarding their dispute.*" Disponível em: <https://www.uniformlaws.org/HigherLogic/System/DownloadDocumentFile.ashx?DocumentFileKey=9b244b42-269c-769e-9f-89-590ce048d0dd&forceDialog=0>. Acesso em 10 fev. 2021.

10 "*Art. 5. Condizione di procedibilita' e rapporti con il processo 1. Chi intende esercitare in giudizio un'azione relativa ad una controversia in materia di condominio, diritti reali, divisione,*

Essa previsão legal de obrigatoriedade de instauração de mediação, como não poderia deixar de ser, gerou reações por parte da doutrina italiana.[11]

Como todo método autocompositivo, a mediação tem como pressuposto a voluntariedade das partes envolvidas, figurando a autonomia da vontade das partes como princípio expresso na Lei de Mediação brasileiro (art. 2º, inciso V, da Lei nº 13.140/2015).

Atento a tal característica essencial, o legislador brasileiro optou por solução intermediária, sem estabelecer a obrigatoriedade de instauração de procedimento autocompositivo antes da judicialização do conflito, mas criando, por outro lado, regras fortemente indutivas ao comportamento consensual. Consistem em exemplos claros as disposições contidas no *caput* e parágrafos 4º e 8º do 334 do CPC,[12]

---

successioni ereditarie, patti di famiglia, locazione, comodato, affitto di aziende, risarcimento del danno derivante dalla circolazione di veicoli e natanti, da responsabilita' medica e da diffamazione con il mezzo della stampa o con altro mezzo di pubblicita', contratti assicurativi, bancari e finanziari, e' tenuto preliminarmente a esperire il procedimento di mediazione ai sensi del presente decreto ovvero il procedimento di conciliazione previsto dal decreto legislativo 8 ottobre 2007, nº 179, ovvero il procedimento istituito in attuazione dell'articolo 128-bis del testo unico delle leggi in materia bancaria e creditizia di cui al decreto legislativo 1° settembre 1993, nº 385, e successive modificazioni, per le materie ivi regolate. L'esperimento del procedimento di mediazione e' condizione di procedibilita' della domanda giudiziale. L'improcedibilita' deve essere eccepita dal convenuto, a pena di decadenza, o rilevata d'ufficio dal giudice, non oltre la prima udienza. Il giudice ove rilevi che la mediazione e' gia' iniziata, ma non si e' conclusa, fissa la successiva udienza dopo la scadenza del termine di cui all'articolo 6. Allo stesso modo provvede quando la mediazione non e' stata esperita, assegnando contestualmente alle parti il termine di quindici giorni per la presentazione della domanda di mediazione. Il presente comma non si applica alle azioni previste dagli articoli 37, 140 e 140-bis del codice del consumo di cui al decreto legislativo 6 settembre 2005, nº 206, e successive modificazioni." Disponível em: <https://www.normattiva.it/uri-res/N2Ls?urn:nir:stato:decreto.legislativo:2010-03-04;28!vig>. Acesso em: 02 de abril de 2021.

11 BESSO, Chiara. *La mediazioni italiana: definizioni e tipologie. Revista Eletrônica de Direito Processual.* v. VI, jul-dez. 2010, p. 256. Disponível em: <https://www.e-publicacoes.uerj.br/index.php/redp/article/view/21574/15577>. Acesso em: 02 abril 2021.

12 O *caput* do art. 334 alterou o procedimento comum ordinário, ao acrescentar a audiência de conciliação ou mediação como etapa prévia ao oferecimento de contestação: "*Art. 334. Se a petição inicial preencher os requisitos essenciais e não for o caso de improcedência liminar do pedido, o juiz designará audiência de conciliação ou de mediação com antecedência mínima de 30 (trinta) dias, devendo ser citado o réu com pelo menos 20 (vinte) dias de antecedência.*" O parágrafo 4º, mais especificamente seu inciso I, contempla regra agressiva, estabelecendo que haverá audiência ainda que uma das partes expressamente manifeste seu desinteresse na composição consensual: "*§ 4º A audiência não será realizada: I - se ambas as partes manifestarem, expressamente, desinteresse na composição consensual; II - quando não se admitir a autocomposição.*" Por fim, o parágrafo 8º vai ainda mais longe, ao fixar multa àquele que

bem como no parágrafo 1º do artigo 2º e artigo 23 da Lei de Mediação.[13]

Humberto Dalla Bernardina de Pinho afirma, com propriedade, que o ordenamento brasileiro adotou um sistema de semiobrigatoriedade quanto à realização de mediações.[14]

A Lei de Mediação brasileira – a já referida Lei nº 13.140, de 26 de junho de 2015 -, entrou em vigor após *vacatio legis* de cento e oitenta dias de sua publicação e, ao lado da Resolução nº 125/2010 do CNJ, do Código de Processo Civil de 2015, da Lei nº 13.129, também de 2015, que modernizou a regulamentação da arbitragem e da Lei nº 14.133/2021, que positivou os *dispute boards*, foram o microssistema brasileiro de métodos adequados de resolução de conflitos.

Logo no parágrafo único de seu artigo 1º a Lei de Mediação traz uma precisa definição do instituto: "*Considera-se mediação a atividade técnica exercida por terceiro imparcial sem poder decisório, que, escolhido ou aceito pelas partes, as auxilia e estimula a identificar ou desenvolver soluções consensuais para a controvérsia.*"

Nota-se que tal conceito não se distancia substancialmente da regra que veio a ser posteriormente contemplada na recente "Convenção de Mediação de Singapura", tampouco das definições precedentes de outros ordenamentos, notadamente Portugal e Itália.

Uma observação crítica se faz necessária em relação a essa quase perfeita convergência de definições legais: todos os diplomas normativos ora examinados silenciaram sobre a exigência de existência de um vínculo

---

deixar de comparecer injustificadamente à referida audiência: "*§ 8º O não comparecimento injustificado do autor ou do réu à audiência de conciliação é considerado ato atentatório à dignidade da justiça e será sancionado com multa de até dois por cento da vantagem econômica pretendida ou do valor da causa, revertida em favor da União ou do Estado.*"

13 "*Art. 2º (...) § 1º Na hipótese de existir previsão contratual de cláusula de mediação, as partes deverão comparecer à primeira reunião de mediação. Art. 23. Se, em previsão contratual de cláusula de mediação, as partes se comprometerem a não iniciar procedimento arbitral ou processo judicial durante certo prazo ou até o implemento de determinada condição, o árbitro ou o juiz suspenderá o curso da arbitragem ou da ação pelo prazo previamente acordado ou até o implemento dessa condição.*"

14 PINHO, Humberto Dalla Bernardina de. Mediação *online* em tempos de virtualização forçada das ferramentas de resolução de conflitos: algumas considerações sobre a experiência brasileira. *In Tecnologia e justiça multiportas*. ÁVILA, Henrique; FUX, Luiz; CABRAL, Trícia Navarro Xavier. Brasília: Foco, 2021, pp. 443-454, p. 447.

prévio entre as partes que fosse digno de proteção e cuja manutenção se revelaria até mais importante que a solução da controvérsia pontual.

Tal circunstância, que há muito é apontada pela doutrina como o elemento caracterizador da mediação como o método adequado para a resolução de certos litígios, não passou despercebida pelo legislador do CPC/2015, que em seu art. 165, § 3º estabelece: "*O mediador, que atuará preferencialmente nos casos em que houver vínculo anterior entre as partes, auxiliará aos interessados a compreender as questões e os interesses em conflito, de modo que eles possam, pelo restabelecimento da comunicação, identificar, por si próprios, soluções consensuais que gerem benefícios mútuos.*"

Portanto, a despeito da previsão genérica da Lei de Mediação, não se pode desconsiderar a regra acima, que consiste em verdadeiro balizador para a delimitação do âmbito de aplicação do instituto, à luz da noção de adequação que rege a noção contemporânea de jurisdição.

Note-se que a intenção do legislador foi precisamente diferenciar o instituto da mediação das demais formas autocompositivas, já que o parágrafo 2º do artigo 165 estabelece, em contraposição, que: "*O conciliador, que atuará preferencialmente nos casos em que não houver vínculo anterior entre as partes, poderá sugerir soluções para o litígio, sendo vedada a utilização de qualquer tipo de constrangimento ou intimidação para que as partes conciliem.*"

Portanto, a questão da (in)existência de vínculo anterior entre as partes, que já era apontada pela doutrina brasileira como aspecto determinante para a escolha do emprego da medição ou da conciliação no cenário do sistema multiportas de justiça,[15] foi encampada pelo direito brasileiro não pela Lei de Mediação, mas pelo Código de Processo Civil de 2015.

15 Confira-se as seguintes definições doutrinárias de mediação, que consideram a importância da preservação das relações prévias entre as partes envolvidas no conflito: "A *mediação é um mecanismo de resolução de conflito em que as próprias partes constroem, em conjunto, um sistema de decisão, satisfazendo a todos os envolvidos e oxigenando as relações sociais.*" PINHO, Humberto Dalla Bernardina de; MAZZOLA, Marcelo. *Manual de Mediação e Arbitragem*. Saraivajur: São Paulo, 2019, p. 69. "*(...) a mediação é um processo cooperativo, que leva em conta as emoções, as dificuldades de comunicação e a necessidade de equilíbrio e respeito dos conflitantes e que pode resultar num acordo viável, fruto do comprometimento dos envolvidos com a solução encontrada.*" GRINOVER, Ada Pellegrini. O minissistema brasileiro de justiça consensual: compatibilidade e incompatibilidades. *Publicações da Escola da AGU*. Brasília, v. 8, nº 1 jan./mar. 2016, pp. 15-36. Disponível em: <https://seer.agu.gov.br/index.php/EAGU/article/view/1167/846>. Acesso em 24 jan. 2021, pp. 15-36, p. 20. "Considerando os objetivos da mediação, de restauração da comunicação, restabelecimento de vínculos e de uma possível realização de acordo, a técnica deve ser utilizada prioritariamente para relações interpessoais continuadas, que são aquelas nas quais há um perene vínculo entre as partes envolvidas, mesmo após o

Ainda sobre esse ponto, no que diz respeito à mediação pública, cerne do presente estudo, deve se registrar desde já que parece haver certo descuidado na aferição da existência desse vínculo anterior entre as partes que mereça ser preservado, o que tem conduzido a imprecisões terminológicas. Com efeito, não raras vezes procedimentos de simples conciliação são equivocadamente nomeados de procedimentos de mediação, conforme restará demonstrado no tópico 4.3.

O uso indistinto de tais métodos autocompositivos os desnatura, ignora os preceitos normativos acima referidos e produz o nefasto efeito de banalizar o instituto da mediação, consideravelmente mais sofisticado que o de uma conciliação.

Tal assertiva não consiste em mero preciosismo acadêmico.

O restabelecimento do diálogo entre os contendores propiciado pela mediação traz consigo a vantagem de distanciamento da lógica binária de perdedor-ganhador, típica das disputas perante o Poder Judiciário e presente, ainda que em pequena medida, na conciliação, na qual os envolvidos fazem concessões recíprocas.

A mediação, ao contrário, por tratar o conflito em suas camadas mais profundas, preocupando-se com os reais interesses das partes e com a manutenção do vínculo entre elas, pela via do restabelecimento do diálogo, distancia-se dessa lógica, voltando-se à dinâmica do ganho mútuo entre as partes mediandas.[16]

---

surgimento da discordância, não sendo a mais indicada para conflitos episódicos ou eventuais." GISMONDI, Rodrigo Altenburg Odebrecht Curi. RODRIGUES, Marco Antonio. Métodos de solução consensual de conflitos e a Fazenda Pública. *In:* Humberto Dalla Bernardina de Pinho; Roberto de Aragão Ribeiro Rodrigues. (Org.). *Mediação e arbitragem na administração pública*: volume 2. 1ª ed. Santa Cruz do Sul: Essere nel Mondo, 2020, v. 2, pp. 93-120, p. 97. "A mediação consiste no meio consensual de abordagem de controvérsias em que alguém imparcial atua para facilitar a comunicação entre os envolvidos e propiciar que eles possam, a partir da percepção ampliada dos meandros da situação controvertida, protagonizar saídas produtivas para os impasses que os envolvem. (...) A mediação permite que os envolvidos na controvérsia atuem cooperativamente em prol de interesses comuns ligados à superação de dilemas e impasses; afinal, quem poderia divisar melhor a existência de saídas produtivas do que os protagonistas da história?" TARTUCE, Fernanda. *Mediação nos conflitos civis*. 4ª ed., rev. atual. e ampl. Rio de Janeiro: Forense; São Paulo: MÉTODO, 2018, p. 188.

16 GISMONDI, Rodrigo Altenburg Odebrecht Curi. RODRIGUES, Marco Antonio. Métodos de solução consensual de conflitos e a Fazenda Pública. *In* Humberto Dalla Bernardina de Pinho; Roberto de Aragão Ribeiro Rodrigues. (Org.). *Mediação e arbitragem na administração pública*: volume 2. 1ª ed. Santa Cruz do Sul: Essere nel Mondo, 2020, v. 2, pp. 93-120, p. 96.

4.2. Princípios da mediação

Cumpre analisar, ainda que brevemente, o importante art. 2º da Lei 13.140/2015, que estabelece os princípios norteadores da mediação.

Tal dispositivo elenca os seguintes princípios da mediação: "*I – imparcialidade do mediador; II – isonomia entre as partes; III – oralidade; IV – informalidade, V – autonomia da vontade das partes; VI – busca do consenso; VII – confidencialidade e VIII – boa-fé.*"

Conforme já mencionado no Capítulo 1, o Código de Processo Civil, igualmente editado no ano de 2015, também contempla, em seu art. 166, rol de princípios praticamente idêntico.[17]

Traçando-se um paralelo com o processo jurisdicional tradicional, tem-se que os princípios da imparcialidade do mediador, da isonomia entre as partes e da boa-fé não ostentam peculiaridades significativas, devendo incidir em todo e qualquer método de resolução de disputas com a mesma intensidade.

Quanto aos demais princípios, há significativas diferenças.

Embora mereça respeitável defesa de sua integridade por parcela da doutrina,[18] o princípio da oralidade ostenta atualmente, na prática, papel meramente residual na jurisdição estatal tradicional. Isto porque a produção de prova oral, a ser produzida especialmente durante a audiência de instrução e julgamento (art. 358 e 361 do CPC), não se mostra adequada aos processos em que a discussão envolva matéria exclusivamente de direito, tais como questões tributárias, gratificações de servidores públicos, discussões contratuais etc.[19]

Evidente que, nos processos em que as matérias fáticas preponderem, *v.g.* reconhecimento do vínculo de união estável, a oralidade será prestigiada, eis que somente após a oitiva de testemunhas poderá o juiz adquirir segurança para proferir uma solução justa para o caso.

---

17 "Art. 166. A conciliação e a mediação são informadas pelos princípios da independência, da imparcialidade, da autonomia da vontade, da confidencialidade, da oralidade, da informalidade e da decisão informada."

18 GRECO, Leonardo. *Garantias fundamentais do processo:* o processo justo. *In:* Estudos de Direito Processual, ed. Faculdade de Direito de Campos, 2005, pp.225-286. Disponível em: <https://processoemdebate.files.wordpress.com/2010/09/processo-justo_leonardo-greco.pdf> Acesso em 18 jan. 2021.

19 Note-se que a audiência de instrução e julgamento sequer consiste em etapa obrigatória do procedimento comum ordinário, nos termos do art. 357, inciso V, do CPC: "*designar, se necessário, audiência de instrução e julgamento.*"

Já na mediação, a oralidade prevalece amplamente, em *link* com o princípio subsequente, da informalidade, este veementemente rechaçado no processo civil e penal, estritamente regidos por procedimentos formais.

Em síntese, o procedimento da mediação é oral e informal, ao passo que a jurisdição estatal tradicional é escrita e formal.

No que diz respeito à autonomia da vontade das partes, sem dúvida se revela plena na mediação. No processo judicial, modernamente prevalece o entendimento de que deve ser igualmente plena, atribuindo-se às partes o protagonismo na condução da disputa, mesmo que submetida ao Poder Judiciário.[20] Tal constatação pressupõe, naturalmente, a adoção da corrente privatista do processo sobre a publicista.[21]

A autonomia da vontade das partes também no processo judicial vem a ser a "mola propulsora" da resolução dos litígios mesmo após a sua judicialização, conforme estimulado pelo Código de Processo Civil.

Não por acaso o legislador elencou, logo na sequência, a busca do consenso, finalidade última de todo meio autocompositivo. Com efeito, a plena autonomia da vontade das partes que participam da mediação consiste em conditio *sine qua non* para a obtenção de um acordo que se apresente como uma solução justa para a controvérsia.

É claro que a autonomia da vontade assume roupagem diversa em se tratando de entes públicos, os quais devem constante observância à lei, à Constituição e demais atos normativos aplicáveis ao caso, dentro da já mencionada vinculação à juridicidade.

Já no que toca à confidencialidade, tem-se a maior divergência em relação à jurisdição estatal.

A bem da verdade, constata-se, neste particular, verdadeira antítese, eis que, na mediação, vige a confidencialidade, ao passo que o processo judicial é regido - salvo exceções pontuais nas quais tenha que ceder em prol da intimidade e privacidade das partes - pelo princípio da publicidade.[22]

---

20 CABRAL, Antonio do Passo. Da instrumentalidade à materialização do processo: as relações contemporâneas entre direito material e direito processual. *Civil Procedure Review*. V. 12, nº 2, maio-ago. 2021, pp. 69-102, p. 95.

21 Sobre o tema, vide: GRECO, Leonardo. Publicismo e privatismo no processo civil. *Revista de Processo*, ano 33, v. 164, São Paulo: Revista dos Tribunais, 2008.

22 "Art. 11. Todos os julgamentos dos órgãos do Poder Judiciário serão públicos, e fundamentadas todas as decisões, sob pena de nulidade. Parágrafo único. Nos casos de segredo de justiça, pode ser autorizada a presença somente das partes, de seus advogados, de defensores públicos ou do Ministério Público."

Na mediação entre particulares, nenhum problema se apresenta, eis que a confidencialidade incidirá plenamente, apresentando-se como potencialmente vantajosa para a obtenção do consenso acerca de uma controvérsia que só diz respeito às pessoas físicas ou jurídicas envolvidas, as quais se veem encorajadas a revelar informações pessoais íntimas ou estratégicas. A confidencialidade estabelece as bases da confiança entre os mediandos, que, ao compartilhar suas informações, possibilitam ao mediador um maior conhecimento das verdadeiras causas do conflito.

Além da previsão geral ora mencionada, o tema é regulado pelos artigos 30 e 31 da Lei de Mediação, que compõem a Seção IV, destinada ao conteúdo da confidencialidade e às suas exceções. Trata-se de obrigação de não fazer, direcionada ao mediador e a todos os que participaram, direta ou indiretamente do procedimento, de expor a terceiros as informações obtidas durante o seu desenvolvimento.[23]

Neste sentido é o Enunciado nº 46 da I Jornada de Prevenção e Solução Extrajudicial de Litígios: "*Os mediadores e conciliadores devem respeitar os padrões éticos de confidencialidade na mediação e conciliação, não levando aos magistrados dos seus respectivos feitos o conteúdo das sessões, com exceção dos termos de acordo, adesão, desistência e solicitação de encaminhamentos, para fins de ofícios*."[24]

A dificuldade se apresenta quando uma das partes da mediação vem a ser um ente público, cujos atos são notoriamente regidos pelo princípio constitucional da publicidade (art. 37 e 93, IX da CRFB).

A acomodação entre o imperativo de confidencialidade, previsto nos art. 2º, inciso VII, 30 e 31 e da Lei de Mediação e tal diretriz constitucional vem merecendo a atenção da doutrina.

Em primeiro lugar, deve-se partir da premissa de que a confidencialidade da mediação não a torna secreta. Humberto Dalla Bernardina de Pinho e Patrícia Elael Nunes esclarecem que "*em hipótese alguma, a sua*

---

23 PINHO, Humberto Dalla Bernardina de; NUNES, Patrícia Elael. A confidencialidade e suas peculiaridades no procedimento de mediação envolvendo a fazenda pública. *In: Mediação e Arbitragem na Administração Pública.* 1 ed. Curitiba: CRV, 2018, v. 1. Humberto Dalla Bernardina de Pinho; Roberto de Aragão Ribeiro Rodrigues. (Org.), pp. 13-24, p. 13.

24 I JORNADA "PREVENÇÃO E SOLUÇÃO EXTRAJUDICIAL DE LITÍGIOS", realizada em Brasília, nos dias 22 e 23 de agosto de 2016. Disponível em: <http://www.cjf.jus.br/cjf/corregedoria-da-justica-federal/centro-de-estudos-judiciarios-1/publicacoes-1/cjf/corregedoria-da-justica-federal/centro-de-estudos-judiciarios-1/prevencao-e-solucao-extrajudicial-de-litigios/?_authenticator=60c7f30ef0d8002d17dbe298563b6fa2849c6669>. Acesso em 12 jan. 2021.

utilização pode ser admitida como forma de ilidir a transparência e a impessoalidade que devem sempre nortear o uso da coisa pública. Além do mais, a mediação, como todos os outros meios de resolução de conflito, guarda estrita correlação com os mais altos padrões éticos de conduta."[25]

A despeito de sua importância fundamental para o instituto, o princípio da confidencialidade, pela sua própria natureza principiológica, não pode se caracterizar como absoluto. A própria Lei de Mediação, ao definir seu conteúdo, trouxe exceções a tal princípio, sendo certo que a expressão "*quando sua divulgação for exigida por lei*" se mostra como excepcionalidade plenamente aplicável à Fazenda Pública.[26]

Em síntese, parcela da doutrina entende que, à luz da regra constitucional geral de publicidade que deve nortear todos os atos da Administração Pública, previsto no art. 37 da CRFB, a mediação envolvendo entes públicos deverá ser publicizada. Ressalva-se apenas os casos em que o sigilo se caracterize como imprescindível à segurança da sociedade e do Estado, conforme estabelecido nos artigos 5º, XXXIII, da Constituição e artigo 3º, inciso I da Lei nº 12.527/2011[27] (Lei de Acesso à Informação).[28]

Há quem sustente, todavia, uma primazia da confidencialidade sobre a publicidade, que deveria se restringir à divulgação da motivação empre-

---

25 PINHO, Humberto Dalla Bernardina de; NUNES, Patrícia Elael. A confidencialidade e suas peculiaridades no procedimento de mediação envolvendo a fazenda pública. *In: Mediação e Arbitragem na Administração Pública.* 1 ed. Curitiba: CRV, 2018, v. 1. Humberto Dalla Bernardina de Pinho; Roberto de Aragão Ribeiro Rodrigues. (Org.), pp. 13-24, p. 15.

26 "Art. 30. Toda e qualquer informação relativa ao procedimento de mediação será confidencial em relação a terceiros, não podendo ser revelada sequer em processo arbitral ou judicial salvo se as partes expressamente decidirem de forma diversa ou quando sua divulgação for exigida por lei ou necessária para cumprimento de acordo obtido pela mediação."

27 "XXXIII - todos têm direito a receber dos órgãos públicos informações de seu interesse particular, ou de interesse coletivo ou geral, que serão prestadas no prazo da lei, sob pena de responsabilidade, ressalvadas aquelas cujo sigilo seja imprescindível à segurança da sociedade e do Estado;"

"Art. 3º Os procedimentos previstos nesta Lei destinam-se a assegurar o direito fundamental de acesso à informação e devem ser executados em conformidade com os princípios básicos da administração pública e com as seguintes diretrizes: I - observância da publicidade como preceito geral e do sigilo como exceção;"

28 PINHO, Humberto Dalla Bernardina de; NUNES, Patrícia Elael. A confidencialidade e suas peculiaridades no procedimento de mediação envolvendo a fazenda pública. *In: Mediação e Arbitragem na Administração Pública.* 1 ed. Curitiba: CRV, 2018, v. 1. Humberto Dalla Bernardina de Pinho; Roberto de Aragão Ribeiro Rodrigues. (Org.), pp. 13-24, p. 15.

gada pela Administração Pública e ao resultado do ajuste celebrado.[29] Por este entendimento, que tem prevalecido na prática das câmaras públicas de mediação, todas as sessões do procedimento ficam acobertadas pela confidencialidade.

Analisado o conceito geral de mediação e seus princípios, cumpre passar ao estudo de sua aplicabilidade pela Administração Pública.

4.3. Mediação pública: âmbito de aplicação e potencialidades

Conforme já mencionado no Capítulo anterior, o art. 3º da Lei nº 13.140/2015 estabelece o objeto da mediação, que pode versar sobre direitos disponíveis e mesmo indisponíveis, desde que transacionáveis.[30]

Também já constou do Capítulo anterior a informação de que o art. 32, *caput*, da Lei de Mediação estabelece que caberá à Advocacia Pública dos entes federativos, por meio das câmaras de prevenção e resolução administrativa de conflitos a ela vinculadas, dirimir dissensos entre órgãos e entidades da administração pública, compor controvérsias entre particulares e pessoas jurídicas de direito público e promover, quando couber, a celebração de termo de ajustamento de conduta (TAC).

Sustenta-se que a escolha do meio autocompositivo aplicável à Fazenda Pública deve considerar a presença ou não do vínculo prévio entre as partes, tal como registrado no tópico precedente.

Com efeito, a mediação se mostrará adequada às hipóteses em que haja interesse na preservação de um vínculo institucional entre órgãos e/ ou entidades públicas ou nos conflitos com particulares decorrentes de

---

29 Cabe o registro de que o Enunciado nº 6 do I Fórum Nacional do Poder Público, neste sentido, veio a ser cancelado em sua terceira edição, ocorrida em 2017, em São Paulo. Eis o que dispunha o entendimento cancelado: "A confidencialidade na mediação com a Administração Pública observará os limites da lei de acesso à informação." A tendência ao maior prestígio da confidencialidade sobre a publicidade nas mediações envolvendo o Poder Público também se revelou na alteração do Enunciado nº 36, editado no II Fórum, que passou a contar com a seguinte redação: "O conteúdo da sessão de mediação e de conciliação no âmbito da Administração Pública deve observar o princípio da confidencialidade, previsto nos artigos 30 da Lei 13.140/2015 e 166 do Código de Processo Civil, sem prejuízo da publicidade do resultado alcançado e sua respectiva motivação."

30 "Art. 3º Pode ser objeto de mediação o conflito que verse sobre direitos disponíveis ou sobre direitos indisponíveis que admitam transação.
§ 1º A mediação pode versar sobre todo o conflito ou parte dele.
§ 2º O consenso das partes envolvendo direitos indisponíveis, mas transigíveis, deve ser homologado em juízo, exigida a oitiva do Ministério Público."

relações duradouras, de caráter continuado, tais como controvérsias envolvendo servidores públicos. Nos demais casos, a conciliação é que se revelará como o método adequado.[31]

Como exemplos de aplicabilidade prática do instituto no âmbito da Administração Pública, despontam, em primeiro lugar, justamente os conflitos envolvendo apenas entes públicos.

Nada mais incompatível com o conceito contemporâneo de jurisdição que a judicialização de litígios entre entes federativos.

União, Estados, Municípios, autarquias, fundações públicas, empresas públicas e sociedades de economia mista devem dirimir suas controvérsias, salvo raríssimas exceções, fora das estruturas do Poder Judiciário. Sustenta-se que aqui se aplica integralmente a máxima segundo a qual a jurisdição estatal deve figurar como forma meramente subsidiária de solução de conflitos.[32]

A rigor, todos estão invariavelmente pautados pela finalidade pública que lhes justifica a própria existência, não se afigurando razoável cogitar de profundas divergências entre entes públicos e mesmo entidades que integram a Administração Pública indireta.

Tais assertivas são corroboradas pelo Enunciado 31 da I Jornada de Prevenção e Solução Extrajudicial de Litígios do Conselho da Justiça Federal (CJF): "*É recomendável a existência de uma advocacia pública colaborativa entre os entes da federação e seus respectivos órgãos públicos, nos casos em que haja interesses públicos conflitantes/divergentes. Nessas hipóteses, União, Estados, Distrito Federal e Municípios poderão celebrar pacto de não propositura de demanda judicial e de solicitação de suspensão das que estiverem propostas com estes, integrando o polo passivo da demanda, para que sejam submetidos à oportunidade de diálogo produtivo e consenso sem interferência jurisdicional*".

Para o bom funcionamento da Administração Pública exsurge como valor fundamental a necessidade de preservação dos vínculos existentes entre entidades e entes públicos de todas as esferas federativas. A mediação, ao possibilitar o restabelecimento do diálogo e o tratamento das

---

31 Neste sentido, GISMONDI, Rodrigo Altenburg Odebrecht Curi. RODRIGUES, Marco Antonio. Métodos de solução consensual de conflitos e a Fazenda Pública. *In:* Humberto Dalla Bernardina de Pinho; Roberto de Aragão Ribeiro Rodrigues. (Org.). Mediação e arbitragem na administração pública: volume 2. 1ª ed. Santa Cruz do Sul: Essere nel Mondo, 2020, v. 2, pp. 93-120, pp. 97-98.

32 PINHO, Humberto Dalla Bernardina de; MAZZOLA, Marcelo. *Manual de Mediação e Arbitragem*. Saraivajur: São Paulo, 2019, p. 63.

causas mais profundas do litígio, vem a ser o mecanismo de resolução de controvérsias que reúne as melhores condições para que as partes envolvidas alcancem tal objetivo.

Por fim, no que concerne às controvérsias entre entes públicos e particulares passíveis de solução pela mediação, pode-se citar, *v.g.*, ocupações irregulares de terrenos e prédios públicos por pessoas desabrigadas, circunstância que atrai a incidência da regra do art. 565 do CPC, que estabelece a obrigatoriedade de mediação prévia em tais hipóteses.[33] Note-se que, de acordo com a previsão contida no § 4º do referido artigo, há incentivo expresso para que os órgãos responsáveis pela política agrária e urbana manifestem-se acerca da possibilidade de solução consensual para o conflito possessório.[34]

4.4. A Câmara de Mediação e de Conciliação da Administração Pública Federal

4.4.1. Breve histórico, regulamentação e conceito

A base normativa primária para a criação da originalmente denominada Câmara de Conciliação e Arbitragem da Administração Pública Federal – CCAF consiste no artigo 8-C da Lei nº 9.028/1995, incluído pela Medida Provisória nº 2.180-35/2001, bem como no artigo 11 desta. Tais dispositivos previram mecanismos destinados a evitar a judicialização de controvérsias entre órgãos e entidades da Administração Pública Federal.[35]

---

33 Art. 565. No litígio coletivo pela posse de imóvel, quando o esbulho ou a turbação afirmado na petição inicial houver ocorrido há mais de ano e dia, o juiz, antes de apreciar o pedido de concessão da medida liminar, deverá designar audiência de mediação, a realizar-se em até 30 (trinta) dias, que observará o disposto nos §§ 2º e 4º.

34 § 4º Os órgãos responsáveis pela política agrária e pela política urbana da União, de Estado ou do Distrito Federal e de Município onde se situe a área objeto do litígio poderão ser intimados para a audiência, a fim de se manifestarem sobre seu interesse no processo e sobre a existência de possibilidade de solução para o conflito possessório.

35 "Art. 8º-C. O Advogado-Geral da União, na defesa dos interesses desta e em hipóteses as quais possam trazer reflexos de natureza econômica, ainda que indiretos, ao erário federal, poderá avocar, ou integrar e coordenar, os trabalhos a cargo de órgão jurídico de empresa pública ou sociedade de economia mista, a se desenvolverem em sede judicial ou extrajudicial. (Incluído pela Medida Provisória nº 2.180-35, de 2001)
Parágrafo único. Poderão ser cometidas, à Câmara competente da Advocacia-Geral da União, as funções de executar a integração e a coordenação previstas neste artigo. (Incluído pela Medida Provisória nº 2.180-35, de 2001)"
"Art. 11. Estabelecida controvérsia de natureza jurídica entre entidades da Administração Federal indireta, ou entre tais entes e a União, os Ministros de Estado competentes solicitarão, de imediato, ao Presidente da República, a audiência da Advocacia-Geral da União.

Cabe o registro de que tais atribuições têm respaldo constitucional, decorrente das irrestritas funções de representante judicial e extrajudicial da União confiadas à AGU pelo artigo 131 da Constituição da República.

De igual modo, pode-se extrair fundamento na Lei Orgânica da Instituição, Lei Complementar nº 73/1993, que dispõe, em seu artigo 4º, inciso X, que incumbe ao Advogado-Geral da União "*fixar a interpretação da Constituição, das leis, dos tratados e demais atos normativos, a ser uniformemente seguida pelos órgãos e entidades da Administração*" e, de modo ainda mais claro, no inciso XI: "*unificar a jurisprudência administrativa, garantir a correta aplicação das leis, prevenir e dirimir as controvérsias entre os órgãos jurídicos da Administração Federal*".

A Lei nº 13.327/2016, por sua vez, estabelece, no artigo 27, inciso XV, que os Membros da AGU têm, dentre suas atribuições, a de atuar em procedimentos de mediação.

A regulamentação específica das atribuições da Câmara se deu pelo art. 18 do Decreto nº 7.392/2010[36] - revogado pelo nº 10.608, de 25 de janeiro de 2021 -, dentre as quais se destacava a de dirimir, por meio de conciliação, as controvérsias entre órgãos e entidades da Administração Pública Federal, bem como entre esses e a Administração Pública dos Estados, do Distrito Federal, e dos Municípios. Desde então já cabia à CCAF promover, quando coubesse, a celebração de Termo de Ajustamento de Conduta nos casos submetidos a procedimento concilia-

Parágrafo único. Incumbirá ao Advogado-Geral da União adotar todas as providências necessárias a que se deslinde a controvérsia em sede administrativa."

36 "Art. 18. A Câmara de Conciliação e Arbitragem da Administração Federal compete:
I - avaliar a admissibilidade dos pedidos de resolução de conflitos, por meio de conciliação, no âmbito da Advocacia-Geral da União;
II - requisitar aos órgãos e entidades da Administração Pública Federal informações para subsidiar sua atuação;
III - dirimir, por meio de conciliação, as controvérsias entre órgãos e entidades da Administração Pública Federal, bem como entre esses e a Administração Pública dos Estados, do Distrito Federal, e dos Municípios;
IV - buscar a solução de conflitos judicializados, nos casos remetidos pelos Ministros dos Tribunais Superiores e demais membros do Judiciário, ou por proposta dos órgãos de direção superior que atuam no contencioso judicial;
V - promover, quando couber, a celebração de Termo de Ajustamento de Conduta nos casos submetidos a procedimento conciliatório;
VI - propor, quando couber, ao Consultor-Geral da União o arbitramento das controvérsias não solucionadas por conciliação; e
VII - orientar e supervisionar as atividades conciliatórias no âmbito das Consultorias Jurídicas nos Estados".

tório, bem como propor ao Consultor-Geral da União o arbitramento das controvérsias não conciliadas.

Antes disso, no âmbito da regulamentação administrativa das câmaras de conciliação, em um primeiro momento foi publicada a Portaria AGU nº 118, de 1º de fevereiro de 2007, que veio a ser revogada no mesmo ano pela Portaria AGU nº 1.281, de 27 de setembro de 2007.

Em artigo publicado naquele ano de 2007, sustentou-se a seguinte definição para a então denominada Câmara de Conciliação e Arbitragem da Administração Pública Federal – CCAF:

> "(...) mecanismo de competência exclusiva da Advocacia-Geral da União, que tem por escopo o deslinde de controvérsias entre órgãos e entidades federais em sede administrativa, através de acordo, transação, outros ajustes, desistência de ação ou recurso judicial e que, no caso de insucesso dessas formas, terá como desfecho a emissão de parecer normativo, que uma vez aprovado pelo Presidente da República resolverá definitivamente o impasse."[37]

Em 28 de julho de 2008 foi publicada a Portaria AGU nº 1.099, com o objetivo específico de regulamentar a conciliação, em sede administrativa e no âmbito da Advocacia-Geral da União, das controvérsias de natureza jurídica entre a Administração Pública Federal e a Administração Pública dos Estados ou do Distrito Federal.

Passando ao ano de 2015, a Lei de Mediação, Lei nº 13.140, também passou a integrar a base normativa para a Câmara de Conciliação, eis que, já em seu preâmbulo, destaca como um de seus objetivos disciplinar a "(...) *a autocomposição de conflitos no âmbito da administração pública*".

A Portaria AGU nº 576, de 16 de dezembro de 2019, alterou a Portaria AGU nº 1.281/2007, adequando os termos de seu artigo 11 à Lei de Mediação.[38]

---

37 RODRIGUES, Roberto de Aragão Ribeiro. A contribuição das câmaras de conciliação estatais para a racionalização da prestação jurisdicional. *Revista da AGU*. Ano V. Número 13. Brasília, agosto de 2007, p. 197.

38 Art. 1º A Portaria AGU nº 1.281, de 27 de setembro de 2007, passa a vigorar com a seguinte alteração:
"Art. 11. Não havendo a conciliação da controvérsia jurídica, aplicar-se-á o disposto no § 1º do art. 36 da Lei nº 13.140, de 26 de junho de 2015.

Por fim, o recente Decreto nº 10.608, de 25 de janeiro de 2021, em seu Anexo I, ao dispor sobre a estrutura organizacional da Advocacia-Geral da União, contempla, no artigo 2º, inciso II, alínea "c", 7, a *Câmara de Mediação e de Conciliação da Administração Pública Federal.*[39]

O artigo 18 do Anexo I de tal Decreto traz um extenso rol de atribuições para a Câmara,[40] merecendo destaque o inciso III, que dispõe sobre as hipóteses de resolução de controvérsias pela via da mediação.

---

§ 1º Determinado o encerramento das tratativas no procedimento de conciliação pela CCAF, caberá ao Consultor-Geral da União distribuir internamente o processo administrativo para o fim de elaborar o parecer para dirimir a controvérsia jurídica, o qual será submetido ao Advogado-Geral da União e vinculará os órgãos e entidades em conflito.
§ 2º Previamente à elaboração do parecer de que trata o § 1º, a Consultoria-Geral da União solicitará manifestação jurídica aos órgãos e entidades em conflito.
§ 3º Na hipótese prevista no § 2º do art. 36 da Lei nº 13.140, de 2015, o Advogado-Geral da União dará conhecimento do Parecer ao Ministro de Estado da Economia.» (NR)
"Art. 11-A. A suspensão da prescrição de que trata o art. 34 da Lei nº 13.140, de 2015, inicia-se com a instauração do procedimento administrativo e finda na data da manifestação do Advogado-Geral da União de que trata o § 1º do art. 11."

---

39 "Art. 2º A Advocacia-Geral da União tem a seguinte estrutura organizacional:
(...)
II - órgãos de direção superior:
(...)
c) Consultoria-Geral da União
(...)
7. Câmara de Mediação e de Conciliação da Administração Pública Federal;"

40 Art. 18. À Câmara de Mediação e de Conciliação da Administração Federal compete:
I - avaliar a admissibilidade dos pedidos de resolução de conflitos, por meio de conciliação, no âmbito da Advocacia-Geral da União;
II - requisitar aos órgãos e às entidades da administração pública federal envolvidos ou não no conflito submetido à Câmara diligências, cooperação técnica e manifestação sobre a oportunidade e conveniência de sua atuação administrativa na solução do conflito;
III - dirimir, por meio de mediação, as controvérsias:
a) entre órgãos públicos federais, entre entidades públicas federais ou entre órgão e entidade pública federal;
b) que envolvam órgão ou entidade pública federal e Estados, o Distrito Federal ou Municípios ou suas autarquias ou fundações públicas;
c) que envolvam órgão ou entidade pública federal e empresa pública ou sociedade de economia mista federal; ou
d) que envolvam particular e órgão ou entidade pública federal, nos casos previstos no regulamento de que trata o § 2º do art. 32 da Lei nº 13.140, de 26 de junho de 2015;
IV - buscar a solução de conflitos judicializados, nos casos remetidos pelos Ministros dos Tribunais Superiores ou por outros membros do Poder Judiciário, ou por proposta dos titulares dos órgãos de direção superior, de execução e vinculados da Advocacia-Geral

Conforme sustentado linhas acima, órgãos e entidades públicas, independentemente de sua natureza jurídica e esfera federativa à qual se encontrem vinculados buscam, precipuamente, a consagração de finalidades públicas que não podem ser tão conflitantes a ponto de se caracterizarem como inconciliáveis.

É igualmente correto que a própria organização administrativa do Estado não pode prescindir de um bom relacionamento entre suas diversas estruturas, revelando-se verdadeiramente atentatório aos princípios constitucionais da eficiência e da economicidade a judicialização de controvérsias entre órgãos e entidades públicas.

A necessidade co-existencial entre tais desconcentrações/descentralizações administrativas assegura a adequação do método da mediação para dirimir controvérsias entre eles, conforme previsão contida no artigo 18, inciso III, alíneas "a", "b" e "c".

Foi prevista, ainda, na alínea "d", hipótese de uso de mediação em conflitos que envolvam particulares e órgão ou entidade pública federal, desde que se enquadrem nos casos previstos no regulamento de que trata o parágrafo 2º, do artigo 32 da Lei de Mediação.

4.4.2. Exemplos de atuação da Câmara de Mediação e de Conciliação da Administração Pública Federal

O Poder Judiciário não é o palco adequado para a resolução de conflitos entre entes públicos.

Ao contrário, extrai-se da própria Constituição da República que tais controvérsias devem ser superadas pelos próprios entes. Tal assertiva tem sido referendada pelos Tribunais Superiores.[41]

---

da União;

V - promover, quando couber, a celebração de termo de ajustamento de conduta nos casos submetidos a procedimento de mediação;

VI - encaminhar, quando couber, ao Consultor-Geral da União as controvérsias jurídicas não solucionadas por procedimento de mediação para os fins do disposto no § 1º do art. 36 da Lei nº 13.140, de 2015; e

VII - coordenar, orientar e supervisionar as atividades conciliatórias no âmbito das Consultorias Jurídicas da União nos Estados.

---

41 "O Supremo Tribunal Federal, no intuito de preservar os valores de cooperação e solidariedade entre os entes federados, têm encaminhado conflitos envolvendo entes federativos que lhe são apresentados para a tentativa de resolução consensual. A CCAF – Câmara de Conciliação da Administração Federal tem sido destinatária habitual desses processos pelos Ministros-Relatores. O Poder Judiciário, portanto, já reconhece a

Assentadas tais premissas, desponta como natural a expansão da atuação da Câmara de Mediação e de Conciliação da Administração Pública Federal, bem como das estruturas simétricas nas demais esferas federativas, notadamente no âmbito das Procuradorias Estaduais.

As estatísticas de atuação da CCAF indicam vertiginoso aumento do número de casos analisados e acordos efetivamente celebrados.[42] Os exemplos a seguir mencionados referem-se, evidentemente, à atuação autocompositiva da Câmara, eis que, como demonstrado acima, o órgão nunca exerceu efetivamente função arbitral, que agora veio a ser expressamente excluída de sua denominação e atribuições pelo Decreto nº 10.618/2021, conforme exposto no Capítulo 2.

O primeiro exemplo de atuação da CCAF diz respeito ao impasse entre o Ministério da Infra Estrutura – MINFRA e a Federação Nacional dos Portuários – FND, acerca de controvérsias relativas ao Plano de Benefícios PORTUS 1.

Pode-se mencionar, também, a controvérsia instaurada entre a Companhia de Desenvolvimento dos Vales São Francisco e do Parnaíba – CODEVASF, Companhia Hidrelétrica do São Francisco – CHESF e o Ministério de Minas e Energia – MME, acerca da titularidade dos perímetros de irrigação que compõem o Sistema Itaparica/PE, bem como da assunção de custos de administração dos perímetros.

Por fim, para demonstrar a ampla gama de assuntos acerca dos quais se debruça a CCAF, mencionam-se os conflitos decorrentes danos causados à comunidade indígena Ashaninka em razão da extração ilegal de madeira. Na ocasião, dirimiu-se controvérsia envolvendo a Fundação Nacional do Índio – FUNAI, o Ministério Público Federal – MPF, a Associação Indígena do Rio Amazônia e interesses particulares representados por espólio.

---

realidade de consensualidade e de autocomposição; os Estados federados podem ser conduzidos estrategicamente a eleger a autocomposição prioritariamente e deixar de provocar o Poder Judiciário em conflitos dessa natureza, no que poderão ser influenciados pelas suas estruturas autocompositivas." FERREIRA, Kaline; CUELLAR, Leila. *Federalismo autofágico e autocomposição como antídoto a esse apetite patológico*. Tribuna da Advocacia Pública. Portal Jota. Disponível em: https://www.jota.info/opiniao-e-analise/colunas/tribuna-da-advocacia-publica/federalismo-autofagico-e-autocomposicao-como-antidoto-a-esse-apetite-patologico-26122020. Acesso em 27 dez. 2020.

42 BRASIL. Advocacia-Geral da União. *Consultoria-Geral da União*. Disponível em: <https://agudf.sharepoint.com/sites/ccaf2/Lists/MODELO%20III/Completa.aspx>. Acesso em 28 ago. 2021.

Em todos os casos acima referidos[43] a CCAF conseguiu auxiliar os órgãos e entidades envolvidos a alcançarem a autocomposição, sem que tenha havido qualquer questionamento acerca de sua imparcialidade enquanto conciliadora/mediadora dos conflitos a ela submetidos.

43 ADVOCACIA-GERAL DA UNIÃO. Disponíveis em: <https://agudf.sharepoint.com/sites/ccaf2/Lists/MODELO%20III/TC%202020.aspx>. Acesso em 1º ago. 2021.

Capítulo 5

PLATAFORMAS *ONLINE* DE RESOLUÇÃO DE CONTROVÉRSIAS NA ADMINISTRAÇÃO PÚBLICA (*ONLINE DISPUTE BOARDS* - *ODRs*)

Este capítulo, que encerra a segunda parte do livro, dedicada à análise dos meios autocompositivos de resolução de controvérsias aplicados à Fazenda Pública, tem por objeto a ferramenta mais inovadora e promissora do gênero, ao menos no que diz respeito aos conflitos de baixa complexidade.

Isto porque as disruptivas inovações tecnológicas que têm impactado diversos setores da vida em sociedade[1] podem e devem ser postas à serviço da almejada transição da cultura do conflito e da judicialização para a cultura da solução dos litígios pela via autocompositiva.[2] Nas plataformas *online* de resolução de controvérsias, como intuitivo, o emprego de tecnologia confunde-se com sua própria essência.

A crise sanitária instaurada pela pandemia da COVID-19, que gerou a necessidade de isolamento social, com graves reflexos no Brasil a partir de março de 2020, acabou por acelerar o movimento de intensificação do uso de recursos tecnológicos em diversos setores, inclusive na busca pelo acesso à justiça. O Conselho Nacional de Justiça, que já havia editado algumas normas sobre o tema, veio a instituir, no ano de 2020, resoluções relacionadas à tecnologia em velocidade nunca registrada.[3]

---

1 São exemplos notórios o uso de *smartphones* com múltiplas funções, aplicativos de transportes urbanos, aplicativos de vídeo conferência, armazenamento de dados em nuvem, dentre tantos outros que mudaram significativamente a forma de viver em sociedade em apenas uma década. No que concerne especificamente ao Direito, já existem dezenas de *softwares* de gerenciamento de processos, tais como o Victor no STF, o 927 no STJ, Dra. Luzia no âmbito das Procuradorias do Estado e da Fazenda Nacional etc.

2 TOFFOLI, José Antonio Dias. Prefácio à obra "*Tecnologia e justiça multiportas*". ÁVILA, Henrique; FUX, Luiz; CABRAL, Trícia Navarro Xavier. *Tecnologia e justiça multiportas*. Brasília: Foco, 2021, p. IX.

3 Vide as seguintes Resoluções CNJ: nº 332/2020, que dispõe sobre ética, transparência e governança na produção e no uso de inteligência artificial no Poder Judiciário; 335/2020, que institui política pública para a governança e a gestão de processo judicial eletrônico e integra os tribunais do país com a criação da Plataforma Digital do Poder Judiciário Brasileiro – PDPJ-Br; 345/2020, que dispõe sobre o "Juízo 100% Digital"; 354/2020, que dispõe sobre o cumprimento digital de ato processual e de

Tal tendência tem como marco a Lei nº 11.419/2006, conhecida como a "Lei do Processo Eletrônico", que inaugurou o processamento e tramitação de processos judiciais por sistemas eletrônicos e encontra sua expressão máxima na "Política de governança digital do Poder Executivo Federal", atualmente regulamentada pelo Decreto nº 10.332, de 28 de abril de 2020, e na recente Lei nº 14.129, de 29 de março de 2021, que dispõe sobre princípios, regras e instrumentos para a instituição do "Governo Digital".

No que concerne especificamente às plataformas *online* de resolução de litígios, sua criação e funcionamento no âmbito de todos os tribunais do país será a realidade em futuro próximo por força da Resolução CNJ nº 358, de 02 de dezembro de 2020.

Tal ambiente normativo se mostra altamente favorável à franca expansão das plataformas *online* também no que diz respeito à resolução de litígios que envolvam a Fazenda Pública.

5.1. Breve histórico

É corrente na doutrina a informação de que as *Online Dispute Boards - ODRs* têm origem recente, decorrente da expansão do comércio eletrônico.[4]

Com o crescimento exponencial das vendas e transações via *internet*, o gigante do comércio eletrônico norte-americano *eBay* desenvolveu sua própria plataforma para dirimir controvérsias decorrentes de suas vendas,

---

ordem judicial e 358/2020, que regulamenta a criação de soluções tecnológicas para a resolução de conflitos pelo Poder Judiciário por meio da conciliação e mediação. Todas serão objeto de análise nos tópicos a seguir.

4 PAPPAS, Brian A. *Online Court: online dispute resolution and the future of small claims*. UCLA Journal of Law & Technology, Volume 12, Issue 2, 2008. Disponível em: < https://papers.ssrn.com/sol3/papers.cfm?abstract_id=2266516>. Acesso em 11 jan. 2021, p. 1. No Brasil, confira-se, a título de exemplo, FERRARI, Isabela. Conflito e inovação: introdução aos métodos de ODR. *In: Justiça Digital*. Instituto New Law e Isabela Ferraria, coordenadores. 1ª ed. São Paulo: Thomson Reuters Brasil, 2020, pp. 23-35; JUNQUILHO, Tainá Aguiar. Resolução on-line de conflitos. *In: Inteligência Artificial e Direito Processual*: Os impactos da virada tecnológica no direito processual. Coordenadores Dierle Nunes, Paulo Henrique dos Santos Lucon, Erik Navarro Wolkart. Salvador: Editora *JusPodivm*, 2020, pp. 185-196, notadamente pp. 188-189.

em iniciativa que veio a ser rapidamente seguida por *PayPal* e *Amazon*,[5] dentre tantos outros ao redor do mundo,[6] inclusive no Brasil.[7]

Em vários desses ordenamentos a resolução dos conflitos é confiada a uma entidade privada credenciada, à escolha das partes.[8]

No Brasil, o art. 334, § 7º, do CPC estabelece que a audiência de conciliação ou de mediação pode ser realizada por meio eletrônico. Em sentido semelhante, o art. 46 da Lei nº 13.140/2015 prevê a possibilidade de que a mediação ocorra pela *internet*, a depender da vontade dos inte-

---

5 FERRARI, Isabela. Conflito e inovação: introdução aos métodos de ODR. *In: Justiça Digital*. Instituto *New Law* e Isabela Ferrari, coordenadores. 1ª ed. São Paulo: Thomson Reuters Brasil, 2020, p. 34.

6 Na Europa, vide o Regulamento UE nº 524/2013 DO PARLAMENTO EUROPEU E DO CONSELHO de 21 de maio de 2013 sobre a resolução de litígios exclusivamente decorrentes de transações de consumo *online*, bem como altera o Regulamento (CE) nº Diretiva 2009/22/CE (Regulamento RLL). PARLAMENTO EUROPEU. *Regulamento UE nº 524/2013 do Parlamento Europeu. Conselho de 21 de maio de 2013 sobre a resolução de litígios de consumo em linha, que altera o Regulamento (CE) n. Diretiva 2009/22/CE (Regulamento RLL)*. Disponível em: <https://eur-lex.europa.eu/legal-content/PT/TXT/?uri=CELEX:32013R0524>. Acesso em 24 mar. 2021.

7 Entre as empresas do *e-commerce*, merece destaque a plataforma *online* "compra garantida" disponibilizada pelo Mercado Livre. Sua primeira etapa consistiria em tentativa de autocomposição via negociação direta entre vendedor e comprador. Tal negociação é entabulada por troca de mensagens no próprio site ou aplicativo, em ambiente chamado pela empresa de "mensageria". De acordo com o Diretor Jurídico do Mercado Livre, Humberto Chiesi Filho, 70% das controvérsias são solucionados nessa primeira etapa. Não resolvido o problema, o usuário tem acesso à segunda etapa, pela qual solicita ajuda, chamada fase de "disputa", que se caracterizaria, nas palavras de Humberto Chiesi Filho, como uma "mediação atípica", eis que necessariamente haverá a resolução da controvérsia, com a definição da parte que será merecedora do crédito envolvido na compra ou responsável pelo pagamento do frete. Não havendo consenso, tal definição partirá da própria empresa, de forma heterônoma, portanto. Subsistindo a controvérsia, como última etapa na escalada de tentativa de resolução extrajudicial *online*, Humberto Chiesi Filho menciona a hipótese na qual as partes recorrem à plataforma consumidor.gov.br, na qual o Mercado Livre também se encontra inscrito. Somadas as três etapas, informa que o percentual de não judicialização alcança 98,3%, ampliando-se, portanto, o acesso à ordem jurídica justa sem a necessidade de ajuizamento de ação judicial. CHIESI FILHO, Humberto. YouTube. Disponível em: . Acesso em 20 maio 2021.

8 ANDRADE, Juliana Loss de; BRAGANÇA, Fernanda; DYMA, Maria Fernanda. Mediação *online*: tecnologia e desafios de acessibilidade. In: Amanda de Lima Vieira; Carlo Pilia; César Felipe Cury; Fabiana Marion Spengler. (Org.). Coletânea estudos sobre mediação: no Brasil e no exterior: volume III. 1ed.Santa Cruz do Sul: Essere Nel Mondo, 2021, v. 3, pp. 163-174, p. 166. No sentido do texto, as autoras destacam os *consideranda* 16 e 17 do Regulamento UE referido na nota anterior.

ressados.[9] No âmbito dos Juizados Especiais, a Lei nº 13.994/2020 alterou a Lei nº 9.099/95, que agora passa a contemplar a possibilidade de conciliação não presencial, via uso de recursos tecnológicos de transmissão de sons e imagens em tempo real.[10]

No plano da regulamentação dos dispositivos legais ora citados, cabe o registro de que a Resolução nº 125/2010 do Conselho Nacional de Justiça dispõe, desde a sua Emenda nº 2, de 2016, que, dentre as atribuições daquele órgão, encontra-se a de implantar um sistema de mediação ou conciliação digital voltado tanto ao atendimento pré-processual quanto para as demandas já em curso.[11]

Como consequência dessa normatização, existem hoje, apenas na categoria "resolução de conflitos *online*", mais de vinte *startups* cadastradas na Associação Brasileira de *Lawtechs* e *Legaltechs (AB2L)*.[12]

Para além dos litígios de baixa complexidade envolvendo relações consumeristas, plenamente adequados às *ODRs*, o Brasil tem interessante *leading case* envolvendo a maior recuperação judicial do mundo, a da Oi S.A.[13]

---

9 Com o objetivo de harmonizar os termos da Resolução nº 125/2010 ao CPC, o CNJ editou a Emenda nº 2, de 2016, que alterou o inciso X do artigo art. 6º, o qual passou a vigorar com a seguinte redação: "X – criar Sistema de Mediação e Conciliação Digital ou a distância para atuação pré-processual de conflitos e, havendo adesão formal de cada Tribunal de Justiça ou Tribunal Regional Federal, para atuação em demandas em curso, nos termos do art. 334, § 7º, do Novo Código de Processo Civil e do art. 46 da Lei de Mediação;"

10 Art. 22 (...) "§ 2º É cabível a conciliação não presencial conduzida pelo Juizado mediante o emprego dos recursos tecnológicos disponíveis de transmissão de sons e imagens em tempo real, devendo o resultado da tentativa de conciliação ser reduzido a escrito com os anexos pertinentes."
"Art. 23. Se o demandado não comparecer ou recusar-se a participar da tentativa de conciliação não presencial, o Juiz togado proferirá sentença."

11 Art. 6º, X – criar Sistema de Mediação e Conciliação Digital ou a distância para atuação pré-processual de conflitos e, havendo adesão formal de cada Tribunal de Justiça ou Tribunal Regional Federal, para atuação em demandas em curso, nos termos do art. 334, § 7º, do Novo Código de Processo Civil e do art. 46 da Lei de Mediação; CONSELHO NACIONAL DE JUSTIÇA. Brasília: CNJ, 2021. Disponível em: <https://atos.cnj.jus.br/files/resolucao_comp_125_29112010_19082019150021.pdf>. Acesso em 24 mar. 2021.

12 Informação disponível em: <https://ab2l.org.br/radar-lawtechs/>. Acesso em 21 jan. 2021.

13 Para tal processo de recuperação judicial, cujas proporções eram tão grandiosas que se revelaram verdadeiramente incompatíveis com o procedimento tradicional de habilitação de créditos, criou-se uma plataforma eletrônica específica que serviu de etapa autocompositiva prévia e informatizada. A experiência se revelou amplamente exitosa, culminando com a celebração de aproximadamente 46.000 (quarenta e seis mil) acordos validados e homologados, com pagamento imediato de valor superior a R$

Pode-se afirmar que, recentemente, o emprego de meios tecnológicos de diversas espécies foi intensificado em decorrência da "aceleração da história" promovida pelas medidas de isolamento social impostas pela pandemia da COVID-19, a partir do final do ano de 2019 na Ásia e Europa e início de 2020 no Brasil.[14]

A Política Judiciária Nacional que vem sendo delineada e implementada pelo CNJ, por intermédio das diversas Resoluções acima referidas, permite traçar um prognóstico seguro de que o uso das plataformas *online* de resolução de controvérsias, assim como a intensificação do emprego de quaisquer recursos tecnológicos tendentes a um mais amplo e efetivo acesso à justiça encontram-se em franca expansão.

5.2. Noções gerais e conceito

As *online dispute boards (ODRs)*, ou plataformas em rede para resolução de litígios, podem ser compreendidas em um termo mais amplo e menos ambicioso, tão somente como um instrumento facilitador da execução dos demais métodos adequados de resolução de litígios autocompositivos, tais como a negociação, a conciliação e a mediação.[15]

100.000.000,00 (cem milhões de reais). Cesar Cury sustenta que tal resultado demonstra que, atualmente, "*as metodologias de tratamento de solução de conflitos, sobretudo as negociais, que sequer faziam parte do cotidiano brasileiro, são agora preferenciais ao próprio processo.*" CURY, Cesar. Um modelo transdisciplinar de solução de conflitos: Direito e tecnologia no processo de recuperação judicial no *leading case* Oi S/A. *In: Inteligência Artificial e Direito Processual*: Os impactos da virada tecnológica no direito processual. Coordenadores Dierle Nunes, Paulo Henrique dos Santos Lucon, Erik Navarro Wolkart. Salvador: Editora *JusPodivm*, 2020, pp. 86-104.

---

14 Neste sentido, confira-se PINHO, Humberto Dalla Bernardina de. Mediação *online* em tempos de virtualização forçada das ferramentas de resolução de conflitos: algumas considerações sobre a experiência brasileira. *In Tecnologia e justiça multiportas*. ÁVILA, Henrique; FUX, Luiz; CABRAL, Trícia Navarro Xavier. Brasília: Foco, 2021, pp. 443-454, pp. 450-453.

15 Essa é a acepção adotada por Colin Rule RULE, Colin. *Is ODR ADR? A response to Carrie Menkel-Meadow. The International Journal of Online Dispute Resolution. Eleven International Publishing*, 2017. Disponível em <http://www.colinrule.com/writing/ijodr.pdf>. Acesso em 1º fev. 2021.
Brian A. Pappas: "*Online dispute resolution can broadly be defined as the use of Alternative Dispute Resolution (ADR) techniques over the internet*". PAPPAS, Brian A. *Online Court: online dispute resolution and the future of small claims*. UCLA Journal of Law & Technology, Volume 12, Issue 2, 2008. Disponível em: < https://papers.ssrn.com/sol3/papers.cfm?abstract_id=2266516>. Acesso em 11 jan. 2021.

Por esta primeira definição, a resolução *online* de controvérsias consistiria em mera ferramenta, limitando-se a facilitar, via *internet*, a comunicação entre as partes envolvidas.

Mesmo nesta acepção, não se podem desprezar os benefícios do uso de plataformas *online* de resolução de disputas, mormente para a resolução de conflitos em sede de ações coletivas, que frequentemente reúnem centenas ou até milhares de indivíduos[16] representados por um ente dotado de legitimidade extraordinária.

Não é essa, todavia, a acepção de *ODR* que se coaduna com estágio atual de desenvolvimento da tecnologia, em especial da inteligência artificial e do *Big Data Analytics*.

Busca-se, hoje, a efetividade das *ODRs* em termos mais específicos, efetivos e, sobretudo, automatizados. Em outras palavras, sua importância não seria meramente instrumental em relação aos demais métodos autocompositivos, caracterizando-se, ao contrário, como uma via autônoma a oferecer aos interessados procedimentos e ambientes não disponíveis nas *ADRs* convencionais.[17]

Isabela Ferrari sustenta que esta é a noção que deve prevalecer, ao asseverar que a geração moderna de *ODR* não pode ser reduzida a mera *ADR* transposta para plataformas virtuais.[18]

Sobre esta última acepção, mais ampla, e que certamente prevalecerá, Isadora Werneck sustenta que a plataforma em rede funcionaria como uma "nova porta", "*direcionada à resolução de conflitos que, provavelmente, não seriam resolvidos do mesmo modo com a utilização exclusiva dos métodos tradicionais de resolução de controvérsias.*" [19]

16 ANDRADE, Juliana Loss. Justiça consensual para as demandas coletivas. *In: Mediação e Arbitragem na Administração Pública*. MOREIRA, Antonio Júdice. et.al. São Paulo: Almedina, 2020, pp. 135-148, p. 145.

17 ARBIX, Daniel do Amaral. *Resolução online de controvérsias*. São Paulo: Editora Intelecto, 2017, p. 58.

18 FERRARI, Isabela. Conflito e inovação: introdução aos métodos de ODR. *In: Justiça Digital*. Instituto New Law e Isabela Ferrari, coordenadores. 1ª ed. São Paulo: Thomson Reuters Brasil, 2020, p. 34.

19 WERNECK, Isadora. *Online dispute resolution (ODR)* e a (des)necessidade de formulação de reclamação prévia dos consumidores junto às plataformas virtuais para configuração do interesse de agir. *In: Inteligência Artificial e Direito Processual*: Os impactos da virada tecnológica no direito processual. Coordenadores Dierle Nunes, Paulo Henrique dos Santos Lucon, Erik Navarro Wolkart. Salvador: Editora *JusPodivm*, 2020, p. 108.

Uma premissa parece ser crucial para a adoção da definição mais adequada de *ODR*: o emprego ou não de inteligência artificial pela plataforma virtual de resolução de controvérsias.

Com efeito, uma tecnologia que reproduza todo o rito de um meio autocompositivo convencional (em analogia à transposição de autos físicos de uma ação judicial para autos eletrônicos) não pode ser caracterizada como uma "nova porta" do acesso à justiça.[20]

Se, por outro lado, a plataforma vier a contar com a assistência de inteligência artificial que consiga avaliar o teor das propostas de acordo, bem como apresentar resposta conclusiva – ainda que sujeita à revisão – para tal pedido de resolução autocompositiva, pode-se passar a considerá-la como um meio autônomo de resolução de litígio.

Aquele primeiro modelo de plataforma ainda é o empregado no Brasil, a despeito de o CNJ, por meio da Resolução nº 358, de 02 de dezembro de 2020, ter regulamentado o emprego, pelo Poder Judiciário, de soluções tecnológicas aplicadas à conciliação e à mediação. Tal normativo infralegal revela-se de grande importância para o avanço das *ODRs* no Brasil, eis que traz as primeiras balizas para o manejo das ferramentas autocompositivas *online*, tornando-as obrigatórias em todos os tribunais do país dentro do prazo de 18 (dezoito) meses.[21]

A redação dessa Resolução permite concluir que o CNJ ambiciona a implantação de plataformas verdadeiramente automatizadas em todo o Poder Judiciário. Tal projeto traz como prognóstico uma verdadeira revolução na prestação de justiça no Brasil, ao menos no que diz respeito às controvérsias e conflitos de baixa complexidade.

Com efeito, já é plenamente possível vislumbrar que a experiência iniciada no âmbito das grandes empresas do *e-commerce* será em breve

---

20 Este também é o entendimento de Nathalia Ribeiro: "*Embora haja alguma divergência no conceito de ODR, em nossa opinião, a quarta parte (inteligência artificial) é um elemento fundamental para sua caracterização. Caso contrário, quando se verifica apenas a desnecessidade de espaço físico e de contato pessoal entre as partes, sendo a mediação realizada por um terceiro imparcial, estamos diante de uma ADR online (...).*" RIBEIRO, Nathalia. Plataformas online de resolução de conflitos como ferramentas para desafogar o judiciário. In: Coletânea estudos sobre mediação: no Brasil e no exterior: volume IV. Coordenadores Celso Belmiro... [et al.] – Santa Cruz do Sul: Essere nel Mondo, 2020, pp. 105-118, p. 109.

21 "Art. 1º Os tribunais deverão, no prazo de até 18 (dezoito) meses a contar da entrada em vigor desta Resolução, disponibilizar sistema informatizado para a resolução de conflitos por meio da conciliação e mediação (SIREC)." CONSELHO NACIONAL DE JUSTIÇA. Disponível em: <https://atos.cnj.jus.br/atos/detalhar/3604>. Acesso em 13 mar. 2021.

absorvida e implementada pelo Poder Judiciário. Tal fenômeno recebeu a designação de Cortes *Online* pelo Professor inglês Richard Susskind,[22] cujos ensinamentos reverberam na doutrina nacional.[23]

O parágrafo 3º de seu artigo 1º dispõe que o código fonte dos sistemas ficará sujeito a auditorias, com a finalidade de verificar a sua imparcialidade, independência e transparência. Já o parágrafo único do artigo 2º estabelece que os tribunais poderão se valer de solução tecnológica já existente, mas deverá haver progressiva adaptação à Plataforma Digital do Poder Judiciário brasileiro, instituída pela Resolução CNJ nº 335/2020.[24]

Ocioso dizer que, por consistirem em instrumento de acesso à justiça, tais plataformas deverão assegurar o contraditório substancial e participativo, sem suprimir qualquer garantia fundamental processual[25] das partes interessadas.

---

22 FERRARI, Isabela. Conflito e inovação: introdução aos métodos de ODR. *In: Justiça Digital*. Instituto *New Law* e Isabela Ferrari, coordenadores. 1ª ed. São Paulo: Thomson Reuters Brasil, 2020, p. 34.

23 FERRARI, Isabela. Conflito e inovação: introdução aos métodos de ODR. *In: Justiça Digital*. Instituto *New Law* e Isabela Ferrari, coordenadores. 1ª ed. São Paulo: Thomson Reuters Brasil, 2020.

24 "Art. 1º Fica instituída a política pública para a governança e gestão de processo judicial eletrônico, integrando todos os tribunais do país com a criação da Plataforma Digital do Poder Judiciário Brasileiro – PDPJ-Br, mantendo-se o sistema PJe como sistema de Processo Eletrônico prioritário do Conselho Nacional de Justiça.
Art. 2º A PDPJ-Br tem por objetivo: I – integrar e consolidar todos os sistemas eletrônicos do Judiciário brasileiro em um ambiente unificado; II – implantar o conceito de desenvolvimento comunitário, no qual todos os tribunais contribuem com as melhores soluções tecnológicas para aproveitamento comum; III – estabelecer padrões de desenvolvimento, arquitetura, experiência do usuário (*User Experience - UX*) e operação de software, obedecendo as melhores práticas de mercado e disciplinado em Portaria da Presidência do CNJ; e IV – instituir plataforma única para publicação e disponibilização de aplicações, microsserviços e modelos de inteligência artificial (I.A.), por meio de computação em nuvem." CONSELHO NACIONAL DE JUSTIÇA. Disponível em: <https://atos.cnj.jus.br/atos/detalhar/3496>. Acesso em 13 mar. 2021.

25 Dierle Nunes alerta para a existência de problema de difícil solução nas hipóteses de emprego de inteligência artificial mais complexa. Isto porque, nos modelos mais sofisticados de IA, as conclusões são alcançadas pela via de sistema *blackbox*, pelo qual não se pode reconstruir a totalidade dos passos adotados pela máquina até o resultado alcançado. A opacidade desses *softwares* vai de encontro à lógica da transparência exigida na fundamentação de toda e qualquer decisão judicial, nos termos preconizados no art. 93, inciso LXXXVIII, da Constituição e art. 11 do CPC. NUNES, Dierle. Quartas processuais: *Virada tecnológica no direito processual e o deslocamento da atividade decisória pela máquina*: possibilidades e riscos. ESA. OAB-RJ. *YouTube*. Disponível em: <https://www.youtube.com/watch?v=CkMNQef7CjU>. Acesso em 1º maio 2021. Atento a esse problema, o CNJ, por meio da Resolução nº 332/2020, disciplinou aspectos con-

Em última análise, na hipótese em que a plataforma de *ODR* esteja efetivamente analisando, de modo autônomo, a viabilidade de um acordo – atuando como a "*quarta parte*", nos termos da doutrina especializada no tema -[26] dúvida não há que estará efetivamente concorrendo para a pacificação do litígio, finalidade última do conceito hodierno de jurisdição.

A princípio, as plataformas *online* constituir-se-ão no instrumento adequado de resolução de litígios de baixo valor e complexidade (*small claims*), como sói acontecer nas controvérsias decorrentes de relações de consumo.

Quanto à sua aplicação aos litígios envolvendo a Administração Pública, objeto do próximo tópico, pode-se projetar, ao menos em um primeiro momento, a aplicação das *ODRs* aos conflitos que versem exclusivamente sobre questões jurídicas acerca das quais já tenha sido firmado precedente vinculante, nos termos do artigo 927 do CPC.

5.3. A utilização das plataformas *online* de resolução de litígios pela Administração Pública

Pode-se afirmar que a experiência da Administração Pública Federal com as *ODRs* ainda se encontra em fase incipiente, mas existe, desde o ano de 2015, a plataforma consumidor.gov.br, instituída pelo Decreto nº 8.573/2015, como autêntico sistema alternativo de solução de conflitos de consumo e atualmente regulamentada pelo Decreto nº 10.197/2020, que a torna a plataforma oficial da administração pública federal direta, autárquica e fundacional para a autocomposição de controvérsias sobre o tema.

Integralmente provida e mantida pelo Estado, a plataforma consumidor.gov.br tem por objetivo fomentar o diálogo entre consumidores e

cernentes à ética, à transparência e à governança na produção e no uso de Inteligência Artificial no Poder Judiciário. O artigo 4º da referida Resolução dispõe que "No desenvolvimento, na implantação e no uso da Inteligência Artificial, os tribunais observarão sua compatibilidade com os Direitos Fundamentais, especialmente aqueles previstos na Constituição ou em tratados de que a República Federativa do Brasil seja parte." CONSELHO NACIONAL DE JUSTIÇA. Disponível em: <https://atos.cnj.jus.br/files/original191707202008255f4563b35f8e8.pdf>. Acesso em 14 ago. 2021.

26 PAPPAS, Brian A. *Online Court: online dispute resolution and the future of small claims.* UCLA Journal of Law & Technology, Volume 12, Issue 2, 2008. Disponível em: <<https://papers.ssrn.com/sol3/papers.cfm?abstract_id=2266516>. Acesso em 11 jan. 2021, pp. 14-16.

fornecedores para a solução rápida e desburocratizada de conflitos entre aqueles e empresas privadas.[27]

Criada e gerida pela Secretaria Nacional do Consumidor (SENACON), do Ministério da Justiça, é monitorada não só por ela, mas também pelos Procons, Defensorias e Ministérios Públicos, além de toda sociedade.[28]

Os resultados da plataforma têm se mostrado altamente satisfatórios, com índice de solução das reclamações por parte das empresas de aproximadamente 80%, em apenas 7 dias de prazo médio de resposta daquelas às demandas formuladas pelos consumidores.[29]

A plataforma consumidor.gov.br ainda não é dotada de inteligência artificial apta gerar propostas automáticas de acordo, mas seu êxito é inquestionável, inclusive no que diz respeito à prevenção de ações judiciais, conforme já reconhecido pela doutrina.[30]

Ainda que a plataforma em questão se limite à autocomposição entre empresa privadas e seus consumidores, sem tratar propriamente dos litígios envolvendo a Fazenda Pública, indubitável que há notório ganho sistêmico com a solução de milhares de controvérsias – ainda que singelas - em ambiente distinto do assoberbado Poder Judiciário brasileiro.

---

27 Conforme informação extraída do *site*, "Por se tratar de um serviço provido e mantido pelo Estado, com ênfase na interatividade entre consumidores e fornecedores para redução de conflitos de consumo, a participação de empresas no Consumidor.gov.br, só é permitida àqueles que aderem formalmente ao serviço, mediante assinatura de termo no qual se comprometem em conhecer, analisar e investir todos os esforços disponíveis para a solução dos problemas apresentados. O consumidor, por sua vez, deve se identificar adequadamente e comprometer-se a apresentar todos os dados e informações relativas à reclamação relatada." Disponível em: <https://consumidor.gov.br/pages/conteudo/sobre-servico>. Acesso em 28 mar. 2021.

28 Disponível em: <https://consumidor.gov.br/pages/conteudo/sobre-servico>. Acesso em 28 mar. 2021.

29 Disponível em: <https://consumidor.gov.br/pages/conteudo/sobre-servico>. Acesso em 28 mar. 2021.

30 Em artigo doutrinário, o Ministro do STJ Ricardo Villas Bôas Cueva traz informações adicionais sobre a plataforma consumidor.gov.br: "Tem uma base de 1,8 milhões de usuários cadastrados e mais de 600 empresas credenciadas. Em 2019, foram processadas 780.179 reclamações; 555.168 usuários cadastraram-se e 131 empresas foram credenciadas. O maior número de reclamações ocorre contra o setor de telecomunicações (quase 37%), seguido do setor bancário (aproximadamente 24%)." CUEVA, Ricardo Villas Bôas. Resolução de disputas *on-line* (ODR) e desjudicialização. *In Desjudicialização, justiça conciliativa e poder público*. Coordenadores: Henrique Ávila, Kazuo Watanabe, Rita Dias Nolasco e Trícia Navarro Xavier Cabral. São Paulo: Thomson Reuters Brasil, 2021, pp. 469-482, p. 478.

Além dessa iniciativa, cabe o registro de que o Decreto nº 8.638/2016 instituiu a "*Política de governança digital do Poder Executivo Federal*", atualmente regulamentada pelo Decreto nº 10.332, de 28 de abril de 2020. Trata-se de marco regulatório com a nítida diretriz de estímulo ao uso da tecnologia. Tal política pública institui a estratégia de governo digital de 2020 a 2022, tendo como foco principal a simplificação de rotinas por meio do emprego de tecnologia.

Merece destaque, para os fins deste estudo, a menção expressa ao oferecimento de "*serviços públicos digitais simples e intuitivos, consolidados em plataforma única e com avaliação de satisfação disponível*".[31]

O desafio que se avizinha é o de transplantar as vantagens da resolução de conflitos por meio das *ODRs*, já usufruídas por grandes empresas do *e-commerce*, que, como visto acima, reduziram drasticamente suas taxas de judicialização, para os entes públicos.

Certo é que os entes que integram a Fazenda Pública não celebram negócios jurídicos de compra e venda regidos pelo direito privado, típicos das relações consumeristas, plenamente compatíveis com as *ODRs*, e que deram ensejo à sua criação.

A despeito dessa constatação óbvia, pode-se vislumbrar terreno fértil para a celebração de acordos via plataforma *online* quanto às controvérsias que tenham por base uma mesma questão jurídica já pacificada por um pronunciamento jurisdicional qualificado, ou precedente vinculante, nos termos do art. 927 do CPC.

Parece indubitável que o ponto de partida para a Administração Pública reduzir seus altos índices de judicialização mediante a tentativa de solução consensual, inclusive *online*, consiste na seleção prévia de temas sobre os quais já tenha havido definição por precedente vinculante.

Em consonância com os normativos acima citados e corroborando a argumentação ora expendida, foram implantadas, em setembro de 2019, as Centrais de Negociação da Procuradoria-Geral da União na versão *on-*

---

31 Art. 9º O Anexo I ao Decreto nº 9.319, de 2018, passa a vigorar com as seguintes alterações:
II (...) 2. (...) Os objetivos a serem alcançados, por meio da Estratégia de Governo Digital incluem:
- oferecer serviços públicos digitais simples e intuitivos, consolidados em plataforma única e com avaliação de satisfação disponível;

line, com a finalidade de proporcionar uma forma de solução de conflitos ainda mais simples, célere e econômica.[32]

Tal modalidade segue, naturalmente, as balizas gerais previstas na Portaria PGU nº 11, de 08 de junho de 2021, a qual regulamenta o procedimento para celebração de acordos destinados a encerrar, pela via autocompositiva, ações judiciais ou a prevenir a propositura destas, relativamente a débitos da União.

Já no que diz respeito aos créditos da União, sua Advocacia-Geral também disponibiliza ao público uma plataforma[33] para receber propostas de quitação de dívidas com base na já analisada Lei nº 13.988/2020. Caso a dívida seja considerada irrecuperável ou de difícil recuperação, o interessado será chamado para assinar o Termo de Transação, que conterá todas as cláusulas necessárias à celebração do acordo.

5.4. Considerações finais

Como intuitivo, a noção de Tribunal Multiportas, inerente ao conceito hodierno de jurisdição, não pode contemplar um rol exaustivo de meios adequados de solução de litígios.

Assim, ao lado dos tradicionais meios autocompositivos e heterocompositivos, os avanços tecnológicos podem auxiliar e otimizar o emprego daqueles ou mesmo instituir novos instrumentos autônomos à disposição dos jurisdicionados.

As *ODR*s consistem em exemplo de tal avanço e, a partir do momento em que possam gerar, autonomamente, propostas de solução de controvérsias por meio de inteligência artificial, constituir-se-ão em verdadeiros métodos autônomos de solução de conflitos.

No que toca especialmente ao cerne deste estudo, as plataformas atualmente à disposição dos entes públicos federais, ainda que despidas de tal tecnologia, representam louvável contributo ao sistema de justiça, na medida em que já conseguem evitar a propositura de milhares de ações judiciais de menor complexidade.

32 LEITE, Carlos Henrique Costa; NITÃO, Clara Rachel Barros. Centrais de negociação da Procuradoria-Geral da União: a evolução do modelo autocompositivo e os novos critérios para a realização de acordos. *In Desjudicialização, justiça conciliativa e poder público*. Coordenadores: Henrique Ávila, Kazuo Watanabe, Rita Dias Nolasco e Trícia Navarro Xavier Cabral. São Paulo: Thomson Reuters Brasil, 2021, pp. 293-312, p. 302.

33 ADVOCACIA-GERAL DA UNIÃO. Disponível em: <https://pndi.agu.gov.br/>. Acesso em 19 fev. 2021.

A potencialidade máxima das *ODRs* no âmbito da Advocacia Pública seria alcançada com a elaboração de um desenho institucional que agregue às tradicionais ferramentas autocompositivas o uso da tecnologia, preferencialmente com emprego de inteligência artificial, possibilitando a criação, dentro da estrutura da Advocacia-Geral da União e demais Procuradorias Estaduais e Municipais, de um ambiente de rápido fluxo de informações, com a geração de propostas automatizadas de acordos aos particulares a partir de parâmetros previamente definidos, sem a necessidade de submissão de tais controvérsias ao Poder Judiciário, com base no permissivo contido no artigo 32, parágrafo 3º, da Lei de Mediação.

TERCEIRA PARTE

MEIOS ADEQUADOS HETEROCOMPOSITIVOS E SUA ADAPTABILIDADE E APLICABILIDADE À FAZENDA PÚBLICA

Capítulo 6

ARBITRAGEM PÚBLICA

6.1. Breve histórico

O Supremo Tribunal Federal, em precedente anterior à Constituição da República de 1988 (célebre caso Lage), já havia admitido a arbitragem em litígios que envolvessem a Administração Pública.[1]

No mesmo sentido, o Superior Tribunal de Justiça, ao tratar de contratos celebrados por empresas públicas e sociedades de economia mista, já admitia a utilização do instituto em lides decorrentes de seus contratos e ajustes, mesmo à míngua de disposição legal específica.[2]

A doutrina amplamente majoritária também reconhece, de longa data, a plena aplicabilidade da arbitragem e dos demais meios adequados de solução de conflitos aos litígios que envolvam a Administração Pública.[3]

Introduzida formalmente no ordenamento brasileiro pela Lei nº 9.307, de 23 de setembro de 1996,[4] a arbitragem começou a se consolidar no Brasil somente em 2001, quando o Supremo Tribunal Federal a considerou constitucional,[5] vindo a ser consideravelmente impulsionada no

---

1 STF, AI 52.181/GB, Rel. Min. Bilac Pinto, Tribunal Pleno, DJ 15.02.1974.

2 STJ, REsp 612.439/RS, rel. Min. João Otávio de Noronha, Segunda Turma, DJ 14.09.2006, p. 299; STJ, MS 11.308/DF, Rel. Min. Luiz Fux, Primeira Seção, DJe 19.05.2008. STJ. Rep nº 904.813/PR, Rel. Min. Nancy Andrighi, julg. 20.10.2011. Atualmente, já existe lei específica prevendo a possibilidade de arbitragem tendo como uma das partes empresas estatais: Lei nº 13.303/2016 (Dispõe sobre o estatuto jurídico da empresa pública, da sociedade de economia mista e de suas subsidiárias, no âmbito da União, dos Estados, do Distrito Federal e dos Municípios – vide art. 12, parágrafo único).

3 Enunciado n° 60 da Jornada de Prevenção e Solução de Conflitos: "As vias adequadas de solução de conflitos previstas em lei, como a conciliação, a arbitragem e a mediação, são plenamente aplicáveis à Administração Pública e não se incompatibilizam com a indisponibilidade do interesse público, diante do Novo Código de Processo Civil e das autorizações legislativas pertinentes aos entes públicos."

4 A Constituição da República, em seu artigo 114, §§ 1º e 2º, já previa a possibilidade de arbitragem, mas tão somente em relação a litígios de competência exclusiva da Justiça do Trabalho.

5 Alguns pontos de seus dispositivos foram questionados em arguição incidental de inconstitucionalidade nos autos de homologação de sentença estrangeira, que tramitou pelo STF por mais de cinco anos. Após intensos debates, a Corte Suprema decidiu, por maioria, pela constitucionalidade da Lei de Arbitragem. O Tribunal, por maioria, declarou constitucional a Lei 9.307/96, por considerar que a manifestação de vonta-

ano seguinte, com a edição do Decreto Presidencial nº 4.311/2002, que promulgou a Convenção de Nova York, viabilizando, por via de consequência, o reconhecimento e a exequibilidade de sentenças arbitrais estrangeiras no Brasil.

No que interessa especificamente ao objeto desta obra, a Lei nº 13.129/2015 consagrou a possibilidade de a Administração Pública se tornar parte em arbitragem, ao prevê-la de forma expressa no § 1º do art. 1º, que restou acrescido à redação originária da Lei de Arbitragem.[6] Tal previsão normativa pôs fim às poucas dúvidas ainda remanescentes acerca de sua possibilidade na seara pública.[7]

---

de da parte na cláusula compromissória no momento da celebração do contrato e a permissão dada ao juiz para que substitua a vontade da parte recalcitrante em firmar compromisso não ofendem o art. 5º, XXXV, da CF ("a lei não excluirá da apreciação do Poder Judiciário lesão ou ameaça a direito"). Vencidos os Ministros Sepúlveda Pertence, relator, Sydney Sanches, Néri da Silveira e Moreira Alves, que, ao tempo em que emprestavam validade constitucional ao compromisso arbitral quando as partes de uma lide atual renunciam à via judicial e escolhem a alternativa da arbitragem para a solução do litígio, entendiam inconstitucionais a prévia manifestação de vontade da parte na cláusula compromissória – dada a indeterminação de seu objeto – e a possibilidade de a outra parte, havendo resistência quanto à instituição da arbitragem, recorrer ao Poder Judiciário para compelir a parte recalcitrante a firmar o compromisso, e, consequentemente, declaravam, por violação ao princípio do livre acesso ao Poder Judiciário, a inconstitucionalidade dos seguintes dispositivos da Lei 9.307/96: 1) o parágrafo único do art. 6º; 2) o art. 7º e seus parágrafos; 3) no art. 41, as novas redações atribuídas ao art. 267, VII, e art. 301, IX, do Código de Processo Civil; e 4) o art. 42. O Tribunal, por unanimidade, proveu o agravo regimental para homologar a sentença arbitral. SE 5.206Espanha (AgRg), rel. Min. Sepúlveda Pertence, j. 12122001, *Informativo STF*, nº 254.

---

6 Art. 1º, § 1º. A administração pública direta e indireta poderá utilizar-se da arbitragem para dirimir conflitos relativos a direitos patrimoniais disponíveis.

7 O Tribunal de Contas, por exemplo, tinha posição tradicional contrária à arbitragem. A esse respeito ver: TCU, Decisão 286/1993, Plenário, Rel. Min. Homero Santos, DOU 04/08/1993; Acórdão 587/2003, Plenário, Rel. Min. Adylson Motta, DOU 10/06/2003; Acórdão 906/2003, Plenário, Rel. Min. Lincoln Magalhães da Rocha, DOU 24/07/2003; Acórdão 1099/2006, Plenário, Rel. Min. Augusto Nardes, DOU 10/07/2006. De qualquer modo, cabe registrar que, posteriormente, o TCU admitiu a arbitragem nos contratos celebrados por sociedade de economia mista (Petrobras), versando exclusivamente sobre "a resolução dos eventuais litígios a assuntos relacionados à sua área-fim e a disputas eminentemente técnicas oriundas da execução dos aludidos contratos". TCU, Acórdão 2094/2009, Rel. Min. José Jorge, DOU 11/09/2009. Todavia, nessa última hipótese, os contratos não seriam administrativos propriamente ditos, mas privados da administração e, portanto, submetidos, naturalmente, ao direito privado.

Demais disso, são notórios os dispositivos de leis federais das décadas de 1990 e 2000 que, ao disporem sobre setores altamente específicos, especializados e regulados pelo Poder Público, já contemplavam a previsão expressa da possibilidade de resolução de controvérsias pela via da arbitragem.[8]

Ao lado da Lei de Arbitragem atualizada, tais diplomas normativos convergem para a busca da tão almejada modernização da Administração Pública, notadamente em setores altamente especializados e complexos, além de contribuir, evidentemente, para a redução da excessiva judicialização de conflitos protagonizada pelo Poder Público em todas as suas esferas.

Quanto a este último aspecto, a possibilidade de instituição de arbitragem em matéria tributária no Brasil representaria avanço ainda mais significativo, uma vez que as execuções fiscais, ainda que não dotadas, geralmente, de complexidade, representam percentual expressivo do total de processos em tramitação atualmente, conforme será exposto de forma pormenorizada a seguir.

Feito este breve introito, passa-se ao enfrentamento das questões necessárias ao desenvolvimento do tema da possibilidade de instituição da arbitragem em matéria tributária no Brasil, bem como de seu prognóstico.

6.2. Conceito e generalidades sobre arbitragem envolvendo a Administração Pública

A mais abalizada doutrina sobre arbitragem tradicionalmente a define como meio extrajudicial e integralmente privado de resolução de controvérsias, pela intervenção de árbitros escolhidos pelas partes, que lhes concedem poderes, por meio de um contrato, para exarar decisão verdadeiramente vinculante e irrecorrível, dotada da mesma eficácia de uma sentença judicial.[9]

8 Vide, a título de exemplo, o artigo 43, inciso X, da Lei nº 9.478/97: "Art. 43. O contrato de concessão deverá refletir fielmente as condições do edital e da proposta vencedora e terá como cláusulas essenciais:
X - as regras sobre solução de controvérsias, relacionadas com o contrato e sua execução, inclusive a conciliação e a arbitragem internacional;" e o artigo 19 da Lei nº 11.442/2007: "Art. 19. É facultado aos contratantes dirimir seus conflitos recorrendo à arbitragem."

9 CARMONA, Carlos Alberto. *Arbitragem e Processo:* um comentário à Lei nº 9.307/96. 2ª ed. São Paulo: Editora Atlas, 2004, p. 51.

O emprego de tal método pela Administração Pública se justificará, naturalmente a depender do tipo de litígio, em razão do seu dever de buscar a consecução das finalidades públicas em maior grau e eficiência possíveis. Trata-se de um dos notórios imperativos que regem todo o atuar da Administração Pública, previsto no art. 37 da Constituição Federal.[10]

A complexidade das relações, negócios e contratos do mundo contemporâneo impõe à Administração Pública, por vezes, maior aproximação com o setor privado,[11] inclusive no que diz respeito à forma de resolução dos litígios que lhe envolvam.

Não há previsão legal expressa no sentido de que a conciliação (ou mesmo a mediação) deva ser precedida, necessariamente, de fundamentação jurídica que a justifique. Não obstante, há um implícito dever de aderência à juridicidade a matizar a resolução dos conflitos de que participe o Estado, *lato sensu,* conforme exposto no Capítulo 3.

Na arbitragem, tal aderência é legalmente sinalizada (art. 2º, § 3º, da Lei nº 9.307/1996, incluído pela Lei nº 13.129/2015),[12] a exigir-se que tal método adjudicatório seja sempre de *direito* e respeite o princípio da *publicidade*, quando envolva a Administração Pública na linha da regra geral de adjudicação judicial, segundo a qual "*[O] juiz só decidirá por equidade nos casos previstos em lei*" (CPC, art. 140, parágrafo único).

Respeitados tais balizamentos, caso as circunstâncias da controvérsia apontem para a adoção da arbitragem como método mais adequado, eficiente e vantajoso para a Administração Pública, essa deve ser a opção eleita.

À luz dessas constatações, a Advocacia-Geral da União instituiu, pela Portaria AGU nº 320/2019, o Núcleo Especializado em Arbitragem – NEA, regulamentando a atuação da Instituição no assessoramento

---

10 Art. 37. A administração pública direta e indireta de qualquer dos Poderes da União, dos Estados, do Distrito Federal e dos Municípios obedecerá aos princípios de legalidade, impessoalidade, moralidade, publicidade e eficiência e, também, ao seguinte:

11 SALGADO, Buenã Porto. *Manual de arbitragem na administração pública*. Salvador: Editora JusPodivm, 2019, pp. 93-94.

12 "Art. 2º A arbitragem poderá ser de direito ou de equidade, a critério das partes.
§ 1º Poderão as partes escolher, livremente, as regras de direito que serão aplicadas na arbitragem, desde que não haja violação aos bons costumes e à ordem pública.
§ 2º Poderão, também, as partes convencionar que a arbitragem se realize com base nos princípios gerais de direito, nos usos e costumes e nas regras internacionais de comércio.
§ 3º A arbitragem que envolva a administração pública será sempre de direito e respeitará o princípio da publicidade. (Incluído pela Lei nº 13.129, de 2015)".

jurídico e contencioso arbitral quando a União figurar como parte ou interessada.[13]

Em âmbito estadual, o Decreto RJ nº 46.245/2018[14] e o Decreto SP nº 64.356/2019[15] regulamentaram, nos respectivos Estados, a adoção da arbitragem para dirimir conflitos que os envolvam.

Cabe ainda o registro da recente Portaria Normativa AGU nº 21, de 22 de julho de 2021, que dispôs sobre o credenciamento de câmaras arbitrais na Instituição.[16]

Inegável que tais normas regulamentadoras da Lei de Arbitragem contribuirão para a consolidação e expansão deste método de resolução de conflitos no âmbito público, conforme será exposto nos próximos tópicos.

6.3. A (ainda) tormentosa questão da arbitrabilidade objetiva envolvendo a Administração Pública

No que concerne ao objeto passível de arbitragem nos casos em que o procedimento envolver o Poder Público ou seus entes descentralizados, cabe lembrar que, ao contrário do que se passa nas relações de direito privado, nas quais vige a plena disponibilidade de direitos e, por via de consequência, a plena arbitrabilidade dos litígios, no direito público tal não se verifica, pela singela razão de que os administradores públicos não ostentam a condição de titulares dos direitos materiais em jogo, mas sim a de representantes do povo,[17] não

---

13 ADVOCACIA-GERAL DA UNIÃO. Disponível em: <https://www.gov.br/agu/pt-br/composicao/consultoria-geral-da-uniao-1/arquivos/190613_portaria_agu_320_de_13_de_junho_de_2019_-_institui_o_nucleo_especializado_em_arbitragem_-_edi.pdf>. Acesso em 20 ago. 2021.

14 PROCURADORIA-GERAL DO ESTADO DO RIO DE JANEIRO. Disponível em: <https://pge.rj.gov.br/comum/code/MostrarArquivo.php?C=MzcOMQ%2C%2C>. Acesso em 20 ago. 2021.

15 ASSEMBLEIA LEGISLATIVA DO ESTADO DE SÃO PAULO. Disponível em: <https://www.al.sp.gov.br/repositorio/legislacao/decreto/2019/decreto-64356-31.07.2019.html>. Acesso em 20 ago. 2021.

16 ADVOCACIA-GERAL DA UNIÃO. Disponível em: < https://www.gov.br/agu/pt-br/composicao/consultoria-geral-da-uniao-1/arquivos/210722PORTARIANORMATIVAAGUN.21DE22DEJULHODE2021CREDENCIAMENTODECMARASARBITRAIS.pdf>. Acesso em 20 ago. 2021.

17 "Isso é decorrência direta do princípio constitucional republicano: se os bens públicos pertencem a todos e a cada um dos cidadãos, a nenhum agente público é dado desfazer-se deles a seu bel-prazer, como se estivesse dispondo de um bem particular seu." TALAMINI, Eduardo. Arbitragem e administração pública no direito brasileiro. *Revista Brasileira da Advocacia*. Vol. 9, 2018, p. 2.

possuindo, portanto, os mesmos poderes de disposição[18] dos particulares em relação aos bens que integram seu patrimônio.[19]

Tal diferenciação, ainda que elementar e intuitiva, traz dificuldades para a nítida definição do que venha a ser a arbitrabilidade objetiva pública. A depender da corrente administrativista adotada, as conclusões obtidas podem ser diametralmente opostas, oscilando desde a defesa da inconstitucionalidade das normas que a preveem em relação a direitos de natureza pública,[20] até a admissão total e irrestrita da arbitrabilidade, independentemente da espécie de direito material em disputa.[21]

A par das divergências doutrinárias, nos parece fora de dúvida de que o ponto de partida normativo para a delimitação da arbitrabilidade objetiva envolvendo a Administração Pública consiste na expressão "*direitos patrimoniais disponíveis*" constante do já mencionado no § 1º do art. 1º da Lei de Arbitragem.

Resta, portanto, definir *o quê* estaria abrangido nesse conceito de direitos patrimoniais disponíveis para se traçar o exato balizamento dos conflitos que podem vir a ser objeto de arbitragem com a participação do Poder Público ou de seus entes descentralizados.

O dogma da indisponibilidade de todo e qualquer interesse público, baseado em sua suposta primazia sobre os interesses particulares, que no

---

18 Evidente que disposição de direitos não se confunde com a possibilidade de renúncia da tutela jurisdicional estatal pela escolha de meio mais adequado de solução de conflitos deles decorrentes. Com efeito, ao submeter um litígio à arbitragem, não se está a dispor do direito material. Exatamente por tal razão, Eduardo Talamini assevera que "os conflitos envolvendo o Poder Público em regra podem e devem ser resolvidos sem a intervenção do Poder Judiciário." (...) "Cabe a arbitragem sempre que a *pretensão à tutela judicial* for disponível. Vale dizer: sempre que a situação conflituosa puder ser resolvida pelas próprias partes, independentemente de ingresso em juízo. Se o litígio entre as partes versa sobre matéria que poderia ser solucionada diretamente por elas, sem que se fizesse necessária a intervenção jurisdicional, então a arbitragem é cabível. Se o conflito pode ser dirimido pelos próprios litigantes, não faria sentido que não pudesse também ser composto mediante juízo arbitral sob o pálio das garantias do devido processo." *Op. Cit.*, pp. 4-7.

19 TIBURCIO, Carmen. PIRES, Thiago Magalhães. Arbitragem envolvendo a Administração Pública: notas sobre as alterações introduzidas pela Lei 13.129/2015. *Revista de Processo*. vol. 254, 2016, p. 435.

20 Doutrina clássica que tem como representante Celso Antônio Bandeira de Mello. BANDEIRA DE MELLO, Celso Antônio. *Curso de direito administrativo*. 31ª ed. São Paulo: Malheiros, 2014. p. 734.

21 TALAMINI, Eduardo. Arbitragem e administração pública no direito brasileiro. *Revista Brasileira da Advocacia*. Vol. 9, 2018, pp. 19 - 41.

passado consistia em um dos pilares do direito administrativo, revelava-se, na opinião de Gustavo Schmidt, o principal obstáculo à adoção da arbitragem no âmbito da Administração Pública.[22]

Como é cediço, tal acepção sobre a primazia e a consequente indisponibilidade absoluta dos interesses públicos passou por radical evolução, sendo certo que hoje a doutrina amplamente majoritária rechaça-a com veemência.[23]

De igual modo, a clássica dicotomia entre interesse público primário e interesses públicos secundários encontra-se ultrapassada.[24]

Com efeito, para que estes sejam considerados legítimos, deverão sempre ser reconduzidos ao primeiro, por serem àquele umbilicalmente vinculados, sob pena de desvirtuamento do agir administrativo. Todo interesse fazendário tem por escopo assegurar a realização, em último grau, dos interesses coletivos, sociais e individuais indisponíveis, de sorte que a diferenciação entre interesses primários e secundários é artificiosa e não corresponde aos verdadeiros fins do Estado e da Administração Pública, que consistem em bem servir à população.

O atendimento às finalidades colimadas pelas políticas públicas deve, de outro lado, dar-se em atenção ao devido processo legal (formal e substantivo) e à finitude dos recursos públicos, porquanto os ditames que

---

22 SCHMIDT, Gustavo da Rocha. *Arbitragem na administração pública*. Curitiba: Juruá, 2018, p 53.

23 Confira-se, por todos, Alexandre dos Santos Aragão, para quem o "*interesse público e os interesses dos cidadãos, que antes eram vistos como potencialmente antagônicos, passam a ser vistos como, em princípio, reciprocamente identificáveis.*" ARAGÃO, Alexandre dos Santos. A "supremacia do interesse público" no advento do Estado de Direito e na hermenêutica do direito público contemporâneo. In: SARMENTO, Daniel (coord.). *Interesses públicos versus interesses privados:* desconstruindo o princípio de supremacia do interesse público. 1ª ed. 2ª tir. Rio de Janeiro: *Lumen Juris*, 2007, p. 3. Entre os constitucionalistas, Humberto Ávila destaca a fundamentalidade de diversos interesses individuais reconhecida pela própria Constituição da República como cláusulas pétreas, a confirmar a ausência de distinção ou supremacia de interesses públicos sobre interesses particulares. ÁVILA, Humberto. Repensando o princípio da supremacia do interesse público sobre o particular. In: SARMENTO, Daniel (coord.). *Interesses públicos* versus *interesses privados:* desconstruindo o princípio da supremacia do interesse público. 1ª ed. 2ª tir. Rio de Janeiro: *Lumen Juris*, 2007. p. 186.

24 A despeito disso, não se pode desconsiderar a recente positivação da tradicional classificação doutrinária levada a cabo pelo administrativista italiano Renato Alessi, pelo Decreto Estadual do Rio de Janeiro nº 46.245/2018, cujo art. 1º, parágrafo único, considera, para fins de arbitragem de conflitos que envolvam a Administração fluminense, como patrimoniais disponíveis "as controvérsias que possuam natureza pecuniária e que não versem sobre interesses públicos *primários*".

regem o Estado não permitem que as suas provisões ocorram à margem do previsto em lei e além das limitações orçamentárias, ainda que sejam praticadas em benefício do povo, titular de todo o poder que é conferido aos agentes públicos.[25]

Se o parágrafo único do art. 1º da Constituição estatui que "*[T]odo o poder emana do povo, que o exerce por meio de representantes eleitos ou diretamente*", tal significa que nenhum poder existe para satisfazer interesses secundários, senão tão somente os interesses do povo (interesses primários).[26]

Por outro lado, não se pode desconsiderar que, não raras vezes, os entes públicos das diversas esferas celebram negócios jurídicos (contratos, convênios, permissões de uso, etc) como se particulares fossem,[27] mediante a realização de atos de inequívoca disposição de seu patrimônio.[28]

É indubitável que, em tais casos, nos quais a Administração Pública despe-se de suas prerrogativas de império, colocando-se em igualdade de condições com o particular – doutrinariamente conhecidos como *contratos da administração* -, não há de se falar em impossibilidade do uso da arbitragem. Ao contrário, é exatamente em tais hipóteses que terá plena aplicabilidade a regra disposta no § 1º do art. 1º da Lei de Arbitragem.

Por outro lado, tal não ocorrerá nas hipóteses em que a Administração Pública celebrar ajustes que envolvam interesses sobre os quais não possua poderes de disposição, tais como os relativos às suas políticas públicas primárias e os alusivos ao seu poder de polícia.[29]

---

25 RODRIGUES, Roberto de Aragão Ribeiro. STRÄTZ, Murilo. O papel da Advocacia-Geral da União (AGU) no Sistema Multiportas: a transação referendada pela AGU necessita de homologação judicial para que ostente plena exequibilidade? *REVISTA MAGISTER DE DIREITO CIVIL E PROCESSUAL CIVIL*, v. 86, pp. 82-105, 2018, p. 102.

26 *Ibidem*, p. 102.

27 Acerca do tema, confira-se o Enunciado nº 13 da Jornada de Prevenção e Solução de Conflitos: "Podem ser objeto de arbitragem relacionada à Administração Pública, dentre outros, litígios relativos: I – ao inadimplemento de obrigações contratuais por qualquer das partes; II - à recomposição do equilíbrio econômico-financeiro dos contratos, cláusulas financeiras e econômicas."

28 SCHMIDT, Gustavo da Rocha. *Arbitragem na administração pública*. Curitiba: Juruá, 2018, p. 54.

29 ANDRADE, Gustavo Fernandes de. Arbitragem e administração pública: da hostilidade à gradual aceitação. In: *A reforma da arbitragem*. Ana Carolina Weber (et al.); coordenação Leonardo de Campos Melo, Renato Rezende Beneduzi. Rio de Janeiro: Forense, 2016, p. 420.

A nosso sentir, o âmbito de arbitrabilidade objetiva envolvendo entes públicos abrange, sem dúvida alguma, as controvérsias e lides decorrentes da prática de seus atos de gestão, consubstanciados nos contratos da administração.[30]

Restariam excluídos do escopo da arbitragem os atos da Administração de natureza política, legislativa ou executiva em sentido estrito.[31]

Os critérios norteadores para se alcançar a arbitrabilidade objetiva de uma disputa envolvendo entes públicos consistiriam, então, a partir da expressão "*direitos patrimoniais disponíveis*": i) na possibilidade, em tese, de disposição do interesse ou direito por parte da Administração Pública, a possibilitar a autocomposição do conflito pelas próprias partes e ii) que o direito controvertido possua efetiva expressão patrimonial. Presentes ambos os requisitos, a lide será passível de resolução pela via arbitral.[32]

6.4. Direito em expectativa: a arbitragem tributária[33]

Exposto o panorama da arbitrabilidade objetiva envolvendo a Administração Pública, cumpre analisar essa promissora nova fronteira para o instituto.

---

30 "Sempre que a Administração Pública contrata uma obra ou serviço, ela pratica atos de disposição de seu patrimônio, mediante o desembolso dos recursos públicos correspondentes. É igualmente o que se dá quando o Poder Público promove o reequilíbrio econômico-financeiro de um contrato, ou quando realiza uma desapropriação amigável, pela via administrativa." SCHMIDT, Gustavo da Rocha. *Arbitragem na administração pública.* Curitiba: Juruá, 2018, p. 54. Em sentido semelhante, ao tratar do tema da concepção atual do princípio da indisponibilidade do interesse público e a arbitragem, Rafael Carvalho Rezende Oliveira sustenta: "Quanto à arbitrabilidade objetiva, as questões submetidas à arbitragem devem envolver direitos patrimoniais disponíveis. Trata-se, a nosso ver, de assunto inerente às contratações administrativas, uma vez que o contrato é o instrumento que encerra a disposição, pela Administração, da melhor forma de atender o interesse público. Destarte, as questões que podem ser objeto da contratação administrativa são, em princípio, disponíveis, passíveis de submissão à arbitragem." OLIVEIRA, Rafael Carvalho Rezende. *Novo perfil da regulação estatal*: Administração Pública de Resultados e Análise de Impacto Regulatório. São Paulo: Método, 2015, pp. 69-70.

31 PINHO, Humberto Dalla Bernardina de. MAZZOLA, Marcelo. *Manual de mediação e arbitragem*. São Paulo: Saraiva Educação, 2019, p. 113.

32 ANDRADE, Gustavo Fernandes de. Arbitragem e administração pública: da hostilidade à gradual aceitação. In: *A reforma da arbitragem*. Ana Carolina Weber (et al.); coordenação Leonardo de Campos Melo, Renato Rezende Beneduzi. Rio de Janeiro: Forense, 2016, p. 428.

33 Este tópico baseia-se, com adaptações, em estudo anterior: RODRIGUES, Roberto de Aragão Ribeiro; PINHO, Humberto Dalla Bernardina de; STRÄTZ, Murilo. Arbitragem tributária: perspectivas para o direito brasileiro. RJLB - REVISTA JURÍDICA LUSO-BRASILEIRA, v. 4, pp. 1447-1479, 2020.

O estudo se revela oportuno em razão de projeto de lei com o objetivo de instituir a arbitragem tributária no Brasil, circunstância que traria um considerável impulso ao instituto.

Para tanto, impõe-se investigar se crédito tributário seria arbitrável.

O crédito tributário *não é indisponível*.

Tal assertiva pode ser corroborada mediante simples consulta à recente Medida Provisória nº 899/2019, que estabelece uma espécie de REFIS permanente, ao regulamentar o artigo 171 do Código Tributário Nacional e prever a possibilidade de transação do crédito tributário.

A MP nº 899/2019 chega ao ordenamento brasileiro com a pretensão de *lei geral sobre transação tributária*.[34] Dando cumprimento ao art. 10 dessa MP[35], a Procuradoria-Geral da Fazenda Nacional (PGFN) editou a Portaria 11.956, de 27 de novembro de 2019,[36] que regulamenta a transação na cobrança da dívida ativa da União, para disciplinar a resolução de conflitos entre a administração tributária federal e os contribuintes com débitos junto à União que não cometeram fraudes e que se enquadrem nas modalidades ali previstas.

Ao possibilitar que o processo de execução fiscal e os registros negativos de crédito (como a inscrição no CADIN) fiquem suspensos, o objetivo

---

34 SCAFF, Fernando Facury. *Medida Provisória da transação tributária cria Refis permanente*. Consultor Jurídico. Disponível em: <https://www.conjur.com.br/2019-out-21/medida-provisoria-transacao-tributaria-cria-refis-permanente>. Acesso em 28 dez. 2019.

35 "Art. 10. Ato do Procurador-Geral da Fazenda Nacional disciplinará:
I - os procedimentos necessários à aplicação deste Capítulo, inclusive quanto à rescisão da transação, em conformidade com a Lei nº 9.784, de 1999;
II - a possibilidade de condicionar a transação ao pagamento de entrada, à apresentação de garantia e à manutenção das já existentes;
III - as situações em que a transação somente poderá ser celebrada por adesão, autorizado o não-conhecimento de eventuais propostas de transação individual;
IV - o formato e os requisitos da proposta de transação e os documentos que deverão ser apresentados;
V - os critérios para aferição do grau de recuperabilidade das dívidas, os parâmetros para aceitação da transação individual e a concessão de descontos, dentre eles o insucesso dos meios ordinários e convencionais de cobrança e a vinculação dos benefícios a critérios preferencialmente objetivos que incluam ainda a idade da dívida inscrita, a capacidade contributiva do devedor e os custos da cobrança judicial; e
VI - a observância do princípio da publicidade, resguardadas as informações protegidas por sigilo.
Parágrafo único. O ato previsto no *caput* poderá condicionar a transação, quando for o caso, à observância das normas orçamentárias e financeiras."

36 Disponível em http://www.in.gov.br/en/web/dou/-/portaria-n-11.956-de-27-de-novembro-de-2019-230453307. Acesso em 13/02/2020.

maior dessa transação é preservar as atividades do devedor tributário, sem perder de vista o interesse fazendário em mitigar a perda arrecadatória de créditos de difícil recuperação. Em consequência, preservam-se também as cadeias produtivas relacionadas e os empregos ali gerados, pois as pessoas jurídicas executadas voltarão a obter certidão de regularidade fiscal, desde que cumpram a sua parte na transação.

O art. 4º da Portaria prevê três tipos de transação: a) por adesão (regra geral); b) por proposta individual do contribuinte; e c) por proposta individual da PGFN. Frise-se que, nos termos do § 1º desse artigo, quando o valor consolidado dos débitos inscritos em dívida ativa da União seja igual ou inferior a R$ 15.000.000,00 (quinze milhões de reais), a transação será realizada exclusivamente por adesão.[37]

Mas a própria Portaria prevê, em seu art. 14, certos créditos que não podem ser transacionados, como os relativos ao FGTS, ao Simples Nacional e às multas penais, considerados, portanto, não transacionáveis conforme o regulamento feito pela PGFN. Também é vedada a transação que envolva redução do montante principal do débito inscrito em dívida ativa da União.

Note-se que aqui se está a tratar de algo diverso e consideravelmente mais drástico, já que a transação, por essência, pressupõe concessões mútuas sobre o próprio direito material, o que não se verifica com a arbitragem.

Resta patente, portanto, que, se pode haver disposição de parte do próprio crédito tributário, não faria o menor sentido não se admitir a resolução de litígios a ele relativos pela via da arbitragem.

---

37 "Art. 4º São modalidades de transação na cobrança da dívida ativa da União:
I - transação por adesão à proposta da Procuradoria-Geral da Fazenda Nacional;
II - transação individual proposta pela Procuradoria-Geral da Fazenda Nacional;
III - transação individual proposta pelo devedor inscrito em dívida ativa da União.
§ 1º A transação com devedores cujo valor consolidado dos débitos inscritos em dívida ativa da União seja igual ou inferior a R$ 15.000.000,00 (quinze milhões de reais) será realizada exclusivamente por adesão à proposta da Procuradoria-Geral da Fazenda Nacional, sendo autorizado, nesses casos, o não conhecimento de propostas individuais.
§ 2º O limite de que trata o parágrafo anterior será calculado considerando o somatório de todas as inscrições do devedor elegíveis à transação, observados os critérios do respectivo edital.
§ 3º Quando o somatório das inscrições elegíveis ultrapassar o limite de que trata o parágrafo primeiro, somente será permitida a transação individual."

6.4.1. Um olhar sobre o Direito estrangeiro: a experiência portuguesa

A arbitragem em matéria tributária existe em Portugal desde o ano de 2011[38] e vem obtendo crescentes taxas de sucesso.[39]

Mas, antes mesmo do advento do Decreto-Lei nº 10/2011 (que instituiu o Regime Jurídico da Arbitragem Tributária – RJAT) e da Lei portuguesa nº 63/2011 (atual Lei da Arbitragem Voluntária - LAV), o art. 209, nº 2, da Constituição da República de Portugal (CRP)[40] já previa a possibilidade de se criarem tribunais arbitrais.

Diferentemente se dá com a Constituição brasileira, cujo texto só se refere à arbitragem ao tratar da Justiça do Trabalho (art. 114, § 2º)[41]

---

38 Em Portugal, a previsão de arbitragem em matéria tributária foi instituída pelo Decreto-Lei nº 10/2011, de 20/01/2011. A par desse diploma *especial*, foi promulgada uma lei *geral* sobre arbitragem: a Lei portuguesa nº 63/2011, de 14/11/2011, denominada Lei da Arbitragem Voluntária (LAV). Esta última revogou a Lei nº 31/86 (com exceção da previsão nesta contida acerca de arbitragens trabalhistas), que antes tratava do assunto, para estabelecer o atual regime arbitral geral em Portugal. O seu art. 1º, nº 5, prevê que o "Estado e outras pessoas colectivas de direito público podem celebrar convenções de arbitragem, na medida em que para tanto estejam autorizados por lei ou se tais convenções tiverem por objecto litígios de direito privado". Frise-se, porém, que, por determinação do artigo 29.º do Decreto-Lei nº 10/2011, as normas da LAV não se aplicam, nem mesmo a título subsidiário, à arbitragem tributária.

39 Vide SOUSA, Jorge Manuel Lopes de. "Comentário ao Regime Jurídico da Arbitragem Tributária". *In* Guia da Arbitragem Tributária. Nuno Villa-Lobos e Tânia Carvalhais Pereira (orgs.), 3ª ed. Coimbra: Almedina, 2017, pp. 75 e ss. ALMEIDA, Samuel Fernandes de. "Primeiras reflexões sobre a lei de arbitragem tributária". *In* Estudos em memória do Prof. Doutor J. L. Saldanha Sanches, Vol. V, Paulo Otero, Fernando Araújo e João Taborda Gama (coords). Coimbra: Coimbra Editora, 2011, pp. 381-416. CAMPOS, Diogo Leite. A arbitragem voluntária nas relações tributárias. O modelo português. *Revista de Arbitragem e Mediação*. São Paulo: Revista dos Tribunais, vol. 50, 2016, pp. 467-473.

40 "Artigo 209.º Categorias de tribunais

1. Além do Tribunal Constitucional, existem as seguintes categorias de tribunais:

a) O Supremo Tribunal de Justiça e os tribunais judiciais de primeira e de segunda instância;

b) O Supremo Tribunal Administrativo e os demais tribunais administrativos e fiscais;

c) O Tribunal de Contas.

2. Podem existir tribunais marítimos, tribunais arbitrais e julgados de paz.

3. A lei determina os casos e as formas em que os tribunais previstos nos números anteriores se podem constituir, separada ou conjuntamente, em tribunais de conflitos.

4. Sem prejuízo do disposto quanto aos tribunais militares, é proibida a existência de tribunais com competência exclusiva para o julgamento de certas categorias de crimes." (grifou-se)

41 "Art. 114. Compete à Justiça do Trabalho processar e julgar: (...)

§ 1º Frustrada a negociação coletiva, as partes poderão eleger **árbitros**.

e, mesmo assim, apenas quando disciplina os dissídios coletivos (o que não impediu, porém, que os litígios individuais decorrentes de relação de trabalho também pudessem submeter-se à arbitragem a partir da reforma trabalhista advinda com Lei nº 13.467/2017, nos termos da nova redação que deu ao 507-A da Consolidação das Leis Trabalhistas).

Em Portugal, os artigos 180 e 187 do Código de Processo nos Tribunais Administrativos (CPTA)[42] preveem as hipóteses em que a arbitragem

§ 2º Recusando-se qualquer das partes à negociação coletiva ou à arbitragem, é facultado às mesmas, de comum acordo, ajuizar dissídio coletivo de natureza econômica, podendo a Justiça do Trabalho decidir o conflito, respeitadas as disposições mínimas legais de proteção ao trabalho, bem como as convencionadas anteriormente. (Redação dada pela Emenda Constitucional nº 45, de 2004)" (grifou-se)

42 "Artigo 180.º Tribunal arbitral
1 - Sem prejuízo do disposto em lei especial, pode ser constituído tribunal arbitral para o julgamento de:
a) Questões respeitantes a contratos, incluindo a anulação ou declaração de nulidade de atos administrativos relativos à respetiva execução;
b) Questões respeitantes a responsabilidade civil extracontratual, incluindo a efetivação do direito de regresso, ou indemnizações devidas nos termos da lei, no âmbito das relações jurídicas administrativas;
c) Questões respeitantes à validade de atos administrativos, salvo determinação legal em contrário;
d) Questões respeitantes a relações jurídicas de emprego público, quando não estejam em causa direitos indisponíveis e quando não resultem de acidente de trabalho ou de doença profissional.
2 - Quando existam contrainteressados, a regularidade da constituição de tribunal arbitral depende da sua aceitação do compromisso arbitral.
3 - Quando esteja em causa a impugnação de atos administrativos relativos à formação de algum dos contratos previstos no artigo 100.º, o recurso à arbitragem seguirá os termos previstos no Código dos Contratos Públicos, com as seguintes especialidades:
a) O regime processual a aplicar deve ser estabelecido em conformidade com o regime de urgência previsto no presente Código para o contencioso pré-contratual;
b) Em litígios de valor igual ou inferior ao previsto no nº 5 do artigo 476.º do Código dos Contratos Públicos, da decisão arbitral cabe recurso urgente para o tribunal administrativo competente, com efeito meramente devolutivo, se essa possibilidade tiver sido salvaguardada pela entidade adjudicante nas peças do procedimento, ou declarada por algum dos concorrentes ou candidatos nas respetivas propostas ou candidaturas."
"Artigo 187.º Centros de arbitragem
1 - O Estado pode, nos termos da lei, autorizar a instalação de centros de arbitragem institucionalizada destinados à composição de litígios passíveis de arbitragem nos termos do artigo 180.º, designadamente no âmbito das seguintes matérias: a) [Revogada]; b) [Revogada]; c) Relações jurídicas de emprego público; d) Sistemas públicos de proteção social; e) Urbanismo.
2 - A vinculação de cada ministério à jurisdição de centros de arbitragem depende de portaria do membro do Governo responsável pela área da justiça e do membro do

pode ser utilizada em temas afetos à Administração Pública, embora a legislação portuguesa seja um tanto silente no que tange à possibilidade de *mediação* dos conflitos administrativos.[43]

Apesar de ter entrado em vigor em janeiro de 2011, o Decreto-Lei nº 10/2011, que disciplina em território português a arbitragem tributária, só passou a ter condições concretas de produzir efeitos vinculantes em relação à Administração Tributária a partir de 1º de julho de 2011, quando entrou em vigor a Portaria nº 112-A/2011, de 22/03/2011, exarada em conjunto pelo Ministério das Finanças e da Administração Pública e Ministério da Justiça.[44]

Tanto o Tribunal Constitucional português (TCP) quanto o Tribunal de Justiça da União Europeia (TJUE) têm atribuído caráter jurisdicional às decisões proferidas pelos tribunais arbitrais que funcionem junto ao Centro de Arbitragem Administrativa – CAAD, por lhes reconhecer sua origem legal, sua independência, seu caráter permanente, a natureza vinculante de seus pronunciamentos e a submissão de seu procedimento aos princípios jurídicos e regras legais do processo equitativo (e não apenas à equidade), tais como o respeito aos direitos fundamentais, ao contraditório, à ampla defesa e aos demais corolários que integram a cláusula do devido processo legal.

O Tribunal Constitucional afirmou, no Acórdão nº 244/2018, da 1.ª Secção, ponto 9, que, *verbis*:

Governo competente em razão da matéria, que estabelece o tipo e o valor máximo dos litígios abrangidos, conferindo aos interessados o poder de se dirigirem a esses centros para a resolução de tais litígios.

3 - Aos centros de arbitragem previstos no nº 1 podem ser atribuídas funções de conciliação, mediação ou consulta no âmbito de procedimentos de impugnação administrativa."

---

43 Cláudia Figueiras pontua que a mediação em matéria tributária não é vista com "bons olhos" pelo legislador português, sobretudo porque o art. 36, nº 3, da Lei Geral Tributária (LGT) que os "elementos essenciais da relação jurídica tributária não podem ser alterados por vontade das partes", além de existirem outros obstáculos de natureza principiológica. FIGUEIRAS, Cláudia Sofia Melo. "Mediação em matéria tributária: uma singela proposta". *In* FONSECA, Isabel Celeste M. (org.). *A Mediação Administrativa*: contributos sobre as (im)possibilidades. Coimbra: Almedina, 2019, pp. 301-324, p. 309.

44 Porém, nos termos do art. 3º, nº 1, da Portaria nº 112-A/2011, a Administração Tributária só está vinculada aos tribunais arbitrais nos litígios de valor não superior a 10.000.000. Disponível em <https://dre.pt/application/conteudo/374642>. Acesso em 15 fev. 2020.

> "Não pode ser esquecido que o artigo 209.º, nº 2 da Constituição prevê expressamente a existência de tribunais arbitrais na ordem jurídica portuguesa. Os tribunais arbitrais exercem a função jurisdicional na ordem jurídica da República Portuguesa lado a lado com os tribunais estaduais. Da 'admissibilidade constitucional dos tribunais arbitrais', o Tribunal Constitucional tem retirado que 'a Constituição não reserva em absoluto a função jurisdicional aos tribunais estaduais, podendo caber aqui uma margem de conformação do legislador no recurso à arbitragem como forma de resolução de conflitos' (cfr. o Acórdão nº 123/2015, nº 11.3.1.)."[45]

Também o Tribunal de Justiça da União Europeia (TJUE), verificando que em Portugal os tribunais arbitrais tributários funcionam sem a necessidade de prévio acordo entre as partes, já que basta ao interessado particular exigir-lhe a instauração em face do Estado, reconheceu o caráter *sui generis* da arbitragem portuguesa em matéria fiscal, tal como afirma o ponto 29 do acórdão proferido no processo C-377/13, em 12/06/2014:

> "Ora, como salientou o advogadogeral nos n.os 28 e 40 das suas conclusões, o Tribunal Arbitral Tributário, cujas decisões são vinculativas para as partes nos termos do artigo 24.°, n.° 1, do DecretoLei n.° 10/2011, distinguese de um órgão jurisdicional arbitral em sentido estrito. Com efeito, a sua competência resulta diretamente das disposições do DecretoLei n.° 10/2011, não estando por isso sujeita à expressão prévia da vontade das partes de submeterem o seu diferendo à arbitragem (v., por analogia, acórdão Danfoss, 109/88, EU:C:1989:383, n.° 7). Assim, quando o contribuinte recorrente submete o seu diferendo à arbitragem fiscal, a jurisdição do Tribunal Arbitral Tributário tem, nos termos do artigo 4.°, n.° 1, do DecretoLei n.° 10/2011, caráter vinculativo para a autoridade tributária e aduaneira."[46]

45 Disponível em <https://www.tribunalconstitucional.pt/tc/acordaos/20180244.html>. Acesso em 15 fev. 2020.

46 Disponível em: <http://curia.europa.eu/juris/document/document.jsf?docid=153582&doclang=PT>. Acesso em 15 fev. 2020.

A natureza excepcional da arbitragem tributária foi salientada, como dito, pelo Tribunal Constitucional português, considerando que, a par de submeter-se aos ditames do "*processo equitativo*" (que, em matéria tributária, é sempre "de direito"[47]), ela não consiste numa arbitragem meramente voluntária, já que "*as entidades administrativas estão a priori vinculadas à opção que o administrado tomar neste domínio.*"[48]

É que o Direito Tributário está umbilicalmente ligado à soberania das nações e à representatividade do povo em autotributar-se, como demonstra o clássico aforismo "*no taxation without representation*", desenvolvido a partir da Carta Magna. Tal princípio também foi positivado no art. 165, nº 1, "i", da Constituição da República portuguesa[49], uma vez que

---

47 Segundo Joaquim Freitas da Rocha, em atenção ao princípio constitucional da legalidade tributária, o julgamento de controvérsias fiscais deve dar-se conforme critérios estritamente jurídicos, jamais se admitindo o julgamento "por equidade" na jurisdição tributária, mesmo na arbitral. ROCHA, Joaquim Freitas da. "A desestadualização do direito tributário. Em particular, a privatização do procedimento e a arbitragem". *In A Arbitragem Administrativa e Tributária*. Problemas e Desafios. Isabel Celeste Fonseca (org.). 2ª ed. Coimbra: Almedina, 2013, p. 224). Frise-se que não é pelo fato de envolver o Poder Público que o julgamento deva ser de direito, pois é possível o recurso à equidade nas arbitragens de Direito Administrativo, nos termos do art. 185, nº 2, do CPTA (Código de Processo nos Tribunais Administrativos), desde que a controvérsia não envolva "questões de legalidade". No uso da equidade em arbitragens *administrativas* (que, ao contrário das *tributárias*, são regidas pela Lei de Arbitragem Voluntária), não são os aspectos formais que prevalecem para a solução do caso, mas sim "razões de conveniência, razoabilidade e justiça do caso concreto" OTERO, Paulo. Equidade e arbitragem administrativa. *In Centenário do nascimento do Professor Doutor Paulo Cunha*: estudos em homenagem. António Menezes Cordeiro (coord.). Coimbra: Almedina, 2012, pp. 827-854, p. 843.

48 Extrai-se do Acórdão nº 244/2018, da 1.ª Secção, *verbis*: «As entidades administrativas delimitadas [na Portaria nº 112-A/2011] não podem recusar a constituição de tribunais arbitrais, nas matérias aí previstas, se o administrado o solicitar. É, portanto, uma situação algo distinta da que ocorre na arbitragem voluntária, uma vez que as entidades administrativas estão *a priori* vinculadas à opção que o administrado tomar neste domínio. A lógica subjacente a um pacto arbitral em que ambas as partes do litígio acordam a sua sujeição a um tribunal arbitral, que justifica certas dimensões do regime da arbitragem voluntária, não pode ser inteiramente tida como aplicável na presente situação. Desta forma, parte do enquadramento constitucional aplicável aos tribunais arbitrais necessários deverá ser considerado aplicável neste caso, em especial no que diz respeito às garantias de independência e imparcialidade dos tribunais e de processo arbitral equitativo». Disponível em: <https://www.tribunalconstitucional.pt / tc/acordaos/20180244.html>. Acesso em 15 fev. 2020.

49 "Art. 165.º 1. É da exclusiva competência da Assembleia da República legislar sobre as seguintes matérias, salvo autorização ao Governo: (...) i) Criação de impostos e sistema fiscal e regime geral das taxas e demais contribuições financeiras a favor das entidades públicas".

a soberania tributária sempre foi vista como a expressão máxima da *publica potestas*, assim como o princípio da legalidade fiscal sempre foi considerado o "qualificado princípio da legalidade da administração", consoante Casalta Nabais.[50]

Como se vê, não é o fato de envolver interesse público que dá à arbitragem tributária um tratamento tão especial, já que toda a arbitragem de que participe o Poder Público envolve interesses especialmente relevantes, mas só os tribunais arbitrais fiscais estão proibidos de valer-se da atual Lei da Arbitragem Voluntária – LAV (Lei portuguesa nº 63/2011) e do julgamento por equidade na solução dos seus casos. Há quem veja nessa especificidade uma ameaça ao próprio instituto da arbitragem[51].

E se o árbitro tributário desrespeitar as regras de direito vigentes?

Além das causas de impugnação[52] à decisão arbitral previstas nos artigos 27 e 28 do Decreto-Lei nº 10/2011, cabe ainda recurso ao Tribunal Constitucional (em matéria de inconstitucionalidade) e ao Supremo Tribunal Administrativo (por contrariedade a teses jurídicas contidas em seus acórdãos ou em acórdãos do Tribunal Central Administrativo), na forma do que prevê o art. 25 do mesmo diploma legislativo.[53]

---

50 NABAIS, Casalta. *Direito Fiscal*. 2ª ed. Coimbra: Almedina, 2003, p. 133.

51 "Ora, o regime jurídico da arbitragem em matéria tributária pode constituir uma fragmentação do instituto da arbitragem, em especial para aqueles que, atendendo à unidade do sistema jurídico, negam a dicotomia entre arbitragem em direito privado e arbitragem em direito administrativo, sustentando que o critério para aferir se certo litígio é susceptível de ser submetido a arbitragem deve ser comum à ordem jurídica, na sua globalidade, portanto, a todos os ramos do direito". MARQUES, Alexandra. A *Arbitragem em Matéria Tributária*: enquadramento e traços essenciais do regime do Decreto-lei nº 10/2011, de 20 de janeiro". *In Arbitragem e Direito Público*. Carla Amado Gomes, Domingos Soares Farinho, Ricardo Pedro (coords.). Lisboa: AAFDL, 2015, pp. 355-394, p. 361.

52 Diferentemente do *recurso* (que versa sobre o mérito da decisão arbitral, embora a regra geral seja a da irrecorribilidade), a *impugnação* veicula irresignação quanto a aspectos formais, como a alegação de eventual *error in iudicando* (omissão ou contradição na decisão, ausência de contraditório etc).

53 "Recurso da decisão arbitral - Artigo 25.º Fundamento do recurso da decisão arbitral: 1 - A decisão arbitral sobre o mérito da pretensão deduzida que ponha termo ao processo arbitral é susceptível de recurso para o Tribunal Constitucional na parte em que recuse a aplicação de qualquer norma com fundamento na sua inconstitucionalidade ou que aplique norma cuja inconstitucionalidade tenha sido suscitada. 2 - A decisão arbitral sobre o mérito da pretensão deduzida que ponha termo ao processo arbitral é ainda susceptível de recurso para o Supremo Tribunal Administrativo quando esteja em oposição, quanto à mesma questão fundamental de direito, com acórdão proferido pelo Tribunal Central Administrativo ou pelo Supremo Tribunal Administrativo. 3 - Ao re-

Releva observar que este mesmo artigo estabelece ser aplicável a tal recurso arbitral, com as adaptações que se fizerem necessárias, o regime do "recurso para uniformização de jurisprudência" regulado no artigo 152º do Código de Processo nos Tribunais Administrativos (CPTA)[54], cujo nº 7 obriga o Ministério Público a interpô-lo, "mesmo quando não seja parte na causa, caso em que não tem qualquer influência na decisão desta", considerando-se que tal recurso destina-se "unicamente à emissão de acórdão de uniformização sobre o conflito de jurisprudência".

Revela-se aqui o importante papel que o CPTA atribui ao Supremo Tribunal Administrativo no sentido de uniformizar a interpretação do Direito Administrativo em solo português.

---

curso previsto no número anterior é aplicável, com as necessárias adaptações, o regime do recurso para uniformização de jurisprudência regulado no artigo 152.º do Código de Processo nos Tribunais Administrativos, contando-se o prazo para o recurso a partir da notificação da decisão arbitral. 4 - Os recursos previstos nos números anteriores são apresentados, por meio de requerimento acompanhado de cópia do processo arbitral, no tribunal competente para conhecer do recurso."

54 "Artigo 152.º - Recurso para uniformização de jurisprudência
1 - As partes e o Ministério Público podem dirigir ao Supremo Tribunal Administrativo, no prazo de 30 dias contado do trânsito em julgado do acórdão impugnado, pedido de admissão de recurso para uniformização de jurisprudência, quando, sobre a mesma questão fundamental de direito, exista contradição: a) Entre um acórdão do Tribunal Central Administrativo, e outro acórdão anteriormente proferido pelo mesmo ou outro Tribunal Central Administrativo ou pelo Supremo Tribunal Administrativo; b) Entre dois acórdãos do Supremo Tribunal Administrativo.
2 - A petição de recurso é acompanhada de alegação na qual se identifiquem, de forma precisa e circunstanciada, os aspetos de identidade que determinam a contradição alegada e a infração imputada ao acórdão recorrido.
3 - O recurso não é admitido se a orientação perfilhada no acórdão impugnado estiver de acordo com a jurisprudência mais recentemente consolidada do Supremo Tribunal Administrativo.
4 - O recurso é julgado pelo pleno da secção e o acórdão é publicado na 1.ª série do Diário da República.
5 - A decisão de provimento emitida pelo tribunal superior não afeta qualquer decisão anterior àquela que tenha sido impugnada, nem as situações jurídicas ao seu abrigo constituídas.
6 - A decisão que verifique a existência da contradição alegada anula o acórdão recorrido e substitui-o, decidindo a questão controvertida.
7 - O recurso de uniformização de jurisprudência deve ser interposto pelo Ministério Público, mesmo quando não seja parte na causa, caso em que não tem qualquer influência na decisão desta, destinando-se, unicamente à emissão de acórdão de uniformização sobre o conflito de jurisprudência".

O Regime Jurídico da Arbitragem Tributária em Portugal não prevê, porém, ao menos de *lege lata*, a hipótese de cabimento recursal em face de decisões arbitrais entre si divergentes sobre idêntica questão de direito, por dissídio hermenêutico, seja para um segundo grau de jurisdição arbitral, seja para a jurisdição estatal (este nem seria o caso).

Cláudia Sofia Melo Figueiras critica a omissão legislativa e advoga, a partir do direito fundamental de acesso à jurisdição previsto no art. 20 da Constituição portuguesa, que se faça uma interpretação extensiva do referido art. 25, para nele se admitir o cabimento de recurso, para o segundo grau de jurisdição arbitral, contra a decisão que divirja de outra sentença arbitral sobre a mesma questão de direito.

É que, além de conferir maior segurança jurídica e respeito à isonomia, o duplo grau de jurisdição arbitral evitaria "um efeito perverso, que é o facto de os árbitros poderem ser escolhidos, pelas partes, 'à medida' dos seus interesses"[55], ainda que estas tenham de pagar taxas de arbitragem mais altas para isso, o que não é grande empecilho aos contribuintes economicamente mais abastados.

Já os contribuintes mais desprovidos, não podendo pagar para escolher os árbitros cujo entendimento lhes seja favorável, seriam menos prejudicados se pudessem submeter a primeira decisão ao segundo grau de jurisdição arbitral, ao qual caberia uniformizar a interpretação jurídica, desde que não contrarie o entendimento do Tribunal Constitucional (em tema de constitucionalidade) e do Tribunal Central Administrativo ou Supremo Tribunal Administrativo.

Feita esta breve panorâmica do modelo português, cumpre analisar criticamente o Direito brasileiro projetado acerca do tema, cotejando-o com aquele ordenamento, substancialmente diverso, mas do qual pode-se tentar extrair normas e experiências exitosas com a finalidade de contribuir para a melhor regulamentação possível no Brasil.

---

55 FIGUEIRAS, Cláudia Sofia Melo. "A arbitragem tributária em Portugal: atualizações". *In Estudos de Conciliação, Mediação e Arbitragem – O Estado da Arte*. Isabel Celeste M. Fonseca (org.). Braga: Núcleo de Estudos de Direito *Ius Pubblicum*/Diário do Minho, 2019, pp. 73-86, p. 84. Vide também: FIGUEIRAS, Cláudia Sofia Melo. A busca por um novo conceito de justiça tributária. Tese de doutoramento apresentada em 11/07/2016 ao Programa de Ciências Jurídicas Públicas da Universidade do Minho - Portugal. Disponível em <http://hdl.handle.net/1822/43063>. Acesso em 16/02/2020. Versão comercial: *Justiça Tributária* – Prevenção e Resolução Alternativa de Litígios. Coimbra: Almedina, 2018.

6.4.2. O Projeto de Lei nº 4.257/2019

Tramita no Senado Federal o Projeto de Lei nº 4.257/2019[56], que tem por objetivo modernizar as relações entre contribuintes e Fisco, bem como descongestionar o Poder Judiciário, eis que as execuções fiscais representam atualmente 40% (quarenta por cento) dos processos judiciais em trâmite perante todas as justiças, tribunais e instâncias.[57]

Tais desideratos seriam obtidos pela via da instituição da possibilidade de execução fiscal administrativa (ou desjudicializada) e da arbitragem tributária, objeto deste tópico.

À atual Lei de Execução Fiscal (Lei nº 6.830, de 22 de setembro de 1980) seriam acrescidos os artigos 41-A a 41-R, destinados à regulamentação da execução extrajudicial da dívida ativa, os artigos 41-S e 41-T, relativos às disposições finais e transitórias e, no que interessa especificamente a este estudo, os artigos 16-A a 16-F, destinados à instituição, no direito pátrio, da arbitragem em matéria tributária.

O artigo 16-A dispõe sobre o cerne do instituto, estabelecendo que, na hipótese de oposição de embargos à execução garantidos por depósito

56 Disponível em <https://www25.senado.leg.br/web/atividade/materias/-/materia/137914>. Acesso em 25 nov. 2019.

57 O recente *Relatório Justiça em Números 2019* destaca que, embora o número de processos pendentes de execução fiscal tenha sofrido uma ínfima redução de 0,4% no ano de 2018, tais processos representam, aproximadamente, 39% do total de casos pendentes e 73% das execuções pendentes no Poder Judiciário, com taxa de congestionamento de 90%. Isso significa que de cada cem processos de execução fiscal que tramitaram no ano de 2018, apenas dez foram baixados. O número de execuções fiscais em curso corresponde a trinta e um milhões, sessenta e oito mil e trezentos e trinta e seis processos, sendo que, somente na Justiça Federal, os respectivos processos representam 45% do seu acervo total e, na Justiça Estadual, 42%. O relatório relata que esses percentuais têm se mantido estáveis ao longo das pesquisas que se iniciaram em 2009. Confiram-se as páginas 131 e 132 do referido relatório em: https://www.cnj.jus.br/files/conteudo/arquivo/2019/08/4668014df24 cf825e7187383564e71a3.pdf. Acesso em 25 nov. 2019. Sobre o tema, Marcelo Guerra Martins e Ana Elizabeth Lapa Wanderley Cavalcanti alertam que "de 80,1 milhões de processos em trâmite, 31,4 milhões são execuções fiscais. (...) A diferença em relação às demais ações é muito grande. Nenhuma outra modalidade processual apresentou tal protagonismo em termos numéricos." (...) "Em termos de duração do processo, o Justiça em números 2018 aponta que o "tempo de giro do acervo desses processos é de 11 anos, ou seja, mesmo que o Judiciário parasse de receber novas execuções fiscais, ainda seriam necessários 11 anos para liquidar o acervo existente". MARTINS, Marcelo Guerra, CAVALCANTI, Ana Elizabeth Lapa Wanderley. Poder Judiciário em números e o impasse das execuções fiscais no Brasil. *Revista Eletrônica de Direito Processual – REDP*. Rio de Janeiro. Ano 14. Volume 21. Número 1. Janeiro a Abril de 2020, pp. 254 e 259. Disponível em: <https://www.e-publicacoes.uerj.br/index.php/redp/article/view/43297/31774>. Acesso em 1º jan. 2020.

em dinheiro, fiança bancária ou seguro garantia, poderá o contribuinte optar pela adoção de juízo arbitral para fins de julgamento de seus embargos, respeitados os requisitos gerais previstos na Lei de Arbitragem, bem como os específicos previstos nos artigos que lhe seguem.

A previsão do momento para a utilização da arbitragem em matéria tributária no Brasil consta desse dispositivo, que pode ser considerado, em princípio, tímido, eis que cogita de sua instituição tão somente após a oposição de embargos à execução devidamente garantidos.

Tímido também se revela o próprio escopo arbitral em matéria tributária que se projeta no Brasil, visto que se limita à execução fiscal. Em Portugal, diferentemente, a arbitragem tributária abrange também o processo de conhecimento, embora se excepcionem materialmente determinados objetos litigiosos, tais como as demandas que versem, a título ilustrativo, sobre importação e demais impostos indiretos que incidam sobre mercadorias sujeitas a direitos de importação.[58]

O Projeto permite ao contribuinte optar pela eleição de juízo arbitral, que julgará seus embargos, respeitadas as regras gerais da arbitragem previstas na Lei nº 9.307/96, atualizada pela Lei nº 13.129/2015. O dispositivo silencia quanto à possibilidade de a Administração Tributária se opor à instituição da arbitragem, o que indica, a nosso ver, a intenção do legislador de reforçar o uso dessa ferramenta em tais situações

O artigo 16-C, como visto, veda a designação de árbitro, ao estabelecer que o processo somente se dará por órgão arbitral institucional que preencha os requisitos ali descritos. Já em Portugal, assegura-se ao contribuinte o poder de escolher o árbitro, caso em que o órgão arbitral será necessariamente colegiado, hipótese em que até dois árbitros poderão ser escolhidos pelo contribuinte.

Deve ainda ser ressaltado que a vinculação gerada pela arbitragem tributária em Portugal limita-se a litígios que envolvam no máximo o valor de dez milhões de euros, e que há requisitos específicos de qualificação profissional que o árbitro deve preencher para julgar demandas superiores a quinhentos mil euros, tal como ter sido magistrado togado e ser mestre em Direito Tributário, na forma do que prevê o art. 3º da também já referida Portaria nº 112-A/2011, de 22/03/2011.

Por fim, cumpre salientar que em Portugal, salvo quando a lei dispuser de outro modo, são atribuídos à apresentação do pedido de constituição de tribunal arbitral os efeitos da apresentação de impugnação judicial,

58 Vide artigos 1º e 2 da Portaria nº 112-A/2011, de 22/03/2011.

nomeadamente no que se refere à suspensão do processo de execução fiscal e à suspensão/interrupção dos prazos de caducidade e de prescrição da prestação tributária.

Como se vê, ao contrário do que prevê o Projeto brasileiro, o regramento português de arbitragem tributária silencia sobre o depósito prévio para obtenção de efeito suspensivo, embora tal silêncio possa ser considerado despiciendo em face da previsão geral contida no Código de Processo nos Tribunais Administrativos (CPTA) de Portugal, cujo artigo 50[59] condiciona a suspensão da eficácia do ato administrativo à prestação de garantia na forma prevista pela lei tributária.

O primeiro requisito específico consta do art. 16-B, o qual veda a participação de um mesmo árbitro para decidir mais de um processo do interesse do mesmo particular ou do grupo econômico de que este faça parte durante o lapso temporal de um ano.

O artigo 16-C, como não poderia deixar de ser, segue a diretriz central da arbitragem envolvendo entes públicos, preconizando que esta será sempre de direito, o que exclui, naturalmente, a possibilidade de julgamento por equidade, admissível somente em arbitragens privadas.

Em Portugal, se *não* envolver matéria tributária, as arbitragens de que participe o Poder Público – administrativas – admitem o julgamento por equidade, desde que a controvérsia não verse sobre "questões de legalidade".

Tal dispositivo veda a designação de árbitro, ao estabelecer que o processo somente se dará por órgão arbitral institucional de reconhecida idoneidade, competência[60] e experiência na administração de procedimentos arbitrais.

---

59 "Artigo 50.º Objeto e efeitos da impugnação. 1 - A impugnação de um ato administrativo tem por objeto a anulação ou a declaração de nulidade desse ato. 2 - Sem prejuízo das demais situações previstas na lei, a impugnação de um ato administrativo suspende a eficácia desse ato quando esteja apenas em causa o pagamento de uma quantia certa, sem natureza sancionatória, e tenha sido prestada garantia por qualquer das formas previstas na lei tributária. 3 - A impugnação de atos lesivos exprime a intenção, por parte do autor, de exercer o direito à reparação dos danos que tenha sofrido, para o efeito de interromper a prescrição deste direito, nos termos gerais. 4 - Às ações de declaração de inexistência de ato administrativo é aplicável, com as devidas adaptações, o disposto nos artigos 55.º e 57.º, em matéria de legitimidade, assim como no artigo 64.º, no caso de o autor ter interesse em deduzir, em substituição ou cumulação superveniente com o pedido inicial, a impugnação de ato administrativo praticado durante a pendência do processo."

60 Consideramos inadequada a expressão "competência", uma vez que seu emprego nesse sentido, leigo, poderá, eventualmente, conduzir a interpretações equivocadas que partam de sua acepção técnica, no sentido de limite para o exercício de atividade jurisdicional.

Aqui cumpre mencionar que, em Portugal, o mencionado Decreto-Lei nº 10/2011, art. 6º, permite ao contribuinte designar até dois árbitros, o que impõe a necessária constituição de órgão arbitral coletivo (sendo vedada, assim, a escolha de árbitro singular, já que a opção por escolher árbitro implica submissão a uma câmara arbitral composta de três árbitros)[61].

Também deve ser ressaltado que a vinculação gerada pela arbitragem tributária em Portugal limita-se a litígios que envolvam no máximo o valor de dez milhões de euros, e que há requisitos específicos de qualificação profissional que o árbitro deve preencher para julgar demandas superiores a quinhentos mil euros, na forma do que prevê o art. 3º da também já referida Portaria nº 112-A/2011, de 22/03/2011.[62]

Os artigos 16-D e 16-E versam, respectivamente, sobre honorários advocatícios e despesas no processo arbitral.

Por fim, o artigo 16-F dedica-se a positivar, também na arbitragem tributária, a possibilidade de que qualquer das partes recorra ao Poder Judiciário com o objetivo de obter a declaração de nulidade da sentença arbitral que contrarie pronunciamentos jurisdicionais emanados do

61 "Artigo 6.º Designação dos árbitros
1 - Quando o tribunal arbitral funcione com árbitro singular, o árbitro é designado pelo Conselho Deontológico do Centro de Arbitragem Administrativa, de entre a lista dos árbitros que compõem o Centro de Arbitragem Administrativa.
2 - Quando o tribunal arbitral funcione com intervenção do colectivo, os árbitros são designados: a) Pelo Conselho Deontológico do Centro de Arbitragem Administrativa, de entre a lista dos árbitros que compõem o Centro de Arbitragem Administrativa; ou b) Pelas partes, cabendo a designação do terceiro árbitro, que exerce as funções de árbitro-presidente, aos árbitros designados ou, na falta de acordo, ao Conselho Deontológico do Centro de Arbitragem Administrativa, mediante requerimento de um ou de ambos os árbitros.
3 - No caso previsto na alínea b) do número anterior, os árbitros podem não constar da lista dos árbitros que compõem o Centro de Arbitragem Administrativa."

62 "Artigo 3.º Termos da vinculação
1 - A vinculação dos serviços e organismos referidos no artigo 1.º está limitada a litígios de valor não superior a (euro) 10 000 000.
2 - Sem prejuízo dos requisitos previstos no Decreto-Lei nº 10/2011, de 20 de Janeiro, a vinculação dos serviços referidos no artigo 1.º está sujeita às seguintes condições: a) Nos litígios de valor igual ou superior a (euro) 500 000, o árbitro presidente deve ter exercido funções públicas de magistratura nos tribunais tributários ou possuir o grau de mestre em Direito Fiscal; b) Nos litígios de valor igual ou superior a (euro) 1 000 000, o árbitro presidente deve ter exercido funções públicas de magistratura nos tribunais tributários ou possuir o grau de doutor em Direito Fiscal.
3 - Em caso de impossibilidade de designar árbitros com as características referidas no número anterior cabe ao presidente do Conselho Deontológico do CAAD a designação do árbitro presidente."

Supremo Tribunal Federal, suas súmulas ou acórdão proferido em julgamento de incidente de resolução de demandas repetitivas.

Cabe aqui apontar uma imprecisão, uma vez que, para se manter fiel à lógica do artigo 927 do Código de Processo Civil, que contempla os pronunciamentos jurisdicionais qualificados – comumente chamados de precedentes judiciais vinculantes –, seria imprescindível a menção expressa também aos enunciados de súmulas do Superior Tribunal de Justiça, vinculantes ou não, bem como aos acórdãos proferidos sob o rito dos julgamentos dos recursos especiais no referido Tribunal.

6.5. Considerações finais

Conforme disposto no parágrafo 1º, do artigo 3º, do CPC, a arbitragem, enquanto manifestação de heterocomposição de natureza verdadeiramente jurisdicional, ainda que paraestatal, abarca os entes da Administração Pública. O artigo 1º da Lei nº 13.129/2015, ao acrescentar o parágrafo 1º ao artigo 1º da Lei nº 9.307/1996 corrobora tal preceito.

No que concerne ao âmbito de arbitrabilidade objetiva envolvendo entes públicos sustenta-se que se incluem, de forma extremamente nítida, as controvérsias e lides decorrentes da prática de seus atos de gestão, consubstanciados nos contratos da administração. Restariam excluídos do espectro da arbitragem pública os atos da Administração de natureza política, legislativa ou executiva em sentido estrito.

Pela aplicação de tal critério, que considera, preponderantemente, a disponibilidade do interesse ou direito por parte da Administração Pública, assim como a sua expressão patrimonial, alcança-se a conclusão de que os créditos tributários também se inserem no escopo da arbitragem pública.

Assim, o Projeto de Lei nº 4.257/2019 visa ampliar o escopo da arbitragem no Brasil, ao tempo em que também possui os objetivos paralelos de modernizar as relações entre contribuintes e Fisco e contribuir consideravelmente para o descongestionamento do Poder Judiciário, cujo estoque total de processos é composto por aproximadamente 40% (quarenta por cento) de execuções fiscais.[63]

63 Conselho Nacional de Justiça. *Justiça em números 2020*. Brasília: CNJ, 2020, p. 155. Disponível em: <https://www.cnj.jus.br/wp-content/uploads/2021/08/rel-justica-em-numeros2020.pdf>. Acesso em 30 ago. 2021.

Capítulo 7

DISPUTE BOARDS NA ADMINISTRAÇÃO PÚBLICA

7.1. Breve histórico

Os *dispute boards* foram utilizados pela primeira vez nos Estados Unidos, ainda na década de 1970, nos contratos relativos à construção da segunda parte do Túnel *Eisenhower*, no Colorado.[1]

Sua origem remonta precisamente a contratos de grandes construções, tendo se expandido, após algumas décadas, a outras contratações públicas e privadas nos setores de infraestrutura, fornecimento, bancário, societário, dentre outros de longo prazo ou execução diferida.[2]

Também nos EUA foi criada, em 1996, a *Dispute Resolution Board Foundation*, com o objetivo de promover o uso dos comitês de resolução de disputas, bem como aprimorá-los. Tal escopo vem sendo efetivamente implementado, eis que a sua utilização se encontra em franco crescimento, bem como os resultados obtidos revelam elevadíssimas taxas de sucesso, na ordem de 98%, conforme dados extraídos do site oficial da Fundação.[3] Cabe o registro de que a *Dispute Resolution Board Foundation* passará a atuar também na América Latina a partir de 2022.[4]

A criação e disseminação dos *dispute boards* se deu em razão de suas vantagens em relação à jurisdição estatal, dentre as quais se destacam a falta de especialização dos juízes em contratos altamente complexos e pe-

---

1 Arnoldo Wald explica que, antes disso, os contratos de obras eram consideravelmente mais simples, sendo possível a resolução de eventuais conflitos por mecanismos simples, tais como a negociação direta ou mesmo por "decisão" técnica exarada pelo engenheiro responsável pela obra, hipótese que naturalmente gerava desequilíbrio e problemas quanto à parcialidade de tal decisão. WALD, Arnoldo. *Dispute resolution boards*: evolução recente. *Revista de Arbitragem e Mediação*. São Paulo: Revista dos Tribunais. Vol. 30, Jul. – Set. 2011, pp. 139-151, p. 140.

2 WALD, Arnoldo. *Dispute resolution boards*: evolução recente. *Revista de Arbitragem e Mediação*. São Paulo: Revista dos Tribunais. Vol. 30, Jul. – Set. 2011, pp. 139-151, p. 142.

3 "(...) a non-profit organization dedicated to promoting the avoidance and resolution of disputes worldwide using the unique and proven Dispute Board (DB) method." Disponível em: <https://www.drb.org/>. Acesso em 28 jul. 2021.

4 Disponível em: <https://www.drb.org/coming-in-2022-region-4-latin-america->. Acesso em 28 jul. 2021.

culiares e a grande probabilidade de deterioração da relação futura entre as partes a partir do surgimento, consolidação e judicialização do conflito.[5]

7.2. Previsão legal no Brasil, noções gerais e conceito

A nova Lei de Licitações e Contratos Administrativos, Lei nº 14.133, de 1º de abril de 2021, segue a firme tendência normativa brasileira de considerar a jurisdição em sua acepção ampla, albergando diversos meios de resolução de litígios.

Neste sentido, seu Capítulo XII é inteiramente dedicado aos meios alternativos de solução de controvérsias, com menção expressa ao "*comitê de resolução de disputas*". A expressão "*notadamente*" contida no art. 151 da Lei nº 14.133/2021 deixa fora de dúvida que o elenco ali previsto é meramente exemplificativo.[6]

Os comitês de resolução de disputas (*dispute boards*) consistem em meio adequado para resolução de controvérsias havidas no bojo de contratos de grande vulto e complexidade, tais como os de infraestrutura e de concessão de serviços públicos.[7]

Quanto ao objeto, ainda que o parágrafo único do art. 151 da Lei nº 14.133/2021 se refira a todos os meios mencionados no *caput*, pode-se afirmar que os *dispute boards* são, de fato, adequados para prevenir ou dirimir controvérsias relativas a direitos patrimoniais disponíveis, assim como aquelas relacionadas ao restabelecimento do equilíbrio econômico-financeiro, inadimplementos de obrigações de toda ordem e cálculo de indenizações,[8] todas as hipóteses muito frequentes nas contratações públicas e parcerias público-privadas de grande vulto e que geralmente se desenvolvem em longos períodos de execução, *v.g.*, obras de construção de hidrelétricas, de linhas de metrô etc.

---

5 WALD, Arnoldo. *Dispute resolution boards*: evolução recente. *Revista de Arbitragem e Mediação*. São Paulo: Revista dos Tribunais. Vol. 30, Jul. – Set. 2011, pp. 139-151, p. 140.

6 Art. 151. Nas contratações regidas por esta Lei, poderão ser utilizados meios alternativos de prevenção e resolução de controvérsias, notadamente a conciliação, a mediação, o comitê de resolução de disputas e a arbitragem.

7 Sua previsão geralmente se dá de forma prévia, constando, inclusive, do edital que precede a contratação pública.

8 Parágrafo único. Será aplicado o disposto no *caput* deste artigo às controvérsias relacionadas a direitos patrimoniais disponíveis, como as questões relacionadas ao restabelecimento do equilíbrio econômico-financeiro do contrato, ao inadimplemento de obrigações contratuais por quaisquer das partes e ao cálculo de indenizações.

Via de regra os comitês são previstos em cláusula específica do edital e do contrato administrativo e compostos por três membros, sendo dois dotados de conhecimentos técnicos relativos ao objeto do contrato, frequentemente engenheiros, além de um advogado. Todos devem, naturalmente, agir com imparcialidade, honrando a fidúcia que lhes foi confiada pelas partes contratantes.

Admite-se, tal qual ocorre com frequência na arbitragem, a designação de instituições ou câmaras especializadas, que já possuem regras padronizadas acerca do procedimento que será empregado no caso de efetiva instalação do comitê. Em atuação no Brasil podem ser citadas a Câmara de Comércio Brasil-Canadá e a Câmara de Arbitragem Empresarial.[9]

Ainda quanto à Lei de Licitações e Contratos Administrativos, cabe o registro de que o seu art. 153 admite o aditamento de contratos para que passem a contemplar a previsão de um dos meios adequados de resolução de controvérsias,[10] em nítido reforço à grande diretriz de estímulo de seu emprego adotada pelo multicitado microssistema vigente no ordenamento jurídico brasileiro, notadamente a partir de 2015. A aplicação de tal regra ao instituto ora analisado terá como efeito um *dispute board ad hoc*, instalado já no curso do contrato administrativo, com a missão de dirimir especificamente um litígio pontual.

Quanto ao conceito do instituto, pode-se afirmar que se trata de um meio heterônomo de prevenção ou resolução de disputas, pelo qual um comitê formado por especialistas no objeto do contrato recebe das partes envolvidas, de forma prévia, a atribuição de expedir recomendações e dirimir controvérsias surgidas ao longo de sua execução.[11] Esta última

---

9 RODRIGUES, Marco Antonio; MELLO, Felipe Varela. Os dispute boards na nova Lei de Licitações e Contratos Administrativos. *Consultor Jurídico*. Disponível em: <ConJur - Rodrigues e Varela: Dispute boards na nova Lei de Licitações>. Acesso em 17 ago. 2021.

10 Art. 153. Os contratos poderão ser aditados para permitir a adoção dos meios alternativos de resolução de controvérsias.

11 A *Dispute Resolution Board Foundation* traz o seguinte conceito para o instituto: "*A Dispute Board (DB) is a board of impartial professionals formed at the beginning of the project to follow construction progress, encourage dispute avoidance, and assist in the resolution of disputes for the duration of the project. Dispute Boards are commonly referred to as Dispute Resolution or Review Boards in the US, and Dispute Boards internationally, but may be referred to by a variety of terms such as Dispute Avoidance Board (DAB), Dispute Review Board (DRB), Dispute Review Panel (DRP), Dispute Avoidance/Adjudication Board (DAAB), and many others. While they may be referred to in different ways, their function is essentially the same, which is to encourage dispute avoidance and to resolve disputes.*" Disponível em: <https://www.drb.org/>. Acesso em 28 jul. 2021. Na doutrina nacional, confira-se a definição de Rafael Carvalho Rezende Oliveira, "pode ser considerado órgão colegiado,

atribuição, que integra a própria designação legal do instituto, "*comitê de resolução de disputas*", denota seu caráter heterocompositivo, uma vez que o comitê recebe o poder de proferir decisões acerca de controvérsias decorrentes da execução contratual.

A definição acima é ampla e geral, eis que existem três espécies distintas de *dispute boards*, a depender dos poderes que vierem a ser a eles delegados pelas partes. São elas: *Dispute Review Boards - DRB*, com atribuição restrita à expedição de recomendações; *Dispute Adjudication Boards – DAB*, com atribuição de tomar decisões e *Combined Dispute Boards – CDB*, dotado de ambas as atribuições.[12] O aspecto que as distingue consiste, portanto, no grau de vinculação das manifestações emanadas do comitê.[13]

A existência de um modelo de comitê dotado de poder para proferir decisões com efeitos vinculantes às partes contratantes acaba por afastar a ferramenta ora estudada dos métodos autocompositivos objeto da Segunda Parte desta obra.

Não foi essa, todavia, a conclusão consubstanciada no Enunciado 49 da I Jornada "Prevenção e Solução Extrajudicial de Litígios", promovida pelo Centro de Estudos Judiciários do Conselho da Justiça Federal, em 2016, no sentido de que os *dispute boards* se enquadrariam como método de solução consensual de conflito.[14]

---

geralmente formado por três *experts*, indicados pelas partes no momento da celebração do contrato, que tem por objetivo acompanhar a sua execução, com poderes para emitir recomendações e/ou decisões, conforme o caso." OLIVEIRA, Rafael Carvalho Rezende. Nova lei de licitações e contratos administrativos: comparada e comentada. Rio de Janeiro: Forense, 2021, p. 344.

12 WALD, Arnoldo. *Dispute resolution boards*: evolução recente. *Revista de Arbitragem e Mediação*. São Paulo: Revista dos Tribunais. Vol. 30, Jul. – Set. 2011, pp. 139-151, p. 140.

13 GARCIA, Flávio Amaral. *Dispute boards* e os contratos de concessão. *In: Direito Administrativo e Alternative Dispute Resolution:* arbitragem, *dispute board*, mediação e negociação. Com comentários à legislação do Rio de Janeiro, São Paulo e União sobre arbitragem e mediação em contratos administrativos e desapropriações. CUÉLLAR, Leila... (et al.). Belo Horizonte: Fórum, 2020, pp. 99-112, p. 102.

14 Enunciado 49: "Os Comitês de Resolução de Disputas (Dispute Boards) são método de solução consensual de conflito, na forma prevista no § 3° do art. 3º do Código de Processo Civil Brasileiro." Disponível em: <https://www.cjf.jus.br/cjf/corregedoria-da-justica-federal/centro-de-estudos-judiciarios-1/publicacoes-1/cjf/corregedoria-da-justica-federal/centro-de-estudos-judiciarios-1/prevencao-e-solucao-extrajudicial-de-litigios/?_authenticator=60c7f30ef0d8002d17dbe298563b6fa2849c6669>. Acesso em 28 jul. 2021.

Conforme sustentado linhas acima, os *dispute boards* podem assumir a feição de método heterocompositivo, uma vez que os expertos que integram o comitê instaurado sob o formato *Dispute Adjudication Boards – DAB* não se limitarão a expedir recomendações. Tampouco será papel do comitê auxiliar as partes a fim de que estas alcancem, por si sós, um desfecho para a controvérsia. Ao contrário, estarão seus componentes autorizados a exarar decisão, em nítida manifestação heterocompositiva de solução de conflitos.

A despeito de seu caráter heterocompostivo, ora sustentado, não se desconsidera que as decisões proferidas por um comitê, ainda que instaurado sob o modelo de *dispute adjudication board*, possam vir a ser objeto de recorribilidade externa, seja pela via arbitral ou judicial. Isto porque suas decisões sempre ostentam natureza jurídica contratual.[15]

Neste sentido foi a conclusão alcançada no Enunciado 76 da I Jornada "Prevenção e Solução Extrajudicial de Litígios".[16]

Trata-se, portanto, de forma heterocompositiva de solução de litígios, que não ostenta, naturalmente, as características da definitividade e da coercibilidade, presentes na jurisdição estatal.[17]

Por outro lado, parece evidente que a análise da efetividade de tal método de resolução de litígios reside justamente na aferição da taxa de solução de controvérsias com a plena conformidade e submissão das partes às suas decisões. É exatamente essa a metodologia empregada pela

15 "A decisão proferida pelo dispute board, seja ela recomendatória ou obrigatória (conforme o tipo de dispute board adotado), tem natureza contratual e estará sempre sujeita a reapreciação em sede arbitral ou judicial (conforme o que esteja previsto na cláusula contratual de resolução de disputas), cumpridos os requisitos pertinentes à espécie de dispute board contratualmente escolhida." WALD, Arnoldo. *Dispute resolution boards*: evolução recente. *Revista de Arbitragem e Mediação*. São Paulo: Revista dos Tribunais. Vol. 30, Jul. – Set. 2011, pp. 139-151, p. 141.

16 Enunciado 76: "As decisões proferidas por um Comitê de Resolução de Disputas (*Dispute Board*), quando os contratantes tiverem acordado pela sua adoção obrigatória, vinculam as partes ao seu cumprimento até que o Poder Judiciário ou o juízo arbitral competente emitam nova decisão ou a confirmem, caso venham a ser provocados pela parte inconformada." Disponível em: <https://www.cjf.jus.br/cjf/corregedoria-da-justica-federal/centro-de-estudos-judiciarios-1/publicacoes-1/cjf/corregedoria-da-justica-federal/centro-de-estudos-judiciarios-1/prevencao-e-solucao-extrajudicial-de-litigios/?_authenticator=60c7f30ef0d8002d17dbe298563b6fa2849c6669>. Acesso em 28 jul. 2021.

17 GRECO, Leonardo. *Instituições de processo civil*. 5ª ed. Rio de Janeiro: Forense, 2015, v. I, pp. 81 e 107-108.

Dispute Resolution Board Foundation para mensurar a taxa de sucesso na atuação dos comitês.[18]

Há dez anos Arnoldo Wald já destacava algumas vantagens do instituto em relação à arbitragem e à jurisdição estatal, a depender, evidentemente, de sua compatibilidade ao caso concreto, em estrita observância à linha mestra de adequação do instrumento ao tipo de controvérsia, que permeia a presente obra.[19]

A função preventiva dos *dispute boards*, que não encontra paralelo nos métodos herocompositivos tradicionais acima expostos, desponta como a mais interessante e relevante.

Com efeito, merece destaque a possibilidade de resolução imediata de controvérsias havidas durante a execução dos contratos, bem apontada pelo Enunciado 80 da Jornada acima referida.[20]

A funcionalidade preventiva dos *dispute boards* se manifestará por meio de correções de rumo na execução dos contratos administrativos, geralmente relacionados à área de infraestrutura. Para tanto, o comitê poderá expedir recomendações às partes envolvidas justamente com o objetivo de evitar litígios que, sem elas, provavelmente culminariam numa custosa disputa arbitral ou longa batalha judicial.

---

18 Disponível em: <https://www.drb.org/>. Acesso em 28 jul. 2021.

19 "Dentre as principais vantagens dos dispute boards, que não se verificam na arbitragem e no contencioso judicial, está o fato de os primeiros serem, em geral, formados antes ou no momento do início da execução do contrato e terem caráter permanente, o que permite que os membros do painel tomem conhecimento dos eventuais conflitos em tempo real e os apreciem antes mesmo do surgimento do litígio." WALD, Arnoldo. *Dispute resolution boards*: evolução recente. *Revista de Arbitragem e Mediação*. São Paulo: Revista dos Tribunais. Vol. 30, Jul. – Set. 2011, pp. 139-151

20 Enunciado 80: "A utilização dos Comitês de Resolução de Disputas (*Dispute Boards*), com a inserção da respectiva cláusula contratual, é recomendável para os contratos de construção ou de obras de infraestrutura, como mecanismo voltado para a prevenção de litígios e redução dos custos correlatos, permitindo a imediata resolução de conflitos surgidos no curso da execução dos contratos." Disponível em: <https://www.cjf.jus.br/cjf/corregedoria-da-justica-federal/centro-de-estudos-judiciarios-1/publicacoes-1/cjf/corregedoria-da-justica-federal/centro-de-estudos-judiciarios-1/prevencao-e-solucao-extrajudicial-de-litigios/?_authenticator=60c7f30ef0d8002d17dbe298563b6fa2849c6669>. Acesso em 28 jul. 2021.

7.3. Direito em expectativa: os projetos de lei para regulamentação dos *dispute boards*

Conforme destacado pela doutrina, os comitês de resolução de disputas ainda carecem de regulamentação exauriente,[21] tal como se verifica com a mediação e a arbitragem, com suas específicas e modernas leis analisadas nos Capítulos 4 e 6.

A nova Lei de Licitações e Contratos Administrativos teve o grande mérito de inaugurar a positivação expressa dos *dispute boards* em lei formal de âmbito nacional,[22] sem ter, todavia, disciplinado minimamente o instituto.

Para suprir tão evidente lacuna, tramitam atualmente na Câmara dos Deputados o Projeto de Lei nº 9.883/2018, de autoria do Deputado Pedro Paulo,[23] e o Projeto de Lei nº 206/2018, deflagrado no Senado Federal pelo Senador Antonio Anastasia.[24]

O primeiro Projeto dispõe sobre o uso dos Comitês de Resolução de Disputas em contratos administrativos e contempla, em suma, as ideias já consolidadas e acima expostas sobre o instituto, tais como a necessidade de previsão em edital e contrato, sua adequação a contratos de grande vulto,[25] natureza revisora, adjudicatória ou híbrida e forma de composição. O Projeto de Lei nº 206/2018 é bem semelhante, porém um pouco menos detalhado, razão pela qual passa-se a comentar brevemente as disposições do Projeto de Lei nº 9.883/2018.

A finalidade do instituto é bem delineada pelo art. 2º do PL nº 9.883/2018., como instrumento destinado a prevenir e solucionar de forma célere e técnica os litígios que vierem a surgir ao longo da execução

---

21 RODRIGUES, Marco Antonio; MELLO, Felipe Varela. Os dispute boards na nova Lei de Licitações e Contratos Administrativos. *Consultor Jurídico*. Disponível em: <ConJur - Rodrigues e Varela: Dispute boards na nova Lei de Licitações>. Acesso em 17 ago. 2021.

22 Os *dispute boards* já haviam sido previstos pela Lei Municipal de São Paulo nº 16.873, de 22 de fevereiro de 2018, autorizando sua instalação em contratos administrativos continuados firmados pela Prefeitura paulistana. Disponível em: <http://legislacao.prefeitura.sp.gov.br/leis/lei-16873-de-22-de-fevereiro-de-2018#!>. Acesso em 17 ago. 2021.

23 CÂMARA DOS DEPUTADOS. Disponível em: <https://www.camara.leg.br/proposicoesWeb/prop_mostrarintegra;jsessionid=node01858r8hvuh6h3kzvd8gb8v15i17853014.node0?codteor=1647665&filename=PL+9883/2018>. Acesso em 17 ago. 2021.

24 SENADO FEDERAL. Disponível em: <https://legis.senado.leg.br/sdleg-getter/documento?dm=7724371&ts=1627432024958&disposition=inline>. Acesso em 18 ago. 2021.

25 O Projeto prevê, em seu artigo 11, a obrigatoriedade de utilização de tal método de resolução de disputas nos contratos cujo valor supere cinquenta milhões de reais.

do contrato, de modo a reduzir custos e proteger seu cronograma de execução.[26] Teria sido útil se o Projeto em questão tivesse deixado clara a perfeita adequação dos *dispute boards* a contratos administrativos de longa duração.

No que diz respeito à função adjudicatória dos comitês, o Projeto opta, no art. 9º, *caput*, por previsão conservadora, ao estabelecer que, no prazo de 30 (trinta) dias as partes podem manifestar discordância da recomendação exarada, hipótese em que a questão poderá ser levada à arbitragem ou ao Poder Judiciário. Também no sentido de esvaziar o poder verdadeiramente adjudicatório dos comitês, o art. 10 consigna, de modo expresso, a possibilidade de revisão de suas decisões pela via arbitral ou judicial.[27]

Tais previsões contidas no PL nº 9.883/2018 evidentemente fragilizam o poder decisório dos *dispute boards*, ainda que venham a ser instituídos pelas partes sob a modalidade de Comitês de Adjudicação. Essas regras, no entanto, são mitigadas de forma inteligente pelo parágrafo único do art. 9º, ao dispor que, expirado o exíguo prazo de 30 (trinta) dias após a prolação da recomendação, sem que haja manifestação de inconformismo, esta passa a vincular imediatamente as partes contratantes.[28]

Ainda que se possa cogitar de um relativo desprestígio à ideia de Sistema de Justiça Multiportas, bem como de cerceamento da autonomia da vontade das partes que expressamente optem pela instituição de um *Dispute Adjudication Board*, não se pode perder de vista que o Brasil não possui praticamente nenhuma familiaridade com tal método de resolução de disputas, revelando-se prudentes, ao menos neste primeiro momento,

---

26 Art. 2º Os Comitês de Resolução de Disputas têm a finalidade de prevenir e solucionar de forma célere, técnica e com base na estrita observância das cláusulas contratuais os litígios que surgirem durante a execução do contrato, de modo a reduzir os custos correlatos e a proteger o escopo contratual e o seu cronograma de execução.

27 Art. 9º As partes contratantes têm o prazo de 30 (trinta) dias para manifestar discordância da recomendação emitida pelo Comitê, hipótese em que a questão pode ser levada à arbitragem ou ao Poder Judiciário, tornando-se obrigatório o cumprimento da recomendação apenas depois de confirmada por sentença arbitral ou judicial.
Art. 10. As decisões emitidas pelos Comitês poderão ser submetidas à arbitragem ou ao Poder Judiciário em caso de inconformismo de qualquer das partes contratantes, respeitados os prazos prescricionais e decadenciais previstos em lei. § 1º As partes só ficam desobrigadas do cumprimento das decisões emitidas pelos Comitês a partir de sentença arbitral ou judicial que assim o determine. § 2º As partes poderão pleitear judicialmente tutela de urgência quando as circunstâncias do caso assim o recomendarem.

28 Art. 9º Parágrafo único. Decorrido o prazo do *caput* sem qualquer manifestação das partes contratantes, a recomendação passa a vinculá-las de imediato.

as salvaguardas de acesso à arbitragem e ao Poder Judiciário previstas no PL em questão, mormente tendo em vista que tal instrumento será exclusivamente aplicado em contratações públicas de grande vulto.

A consolidação do instituto, todavia, tende a produzir o efeito de superior deferência às decisões proferidas pelos comitês, até porque a recorribilidade em razão de todo e qualquer inconformismo por parte das empresas privadas ou mesmo do Poder Público acabará por macular a imagem desses agentes, comprometendo pactos futuros de natureza semelhante.

7.4. Considerações finais

Em contraposição ao que ocorre nas *online dispute resolution*, método surgido nas relações consumeristas e que, ao que tudo indica, será transposto, em breve, para os litígios envolvendo a Administração Pública, os *dispute boards* consistem em instrumento concebido exclusivamente para os conflitos que envolvem entes públicos, mas que hoje também podem se revelar adequados a prevenir ou dirimir determinados litígios privados.[29]

A despeito de seu âmbito de aplicação ficar restrito às grandes e complexas contratações, geralmente de execução diferida por anos ou mesmo décadas, os comitês de resolução de disputas têm a aptidão de prevenir ou mesmo dirimir conflitos que não gerariam ações judiciais numerosas, mas certamente tão complexas quanto os ajustes contratuais que lhes são subjacentes. Quase ocioso dizer que tais processos judiciais fatalmente se arrastariam por anos nos tribunais, gerando sobrecarga qualitativa considerável ao já congestionado Poder Judiciário brasileiro.

A Advocacia Pública de todas as esferas federativas também se beneficiará, evidentemente, ao deixar de atuar em sede arbitral ou judicial em litígios invariavelmente complexos e que trazem consigo elevado risco de prejuízos de relevante monta ao erário.

A grande vantagem do mecanismo dos *dispute boards* consiste justamente nessa característica preventiva, sem correspondente nas jurisdi-

29 O título do presente Capítulo poderia ser considerado, portanto, redundante. Optou-se, todavia, pela manutenção da expressão "na Administração Pública" para manutenção da coerência com os demais capítulos do livro, bem como pelo fato de que hoje seu emprego não mais se mostra restrito ao setor público, *v.g.* de um *dispute board* instituído em cláusula de exploração de águas profundas firmado entre duas grandes empresas privadas do setor do petróleo.

ções estatal ou arbitral, já que possibilita correções de rumo no curso da execução de sofisticados contratos administrativos.

Alvissareira, portanto, a positivação do instituto pela nova Lei de Licitações e Contratos Administrativos.

CONCLUSÕES POR CAPÍTULOS

Capítulo 1
SISTEMA DE JUSTIÇA MULTIPORTAS E JURISDIÇÃO

O objetivo do sistema de justiça multiportas consiste na concretização de um acesso à justiça mais amplo e efetivo, no qual se resguarde a relação de *adequação* entre a espécie de disputa e o instrumento para melhor dirimi-la, gerando a maior pacificação possível no caso concreto e, em termos sistêmicos, na sociedade.

O acesso ao Poder Judiciário deve estar sempre aberto e disponível, mas sem que isso signifique que deva ser a primeira ou única solução.

O sistema multiportas ideal seria aquele em que a busca ao Poder Judiciário ocorresse apenas de modo subsidiário.

Sustenta-se a necessidade de transição do princípio da primazia do julgamento do mérito para o princípio da solução adequada dos litígios.

Isto porque o acesso à justiça contemporâneo exige mais que o desfecho dos processos judiciais com resolução do mérito. O foco agora nem sequer reside no processo judicial tradicional, mas sim na efetiva solução do litígio com a sua máxima pacificação.

A transição almejada será concretizada em maior grau na medida em que menos esforços sejam expendidos para a pacificação de controvérsias, se possível sem a instauração de processo judicial algum.

Exemplos máximos da ideia ora sustentada consistiriam na mediação pré-processual que pacifica por completo a disputa, bem como a resolução de um conflito via plataforma *online* de resolução de litígios dotada de inteligência artificial, na qual a solução para o caso vem a ser apresentada pelo *software*, acatada pelas partes e apenas homologada pelo Poder Judiciário.

O que se busca atualmente é a antítese do art. 485 do CPC, que trata do fenômeno do processo que vem a ser extinto sem resolução do mérito.

A situação ideal consiste justamente no inverso, ou seja, na resolução do conflito *sem* processo judicial.

Capítulo 2
ADVOCACIA PÚBLICA

A adesão a um meio alternativo de resolução de disputas autocompositivo (mediação, conciliação ou negociação direta) ou heterocompositivo (arbitragem ou *dispute board*) pela Administração Pública deve partir da ideia de adequação entre o tipo de conflito e a ferramenta que apresente as melhores condições para dirimi-lo.

Ao assim proceder, o administrador público buscará a concretização máxima do princípio constitucional da eficiência, evidentemente sem renunciar aos interesses públicos inerentes ao conflito, mas tão somente à via da jurisdição estatal, nas hipóteses em que esta não se mostrar como mais adequada.

O cenário contemporâneo, de Sistema Multiportas de Justiça, no qual a jurisdição assume a feição ampla de não mais se resumir ao Poder Judiciário impõe, naturalmente, uma profunda mudança de postura na Advocacia Pública em todas as esferas.

A Advocacia-Geral da União, enquanto órgão jurídico interfederativo, possui papel central, verdadeiramente ao lado do Poder Judiciário, no recentemente implementado e ainda incipiente sistema de justiça multiportas brasileiro.

Capítulo 3
CONSENSUALIDADE NA ADMINISTRAÇÃO PÚBLICA: NEGOCIAÇÃO DIRETA, CONCILIAÇÃO E TRANSAÇÃO ENVOLVENDO ENTES PÚBLICOS

Os meios autocompositivos tendem a gerar uma solução dotada de superior efeito pacificador, uma vez que o protagonismo no desfecho da controvérsia é centrado nas partes, as quais buscam e constroem a melhor solução com base na autonomia de sua vontade informada.

Os conceitos de negociação direta, conciliação e transação representam institutos similares, que têm em comum o fato de as partes interessadas cederem parcialmente em suas posições, fazendo concessões mútuas com a finalidade de alcançar o consenso acerca da controvérsia.

Tais mecanismos são adequados para dirimir conflitos simples, geralmente de cunho patrimonial e nos quais não haja a preocupação de manutenção de vínculo pré-existente entre as partes.

É plenamente possível a negociação, conciliação ou transação envolvendo entes públicos.

No emprego dos meios autocompositivos, a Administração Pública não pode se distanciar de duas especificidades cruciais: ao contrário do que se verifica entre os particulares, onde prevalece a plena disponibilidade sobre seus direitos de cunho patrimonial, a Fazenda Pública deve prestar reverência à juridicidade na forma proteção de seus interesses. Além disso, entre os particulares há, salvo a hipótese de legitimação extraordinária, titularidade plena e exclusiva sobre os direitos submetidos à autocomposição, bem como perfeita identidade entre o titular do direito material em disputa e a parte que negocia, concilia ou transaciona.

O uso de meios autocompositivos pela Fazenda Pública, por intermédio de seus procuradores, apresenta dificuldades, mas plenamente superáveis e acolhidas pelo ordenamento jurídico brasileiro.

A principal delas diz respeito ao tradicional dogma da indisponibilidade de todo e qualquer interesse público e de sua primazia *prima facie* sobre interesses individuais. Tal acepção se mostra hoje plenamente superada pela doutrina e jurisprudência, sendo certo que tais entendimentos vieram a acolhidos pelo legislador pátrio, que os positivou.

O ordenamento jurídico hoje expressamente admite e chega a estimular o uso dos meios autocompositivos pela Administração Pública, que por tal via pode dirimir a maior parte de seus litígios.

Negociação direta é a espécie de meio autocompositivo pelo qual as partes buscam a construção de uma solução consensual via interlocução direta, sem qualquer auxílio de terceiros.

Nas hipóteses em que seja possível o estabelecimento de um diálogo direto entre as partes, sem a intervenção de um facilitador, a negociação deve ser o mecanismo de solução de conflitos prioritário, à frente da conciliação e da mediação.

A ausência de um terceiro facilitador viabiliza a máxima expressão da autonomia da vontade das partes e consiste na característica que diferencia a negociação da conciliação.

O art. 165, § 2, do CPC traz o conceito de conciliação, encampando o entendimento majoritário da doutrina nacional, que a compreende como a técnica autocompositiva pela qual um profissional imparcial intervém para auxiliar as partes a alcançar um acordo, estando autorizado, inclusive, a expor as vantagens e desvantagens sobre as propostas apresentadas e até mesmo propor soluções para a controvérsia, sem poder, todavia, forçar a celebração do ajuste

O objeto da conciliação é fornecido pela Lei de Mediação, que em seu art. 3º estabelece caber mediação sobre conflitos que versem sobre direitos disponíveis ou sobre direitos indisponíveis que admitam transação.

Capítulo 4
MEDIAÇÃO PÚBLICA

A questão da (in)existência de vínculo anterior entre as partes, tradicionalmente apontada pela doutrina brasileira como aspecto determinante para a escolha do emprego da medição ou da conciliação no cenário do sistema multiportas de justiça, a despeito de não ter sido expressamente abordada pela Lei de Mediação, o foi pelo Código de Processo

Civil de 2015, que integra o microssistema de métodos adequados de resolução de litígios.

Alertou-se para o fato de que a prática de ignorar a aferição da existência de vínculo anterior entre as partes que mereça ser preservado, inclusive na seara das mediações públicas, conduz a imprecisões terminológicas com repercussões relevantes, dentre as quais a banalização do próprio instituto, consideravelmente mais sofisticado que as conciliações e negociações diretas.

A mediação se mostrará adequada, portanto, às hipóteses em que haja interesse na preservação de um vínculo institucional entre órgãos e/ou entidades públicas ou nos conflitos com particulares decorrentes de relações duradouras, de caráter continuado. Nos demais casos, terá cabimento uma simples negociação ou conciliação.

No que diz respeito especificamente aos conflitos envolvendo tão somente entes públicos, sustentou-se que União, Estados, Municípios, autarquias, fundações públicas, empresas públicas e sociedades de economia mista devem dirimir suas controvérsias, salvo raríssimas exceções, fora das estruturas do Poder Judiciário.

Isto porque todos estão invariavelmente pautados pela finalidade pública que lhes justifica a própria existência, não se afigurando razoável cogitar de profundas divergências entre entes públicos e mesmo entidades que integram a Administração Pública indireta.

Nada mais incompatível com o conceito contemporâneo de jurisdição que a judicialização de litígios entre entes federativos.

Para o bom funcionamento da Administração Pública desponta como valor fundamental a preservação dos vínculos existentes entre entidades e entes públicos de todas as esferas. A mediação, ao possibilitar o restabelecimento do diálogo e o tratamento das causas mais profundas do litígio, vem a ser o mecanismo de resolução de controvérsias que reúne as melhores condições para que as partes, ainda que públicas, alcancem tal objetivo.

À luz de tais premissas, destaca-se a crescente importância da Câmara de Mediação e de Conciliação da Administração Pública Federal, bem como das estruturas simétricas nas demais esferas federativas para a efetiva implementação de um sistema de justiça multiportas no Brasil.

Capítulo 5
PLATAFORMAS *ONLINE* DE RESOLUÇÃO DE CONTROVÉRSIAS NA ADMINISTRAÇÃO PÚBLICA (*ONLINE DISPUTE BOARDS - ODRs)*

Como intuitivo, a noção de Tribunal Multiportas, inerente ao conceito hodierno de jurisdição, não pode contemplar um rol exaustivo de meios adequados de solução de litígios.

Assim, ao lado dos tradicionais meios autocompositivos e heterocompositivos, os avanços tecnológicos podem auxiliar e otimizar o emprego daqueles ou mesmo instituir novos instrumentos autônomos à disposição dos jurisdicionados.

As *ODRs* consistem em exemplo de tal avanço e, a partir do momento em que possam gerar, autonomamente, propostas de solução de controvérsias por meio de inteligência artificial, constituir-se-ão em verdadeiros métodos autônomos de solução de conflitos.

No que toca especialmente ao cerne deste estudo, as plataformas atualmente à disposição dos entes públicos federais, ainda que despidas de tal tecnologia, representam louvável contributo ao sistema de justiça, na medida em que já conseguem evitar a propositura de milhares de ações judiciais de menor complexidade.

Capítulo 6
ARBITRAGEM PÚBLICA

As disposições contidas no parágrafo 1º, do artigo 3º, do CPC, e no parágrafo 1º, do artigo 1º, da Lei nº 9.307/1996, com a redação dada pela Lei nº 13.129/2015, sepultaram qualquer dúvida que ainda pudesse existir acerca da aplicabilidade da arbitragem como método de resolução de conflitos envolvendo entes públicos.

No que diz respeito à ainda controversa arbitrabilidade objetiva envolvendo entes públicos, sustenta-se que abarca as controvérsias e lides decorrentes da prática de seus atos de gestão, consubstanciados nos contratos da administração. Restariam excluídos do espectro da arbitragem pública tão somente os atos da Administração de natureza política, legislativa ou executiva em sentido estrito.

Pela aplicação de tal critério, que considera, preponderantemente, a disponibilidade do interesse ou direito por parte da Administração Pública, assim como a sua expressão patrimonial, conclui-se que os créditos tributários também se inserem no escopo da arbitragem pública.

Desta forma, o Projeto de Lei nº 4.257/2019, que visa ampliar o escopo da arbitragem no Brasil, para incluir controvérsias tributárias, representa interessante perspectiva para uma exponencial expansão do instituto, fortalecendo, ainda mais, a ideia de sistema de justiça multiportas no Brasil.

Capítulo 7
DISPUTE BOARDS NA ADMINISTRAÇÃO PÚBLICA

Os comitês de resolução de disputas são instrumentos adequados para dirimir controvérsias havidas no curso de grandes e complexas contratações públicas, geralmente de execução diferida por anos ou mesmo décadas.

Possuem a aptidão de prevenir ou mesmo dirimir conflitos que poderiam gerar disputas arbitrais extremamente custosas ou ações judiciais inevitavelmente longas, as quais gerariam considerável sobrecarga qualitativa ao já assoberbado Poder Judiciário brasileiro.

A grande vantagem do instituto consiste justamente em sua característica preventiva, sem correspondente nas jurisdições estatal ou arbitral, uma vez que possibilita correções de rumo no curso da execução de contratos administrativos. A atuação da Advocacia Pública restaria, naturalmente, igualmente racionalizada com o deslinde da controvérsia ainda em seu nascedouro.

O novo método adequado de resolução de disputas, positivado em âmbito nacional pela recente Lei nº 14.133/2021, que apenas o menciona, merece rápida e exauriente regulamentação, com a aprovação do Projeto de Lei nº 9.883/2018, que fortalecerá o Sistema de Justiça Multiportas brasileiro.

REFERÊNCIAS BIBLIOGRÁFICAS

ABREU, Rafael Sirangelo de. *Incentivos processuais*: economia comportamental e *nudges* no processo civil. São Paulo: Thompson Reuters Brasil, 2020. (Coleção o novo processo civil/Coordenadores Luiz Guilherme Marinoni, Sergio Cruz Arenhart, Daniel Mitidiero).

AFFONSO, Flávia Martins. *Acesso à Justiça Administrativa e o Ombudsman*. Cidadão emancipado e efetividade do controle das instituições. Rio de Janeiro: Instituto EDS, 2021.

ALBERSTEIN, Michael. *Forms of mediation and law: cultures of dispute resolution. Ohio State Journal on Dispute Resolution*. v. 22, pp. 321-361, 2007. Disponível em https://kb.osu.edu/bitstream/handle/1811/77124/OSJDR_V22N2_0321.pdf?sequence=1 Acesso em 1º fev. 2021.

ALESSI, Renato. *Sistema istituzionale del diritto amministrativo italiano*. 2ª ed. Milão: Giuffré, 1960.

ALVIM, Teresa Arruda. Cada caso comporta uma solução correta? *In* MENDES, Aluísio Gonçalves de Castro; MARINONI, Luiz Guilherme; WAMBIER, Teresa Arruda Alvim (coords). *Direito jurisprudencial*, vol. II. São Paulo: Ed. RT, pp. 1119-1138, 2014.

______. Palestra no II Congresso de Processo Civil, promovido em 24.05.2018 pelo Centro Brasileiro de Mediação e Arbitragem, no Rio de Janeiro.

ANDRADE, Gustavo Fernandes de. Arbitragem e administração pública: da hostilidade à gradual aceitação. *In: A reforma da arbitragem*. Ana Carolina Weber (et al.); coordenação Leonardo de Campos Melo, Renato Rezende Beneduzi. Rio de Janeiro: Forense, 2016.

ANDRADE, Juliana Loss de. Justiça consensual para as demandas coletivas. *In: Mediação e Arbitragem na Administração Pública:* Brasil e Portugal. Coordenadores António Júdice Moreira...(et. al.). São Paulo: Almedina, 2020, pp. 135-148.

______; BRAGANÇA, Fernanda; DYMA, Maria Fernanda. Mediação *online*: tecnologia e desafios de acessibilidade. In: Amanda de Lima Vieira; Carlo Pilia; César Felipe Cury; Fabiana Marion Spengler. (Org.). Coletânea estudos sobre mediação: no Brasil e no exterior: volume III. 1ª ed. Santa Cruz do Sul: Essere Nel Mondo, 2021, v. 3, pp. 163-174.

ANDREWS, Neil. *The three paths of justice*: court proceedings, arbitration and mediation. Londres: Springer, 2012.

ARBIX, Daniel do Amaral. *Resolução online de controvérsias*. São Paulo: Editora Intelecto, 2017.

ARAGÃO, Alexandre dos Santos. A "supremacia do interesse público" no advento do Estado de Direito e na hermenêutica do direito público contemporâneo. In: SARMENTO, Daniel (coord.). *Interesses públicos versus interesses privados:* desconstruindo o princípio de supremacia do interesse público. 1ª ed. 2ª tir. Rio de Janeiro: *Lumen Juris*, 2007.

ASSEMBLEIA LEGISLATIVA DO ESTADO DE SÃO PAULO. Disponível em: <https://www.al.sp.gov.br/repositorio/legislacao/decreto/2019/decreto-64356-31.07.2019.html>. Acesso em 20 ago. 2021.

ÁVILA, Henrique; FUX, Luiz; CABRAL, Trícia Navarro Xavier. *Tecnologia e justiça multiportas*. Brasília: Foco, 2021.

ÁVILA, Humberto. Repensando o princípio da supremacia do interesse público sobre o particular. In: SARMENTO, Daniel (coord.). *Interesses públicos* versus *interesses privados:* desconstruindo o princípio da supremacia do interesse público. 1ª ed. 2ª tir. Rio de Janeiro: *Lumen Juris*, 2007.

______. *Teoria dos princípios da definição à aplicação dos princípios jurídicos*. 5.ed. rev. e ampl. São Paulo: Malheiros Editores, 2006.

AZEVEDO, André Gomma de (Org). Manual de Mediação Judicial do Conselho Nacional de Justiça. De acordo com a Lei nº 13.140/15 (Lei de Mediação, a Lei nº 13.105/15 – Código de Processo Civil e a Emenda 2 da Resolução 125/10. Editora Grupos de Pesquisa, 7ª ed. (Brasília/DF: GT RAD),

BARBOSA MOREIRA, José Carlos. O problema da duração dos processos: premissas para uma discussão séria. *In*: *Temas de direito processual*, 9ª série. São Paulo: Saraiva, 2007.

BARROSO, Luís Roberto. *Neoconstitucionalismo e constitucionalização do direito: o triunfo tardio do direito constitucional no Brasil*. Disponível em: <www.luisrobertobarroso.com.br/wpcontent/themes/LRB/pdf/neoconstitucionalismo_e_constitucionalizacao_do_direito_pt.pdf.> Acesso em 25 jan. 2021.

BASTOS, Filipe Brito. A Arbitragem em direito administrativo e o direito fundamental de acesso ao direito nos tribunais portugueses. *In*: *Arbitragem e Direito Público*. Lisboa: AAFDL, 2015.

BEDAQUE, José Roberto dos Santos. *Efetividade do processo e técnica processual*. 3ª ed. São Paulo: Malheiros, 2010.

BESSO, Chiara. *La mediazioni italiana: definizioni e tipologie*. *Revista Eletrônica de Direito Processual*. v. VI, jul-dez. 2010. Disponível em: <https://www.e-publicacoes.uerj.br/index.php/redp/article/view/21574/15577>. Acesso em: 02 abril 2021.

BINENBOJM, Gustavo. Da supremacia do interesse público ao dever de proporcionalidade: um novo paradigma para o Direito Administrativo: In: SARMENTO, Daniel. *Interesses públicos versus interesses privados*: desconstruindo o princípio da supremacia do interesse público. 1ª ed. 2ª tir. Rio de Janeiro: *Lumen Juris*, 2007, pp. 117-169.

BRANCO, Janaína Soares Noleto Castelo. Advocacia Pública e Solução Consensual dos Conflitos. 2ª ed. rev. e atual. Salvador: Editora JusPodivm, 2020.

BRASIL. Advocacia-Geral da União. *Consultoria-Geral da União*. Disponível em: <https://agudf.sharepoint.com/sites/ccaf2/Lists/MODELO%20III/Completa.aspx>. Acesso em 28 ago. 2021.

BRASIL. Advocacia-Geral da União. *Manual de negociação baseado na Teoria de Harvard. Brasília*: Escola da Advocacia-Geral da União Ministro Victor Nunes Leal. Brasília: EAGU, 2017. Disponível em: <file:///C:/Users/rober/Downloads/manual_de_negociacao_-_versao_final.pdf >. Acesso em 28 dez. 2020.

BRASIL. Advocacia-Geral da União. *Panorama 2017*. Brasília: AGU, 2018. Disponível em: <file:///C:/Users/rober/Downloads/panorama_2017_1_.pdf.> Acesso em 20 fev. 2021.

BRASIL. Advocacia-Geral da União. *Procuradoria-Geral da União*. Disponível em: <https://agudf.sharepoint.com/sites/pgu/SitePages/dee-centrais-de-negociacao.aspx>. Acesso em 29 ago. 2021.

BRASIL. Conselho Nacional de Justiça. *Justiça em números 2020*. Brasília: CNJ, 2020, pp. 199-203. Disponível em: <https://www.cnj.jus.br/wp-content/uploads/2020/08/WEB-V3-Justi%C3%A7a-em-N%C3%BAmeros-2020-atualizado-em-25-08-2020.pdf>. Acesso em 22 dez. de 2020.

BRASIL. Conselho Nacional de Justiça. Brasília: CNJ, 2021. Disponível em: <https://atos.cnj.jus.br/files/resolucao_comp_125_29112010_19082019150021.pdf>. Acesso em 24 mar. 2021.

BRASIL. Conselho Nacional de Justiça. Brasília: CNJ, 2021. Disponível em: <https://www.cnj.jus.br/wp-content/uploads/conteudo/arquivo/2019/08/justica_em_numeros20190919.pdf.>. Acesso em 18 maio 2020.

BRASIL Ministério da Justiça e Segurança Pública. *Consumidor.gov.br*. Disponível em: <https://consumidor.gov.br/pages/conteudo/sobre-servico>. Acesso em 28 mar. 2021.

BRASIL. Procuradoria-Geral do Estado do Rio de Janeiro. Disponível em: <https://pge.rj.gov.br/comum/code/MostrarArquivo.php?C=OTc1Mg%2C%2C>. Acesso em 17 abril 2021.

BRASIL. Superior Tribunal de Justiça. Recurso Especial nº 1.117.639/MG, 3ª Turma, DJe 21/02/2011. Acesso em 15 mar. 2019.

BRASIL. *Supremo Tribunal Federal*. Recurso Extraordinário nº 631.240/MG. Disponível em: <http://www.stf.jus.br/portal/jurisprudenciaRepercussao/abrirTemasComRG.asp>. Acesso em 05 jul. 2021.

BUSATTO, Karoline. Considerações sobre a Lei de Mediação e a Administração Pública. *In: Mediação e Arbitragem na Administração Pública.* 1 ed. Curitiba: CRV, 2018, v. 1. Humberto Dalla Bernardina de Pinho; Roberto de Aragão Ribeiro Rodrigues. (Org.), pp. 165-190.

CABRAL, Antonio do Passo. Da instrumentalidade à materialização do processo: as relações contemporâneas entre direito material e direito processual. *Civil Procedure Review.* V. 12, nº 2, maio-ago. 2021, pp. 69-102.

CABRAL, Trícia Navarro Xavier. Canal *YouTube* do Prof. Daniel Neves. Disponível em: <CNJ e o processo civil - com Tricia Navarro - YouTube>. Acesso em 08 abril 2021.

CALMON DE PASSOS, J. J. Instrumentalidade do processo e devido processo legal. *Revista de Processo.* São Paulo: Revista dos Tribunais, v. 102, abr./jun. 2001.

CAMPOS, Diogo Leite. A arbitragem voluntária nas relações tributárias. O modelo português. *Revista de Arbitragem e Mediação*. São Paulo: Revista dos Tribunais, vol. 50, 2016, pp. 467-473.

CARMONA, Carlos Alberto. *Arbitragem e Processo:* um comentário à Lei nº 9.307/96. 2ª ed. São Paulo: Editora Atlas, 2004.

CARNEIRO, Paulo Cezar Pinheiro. *Acesso à justiça*: juizados especiais cíveis e ação civil pública: uma nova sistematização da teoria geral do processo. 2ª ed. rev. e atual. Rio de Janeiro: Forense, 2007.

CAPPELLETTI, Mauro; GARTH, Bryant. *Acesso à Justiça*. Tradução e revisão de Ellen Gracie Northfleet. Porto Alegre: Sergio Antonio Fabris Editor, 1988. Reimpresso 2002.

CINTRA, Antônio Carlos de Araújo; GRINOVER, Ada Pellegrini; DINAMARCO, Cândido Rangel. *Teoria Geral do Processo*. 27ª ed., São Paulo: Malheiros Editores, 2011.

CHASE, Oscar G. *Civil litigation in comparative context*. Oscar G. Chase and Helen Hershkoff General Editors. Thomson West, 2007.

CUEVA, Ricardo Villas Bôas. Resolução de disputas *on-line* (ODR) e desjudicialização. *In Desjudicialização, justiça conciliativa e poder público*. Coordenadores: Henrique Ávila, Kazuo Watanabe, Rita Dias Nolasco e Trícia Navarro Xavier Cabral. São Paulo: Thomson Reuters Brasil, 2021, p. 469-482.

CUNHA, Leonardo Carneiro da. *A Fazenda Pública em juízo*. 17ª ed. rev., atual e ampl. Rio de Janeiro: Forense, 2020.

______. *A Fazenda Pública em juízo*. 15ª ed. rev., atual e ampl. Rio de Janeiro: Forense, 2018.

CURY, Cesar. Um modelo transdisciplinar de solução de conflitos: Direito e tecnologia no processo de recuperação judicial no *leading case* Oi S/A. *In: Inteligência Artificial e Direito Processual*: Os impactos da virada tecnológica no direito processual. Coordenadores Dierle Nunes, Paulo Henrique dos Santos Lucon, Erik Navarro Wolkart. Salvador: Editora *JusPodivm*, 2020.

DAVI, Kaline Ferreira. Solução de Litígios pela Administração Pública sem intervenção do Judiciário. *Revista da AGU*, Brasília, DF, ano VII, nº 16, p. 183, 2008.

______; CUELLAR, Leila. *Federalismo autofágico e autocomposição como antídoto a esse apetite patológico*. Tribuna da Advocacia Pública. Portal Jota. Disponível em: https://www.jota.info/opiniao-e-analise/colunas/tribuna-da-advocacia-publica/federalismo-autofagico-e-autocomposicao-como-antidoto-a-esse-apetite-patologico-26122020. Acesso em 27 dez. 2020.

DIDIER JR., Fredie; ZANETI JR., Hermes. Justiça multiportas e tutela constitucional adequada: autocomposição em direitos coletivos. *In*

Justiça multiportas. ZANETI JR., Hermes; CABRAL, Trícia Navarro Xavier. Coleção grandes temas do novo CPC. Coordenador Geral Fredie Didier Jr. Salvador: JusPodium, 2017. pp. 35-66.

______; ______. *Curso de Direito Processual Civil*, v. 4, Processo Coletivo. 14 ed. revista, atualizada e ampliada, Salvador: Editora *Juspodivm*, 2020.

DINAMARCO, Cândido Rangel. *Instituições de Direito Processual Civil.* 7ª ed. São Paulo: Malheiros, 2017.

______. O futuro do processo civil brasileiro *In: Fundamentos do processo civil moderno.* São Paulo: Malheiros, 2000, t. II.

DYTZ, Pitagoras. Da MP 2180-35, de 2001 à Lei 13.140, de 2015: o Advogado-Geral da União como juiz natural administrativo nos conflitos envolvendo entidades públicas. *In Desjudicialização, justiça conciliativa e poder público*. Coordenadores: Henrique Ávila, Kazuo Watanabe, Rita Dias Nolasco e Trícia Navarro Xavier Cabral. São Paulo: Thomson Reuters Brasil, 2021, pp. 255-271.

FRANCO, Marcelo Veiga. *Administração Pública como litigante habitual*: a necessária mudança da cultura jurídica de tratamento dos conflitos. Londrina: Thoth, 2021.

FREITAS, Flávia Corrêa Azeredo de. PARANAGUÁ, Ana Cláudia P. Cáo. Advocacia Pública Federal e a prática da mediação privada: reflexões à luz da orientação normativa nº 57/2019 do Advogado-Geral da União. *In:* Humberto Dalla Bernardina de Pinho; Roberto de Aragão Ribeiro Rodrigues. (Org.). *Mediação e arbitragem na administração pública*: volume 2. 1ª ed. Santa Cruz do Sul: Essere nel Mondo, 2020, v. 2, pp. 8-31.

FIGUEIRAS, Cláudia Sofia Melo. A arbitragem tributária em Portugal: atualizações. *In Estudos de Conciliação, Mediação e Arbitragem – O Estado da Arte*. Isabel Celeste M. Fonseca (org.). Braga: Núcleo de Estudos de Direito *Ius Pubblicum*/Diário do Minho, 2019, pp. 73-86.

FISS, Owen. As formas de justiça. *In: Direito como razão pública*: processo, jurisdição e sociedade. Coordenação da tradução Carlos Alberto de Salles. 2ª ed. Curitiba: Juruá, 2017.

FUX, Luiz; BODART, Bruno. *Processo civil e análise econômica*. Rio de Janeiro: Forense, 2019.

FUX, Rodrigo. Os influxos da análise econômica do direito no código de processo civil de 2015. *Revista de Processo*. São Paulo: Revista dos Tribunais. Vol. 308, 2020, pp. 321-349.

GARCIA, Flávio Amaral. *Dispute boards* e os contratos de concessão. *In: Direito Administrativo e Alternative Dispute Resolution:* arbitragem, *dispute board*, mediação e negociação. Com comentários à legislação do Rio de Janeiro, São Paulo e União sobre arbitragem e mediação em contratos administrativos e desapropriações. CUÉLLAR, Leila... (et al.). Belo Horizonte: Fórum, 2020.

GISMONDI, Rodrigo Altenburg Odebrecht Curi. Mediação Pública. *Revista Eletrônica de Direito Processual – REDP*, Vol. 13, pp. 168-202, 2014.

______. RODRIGUES, Marco Antonio. Métodos de solução consensual de conflitos e a Fazenda Pública. *In:* Humberto Dalla Bernardina de Pinho; Roberto de Aragão Ribeiro Rodrigues. (Org.). *Mediação e arbitragem na administração pública*: volume 2. 1ª ed. Santa Cruz do Sul: Essere nel Mondo, 2020, v. 2, pp. 93-120.

GRECO, Leonardo. *Instituições de processo civil*. 5ª ed. Rio de Janeiro: Forense, 2015, v. I.

______. *Garantias fundamentais do processo:* o processo justo. *In:* Estudos de Direito Processual, ed. Faculdade de Direito de Campos, 2005, pp.225-286. Disponível em: <https://processoemdebate.files.wordpress.com/2010/09/processo-justo_leonardo-greco.pdf> Acesso em 18 jan. 2021.

______. Publicismo e privatismo no processo civil. *Revista de Processo*, ano 33, v. 164, São Paulo: Revista dos Tribunais, 2008.

______. Eficácia da declaração *erga omnes* de constitucionalidade ou inconstitucionalidade em relação à coisa julgada anterior. *In:* DIDIER JR., Fredie (coord.). *Relativização da coisa julgada.* 2ª ed. Salvador: JusPodivm, 2008.

GRINOVER, Ada Pellegrini. *Ensaio sobre a processualidade*: fundamentos para uma nova teoria geral do processo. São Paulo: Gazeta Jurídica, 2018.

______. O minissistema brasileiro de justiça consensual: compatibilidade e incompatibilidades. *Publicações da Escola da AGU*. Brasília, v. 8, nº 1 jan./mar. 2016, pp. 15-36. Disponível em: <https://seer.agu.gov.br/index.php/EAGU/article/view/1167/846>. Acesso em 24 jan. 2021, pp. 15-36.

______. Mediação paraprocessual. *In: Tribunal Multiportas:* investindo no capital social para maximizar o sistema de solução de conflitos no Brasil. Rafael Alves de Almeida, Tania Almeida, Mariana Hernandez Crespo (org). Rio de Janeiro: Editora FGV, 2012.

HILL, Flávia Pereira. O procedimento extrajudicial pré-executivo (PEPEX): reflexões sobre o modelo português em busca da efetividade da execução no Brasil. *In: Reflexões sobre a desjudicialização da execução civil*. MEDEIROS NETO, Elias Marques. RIBEIRO, Flávia Pereira. Curitiba: Juruá, 2020.

______. Prefácio. *In: Do conflito à solução adequada: mediação, conciliação, negociação, jurisdição e arbitragem*. SPENGLER, Fabiana Marion; SPENGLER NETO, Theobaldo (coords.). Santa Cruz do Sul: Essere nel Mondo, 2015.

IWAKURA, Cristiane Rodrigues. Da superação da indisponibilidade do objeto litigioso e importância sobre a análise com base em critérios de economicidade e eficiência para a escolha do adequado meio de resolução de conflitos pela administração pública. *Revista Eletrônica de Direito Processual – REDP*. Rio de Janeiro. Ano 15. Volume 22. Número 2. Maio a Agosto de 2021.

JUNQUILHO, Tainá Aguiar. Resolução *on-line* de conflitos. *In: Inteligência Artificial e Direito Processual*: Os impactos da virada tecnológica no direito processual. Coordenadores Dierle Nunes, Paulo Henrique dos Santos Lucon, Erik Navarro Wolkart. Salvador: Editora *JusPodivm*, 2020, pp. 185-196.

LANDROVE, Juan Carlos. "*European Convention on Human Rights' Impact on Consensual Arbitration*", In: BESSON, Samantha A.; HOTTELIER, Michael; WERRO, Franz (eds.). *Human Rights at the Center*. Zürich: Schulthess, 2006, pp. 73-101.

LEATHES, Michael; MASUCCI, Deborah. *Time for another Big Bang in Alternative Dispute Resolution – The world needs a Global Pound Conference*. Disponível em: <https://www.mediate.com/articles/poundconference.cfm>. Acesso em 04 jul. 2021.

LEITE, Carlos Henrique Costa; NITÃO, Clara Rachel Barros. Centrais de negociação da Procuradoria-Geral da União: a evolução do modelo autocompositivo e os novos critérios para a realização de acordos. *In Desjudicialização, justiça conciliativa e poder público*. Coordenadores: Henrique Ávila, Kazuo Watanabe, Rita Dias Nolasco e Trícia Navarro Xavier Cabral. São Paulo: Thomson Reuters Brasil, 2021, pp. 293-312.

LEMES, Selma Ferreira. Prefácio. *In: Mediação e Arbitragem na Administração Pública:* Brasil e Portugal. Coordenadores António Júdice Moreira...(et. al.). São Paulo: Almedina, 2020, pp. 17-20.

LESSA NETO, João Luiz. O novo CPC adotou o modelo multiportas!!! E agora?! *Revista de Processo*. São Paulo: Revista dos Tribunais, v. 244, jun. 2015, pp. 427-441.

LUCAS NETO, Dora. A jurisdição Arbitral Administrativa. *In:* SERRÃO, Tiago (org.). Estudos Jurídicos em Comemoração ao Centenário da AAFDL – Contributo para o presente e futuro dos meios de resolução alternativa de litígios, Vol. I. Lisboa: AAFDL, 2018.

MARIGHETTO, Andrea. A convenção da ONU e a importância da resolução amigável de conflitos. *Consultor Jurídico*. Disponível em: <https://www.conjur.com.br/2019-set-25/marighetto-convencao--singapura-resolucao-amigavel-conflitos>. Acesso em 10 fev. 2021.

MAROLLA, Eugenia Cristina Cleto. *A Arbitragem e os contratos da Administração Pública*. Rio de Janeiro: *Lumen Juris*, 2016.

MARQUES, Alexandra. A Arbitragem em Matéria Tributária: enquadramento e traços essenciais do regime do Decreto-lei nº 10/2011, de 20 de janeiro. In: *Arbitragem e Direito Público*. Carla Amado Gomes, Domingos Soares Farinho, Ricardo Pedro (coords.). Lisboa: AAFDL, 2015, pp. 355-394.

MARTINS, Marcelo Guerra, CAVALCANTI, Ana Elizabeth Lapa Wanderley. Poder Judiciário em números e o impasse das execuções fiscais no Brasil. *Revista Eletrônica de Direito Processual – REDP*. Rio de Janeiro. Ano 14. Volume 21. Número 1. Janeiro a Abril de 2020, pp. 252-274. Disponível em: <https://www.e-publicacoes.uerj.br/index.php/redp/article/view/43297/31774>. Acesso em 10 mar. 2021.

MEDAUAR, Odete. *Direito administrativo moderno.* 18ª ed. rev. e atual. São Paulo: Revista dos Tribunais, 2014.

MENDES, Aloisio Gonçalves de Castro. *Incidente de resolução de demandas repetitivas:* sistematização, análise e interpretação do novo instituto processual. Rio de Janeiro: Forense, 2017.

______; SILVA, Jorge Luis da Costa. Acesso à justiça e necessidade de prévio requerimento administrativo: o interesse como condição da ação - comentários ao recurso extraordinário nº 631.240, de relatoria do ministro Luís Roberto Barroso. *Revista Eletrônica de Direito Processual – REDP*. Rio de Janeiro. Ano 14. Vol. 21, Nº 3. Setembro a Dezembro de 2020, pp. 01-25. Disponível em: <https://www.e--publicacoes.uerj.br/index.php/redp/article/view/54199/34871>. Acesso em 05 jul. 2021.

MENDONÇA, Grace Maria Fernandes. A mediação e a conciliação como mecanismos de promoção de uma sociedade mais pacífica e inclusiva: experiência da Advocacia-Geral da União. In: CURY, Augusto (org.). *Soluções Pacíficas de Conflitos para um Brasil Moderno*. Rio de Janeiro: Forense, 2019, pp. 245-274.

MOURÃO, Alessandra Nascimento S. F. (Coord.); CAMPOS, Anita Pissolito; AZEVEDO, Monique Haddad Knöchelmann; SIMIONATO, Monica. *Fundamentos da negociação para o ambiente jurídico*. São Paulo: Saraiva, 2014.

MOREIRA NETO, Diogo de Figueiredo. Mutações no Direito Administrativo. Novas Considerações (Avaliação e controle das transformações). *Revista Eletrônica sobre a Reforma do Estado*. Número 2, jun/jul/ago. 2005, Salvador, Bahia, p. 13. Disponível em: <http://www.direitodoestado.com.br/codrevista.asp?cod=46>. Acesso em 18 jan. 2021.

NUNES, Dierle. Quartas processuais: *Virada tecnológica no direito processual e o deslocamento da atividade decisória pela máquina*: possibilidades e riscos. ESA. OAB-RJ. *YouTube*. Disponível em: <https://www.youtube.com/watch?v=CkMNQef7CjU>. Acesso em 1º maio 2021.

NUNES, Dierle; TEIXEIRA, Ludmila. *Acesso à justiça democrático*. Brasília: Gazeta Jurídica, 2013.

OLIVEIRA, Carlos Alberto Alvaro de. *Do formalismo no processo civil*: proposta de um formalismo-valorativo. 3ª ed. rev., atual., e aumentada. São Paulo: Saraiva, 2009.

OLIVEIRA, Gustavo Henrique Justino de. Os acordos administrativos na dogmática brasileira contemporânea. *In: Mediação e Arbitragem na Administração Pública*. MOREIRA, Antonio Júdice. et.al. São Paulo: Almedina, 2020, pp. 103-113.

OLIVEIRA, Rafael Carvalho Rezende. Nova lei de licitações e contratos administrativos: comparada e comentada. Rio de Janeiro: Forense, 2021.

______. *Curso de Direito Administrativo*. 8ª ed. Rio de Janeiro: Método, 2020.

______. *Novo perfil da regulação estatal*: Administração Pública de Resultados e Análise de Impacto Regulatório. São Paulo: Método, 2015.

OTERO, Paulo. Equidade e arbitragem administrativa. *In: Centenário do nascimento do Professor Doutor Paulo Cunha*: estudos em homenagem. António Menezes Cordeiro (coord.). Coimbra: Almedina, 2012, pp. 827-854.

PAPPAS, Brian A. *Online Court: online dispute resolution and the future of small claims*. UCLA Journal of Law & Technology, Volume 12, Issue 2, 2008. Disponível em: < https://papers.ssrn.com/sol3/papers.cfm?abstract_id=2266516>. Acesso em 11 jan. 2021.

PARLAMENTO EUROPEU. *Regulamento UE nº 524/2013 do Parlamento Europeu. Conselho de 21 de maio de 2013 sobre a resolução de litígios de consumo em linha, que altera o Regulamento (CE) n. Diretiva 2009/22/CE (Regulamento RLL)*. Disponível em: <https://eur-lex.europa.eu/legal-content/PT/TXT/?uri=CELEX:32013R0524>. Acesso em 24 mar. 2021.

PEIXOTO, Ravi. O art. 26 da LINDB como cláusula geral para a realização da autocomposição pela Administração Pública: uma análise dos limites e possibilidades. *Civil Procedure Review*, v. 12, nº 3: set.-dez. 2021. Disponível em: <https://civilprocedurereview.faculdadebaianadedireito.com.br/revista/article/download/241/224/457>. Acesso em 03 set. 2021.

PEPE, Rafael Gaia. RODRIGUES, Marco Antonio. Ela, a transação fiscal, vista por nós, advogados públicos. *Jota. Tribuna da Advocacia Pública*. Disponível em: <https://www.jota.info/opiniao-e-analise/colunas/tribuna-da-advocacia-publica/ela-a-transacao-fiscal-vista-por-nos-os-advogados-publicos-09052020>. Acesso em 22 maio de 2020.

PEREIRA, Hélio do Valle. *Manual da Fazenda Pública em Juízo*. 2 ed. Rio de Janeiro: Renovar, 2006.

PINHO, Humberto Dalla Bernardina de. *Jurisdição e pacificação*: limites e possibilidades do uso dos meios consensuais de resolução de conflitos na tutela dos direitos transindividuais e pluri-individuais. Curitiba: CRV, 2017.

______. A releitura do princípio do acesso à justiça e o necessário redimensionamento da intervenção judicial na resolução dos conflitos na contemporaneidade. *Revista Jurídica Luso-Brasileira - RJLB*, v. 3, pp. 791-830, 2019.

______. Acordos em litígios coletivos: limites e possibilidades do consenso em direitos transindividuais após o advento do CPC/2015 e da Lei de Mediação. *Revista Eletrônica de Direito Processual*. v. 19, pp. 118-148, 2018.

______. *Settlements in brazilian civil public actions: limits and possibilities of consensus after the 2015 civil procedure code and the mediation act*. *Revista Jurispoiesis*, v. 21, pp. 261-284, 2018.

______. A *mediação no direito brasileiro*: evolução, atualidades e possibilidades no projeto do novo Código de Processo Civil. Disponível em: < https://ambitojuridico.com.br/cadernos/direito-processual-civil/a--mediacao-no-direito-brasileiro-evolucao-atualidades-e-possibilidades-no-projeto-do-novo-codigo-de-processo-civil/>. Acesso em: 02 abril 2021.

______. Mediação *online* em tempos de virtualização forçada das ferramentas de resolução de conflitos: algumas considerações sobre a experiência brasileira. *In Tecnologia e justiça multiportas*. ÁVILA, Henrique; FUX, Luiz; CABRAL, Trícia Navarro Xavier. Brasília: Foco, 2021, pp. 443-454.

______. Limites e Possibilidade do Acordo em Direitos Indisponíveis: exame do art. 3º, § 2º da Lei nº 13.140/2015. In: *Diálogos sobre o Código de Processo Civil*: Críticas e Perspectivas. Santa Cruz do Sul: Essere nel Mondo, 2019, pp. 169-178.

______. O Histórico da Lei de Mediação Brasileira: do Projeto de Lei 94 à Lei nº 13.140/2015. *Revista de Arbitragem e Mediação*, Ano 12, nº 46. Jul./Set. de 2015.

______ ; MAZZOLA, Marcelo. *Manual de Mediação e Arbitragem*. Saraivajur: São Paulo, 2019.

______; ______. A Convenção de Arbitragem no Sistema Brasileiro - uma releitura a partir da obra de Sergio La China In: Teorias do Processo vol 1, Londrina: Thoth, 2019, pp. 187-210.

______; MELLO PORTO, José Roberto Sotero. *Manual da Tutela Coletiva*. Rio de Janeiro: Saraivajur, 2021.

______; NUNES, Patrícia Elael. A confidencialidade e suas peculiaridades no procedimento de mediação envolvendo a fazenda pública. *In: Mediação e Arbitragem na Administração Pública*. 1 ed. Curitiba: CRV, 2018, v. 1. Humberto Dalla Bernardina de Pinho; Roberto de Aragão Ribeiro Rodrigues. (Org.), pp. 13-24.

______; QUEIROZ, Pedro Gomes de. As Garantias Fundamentais do Processo e o Instituto da Mediação Judicial: Pontos de Tensão e de Acomodação. *Revista Jurídica Luso-Brasileira - RJLB*, v. 05, pp. 849-914, 2017.

______; RODRIGUES, Roberto de Aragão Ribeiro. Primeiras reflexões sobre a transação prevista pela Lei nº 13.988, de 14 de abril de 2020. *In: Mediação e arbitragem na administração pública*: volume 2.

1 ed. Santa Cruz do Sul: Essere nel mondo, 2020, Humberto Dalla Bernardina de Pinho; Roberto de Aragão Ribeiro Rodrigues. (Org.) pp. 156-165.

______. STACANTI, m... A ressignificação do princípio do acesso à justiça à luz do art. 3º do código de processo civil de 2015. *Revista de Processo*. São Paulo: Revista dos Tribunais, v. 254, pp. 17-44, 2016.

PINTO, Adriano Moura da Fonseca; SILVA JUNIOR, Sidney Rosa da. Políticas públicas de mediação de conflitos em perspectiva comparada Brasil e Espanha. *Estudos sobre mediação*: no Brasil e no exterior: volume I [recurso eletrônico] / Adriano Moura da Fonseca Pinto ... [et al.] (coordenadores) – Santa Cruz do Sul: Essere nel Mondo, 2020, pp. 8-22.

PONTES, Daniel de Oliveira. *Mutações no interesse de agir à luz do direito processual civil brasileiro contemporâneo*. Rio de Janeiro: Lumen Juris, 2019.

PROCURADORIA-GERAL DO ESTADO DO RIO DE JANEIRO. Disponível em: <https://pge.rj.gov.br/comum/code/MostrarArquivo.php?C=MzcOMQ%2C%2C>. Acesso em 20 ago. 2021.

RAMOS, Carlos Henrique. O novo CPC, mediação e a Administração Pública. *In: Mediação e Arbitragem na Administração Pública*. 1 ed. Curitiba: CRV, 2018, v. 1. Humberto Dalla Bernardina de Pinho; Roberto de Aragão Ribeiro Rodrigues. (Org.), pp. 51-89.

RIBEIRO, Nathalia. Plataformas *online* de resolução de conflitos como ferramentas para desafogar o judiciário. In: Coletânea estudos sobre mediação: no Brasil e no exterior: volume IV. Coordenadores Celso Belmiro... [et al.] – Santa Cruz do Sul: Essere nel Mondo, 2020, pp. 105-118.

ROCHA, Joaquim Freitas da. A desestadualização do direito tributário. Em particular, a privatização do procedimento e a arbitragem. *In A Arbitragem Administrativa e Tributária*. Problemas e Desafios. Isabel Celeste Fonseca (org.). 2ª ed. Coimbra: Almedina, 2013.

RODRIGUES, Marco Antonio. *A Fazenda Pública no processo civil*. São Paulo: Atlas, 2016.

______; MELLO, Felipe Varela. Os *dispute boards* na nova Lei de Licitações e Contratos Administrativos. *Consultor Jurídico*. Disponível em: <ConJur - Rodrigues e Varela: Dispute boards na nova Lei de Licitações>. Acesso em 17 ago. 2021.

RODRIGUES, Roberto de Aragão Ribeiro. *Precedente formado em casos repetitivos*: eficácia, *issue preclusion* e as teses jurídicas prejudiciais. Curitiba: Juruá, 2017.

______. *Ações Repetitivas*: o novo perfil da tutela dos direitos individuais homogêneos. 1ª ed. Curitiba: Juruá, 2013.

______. A contribuição das câmaras de conciliação estatais para a racionalização da prestação jurisdicional. *Revista da AGU*. Ano V. Número 13. Brasília, agosto de 2007.

______. MORAES, André Felipe Furtado de. Potencialidades da transação por adesão prevista no art. 35 da Lei nº 13.140/2015. *In: Mediação e Arbitragem na Administração Pública.* 1 ed. Curitiba: CRV, 2018, v. 1. Humberto Dalla Bernardina de Pinho; Roberto de Aragão Ribeiro Rodrigues. (Org.), p. 25-36.

______. PINHO, Humberto Dalla Bernardina de; STRÄTZ, Murilo. Arbitragem tributária: perspectivas para o direito brasileiro. RJLB - REVISTA JURÍDICA LUSO-BRASILEIRA, v. 4, pp. 1447-1479, 2020.

______. PORTO, José Roberto Sotero de Mello. A celebração de acordos em massa como potencialidade do IRDR. *In: Direito processual contemporâneo*: estudos em homenagem a Humberto Dalla Bernardina de Pinho. 1ª ed. Rio de Janeiro: Editora GZ, 2018, pp. 299-311.

______. STRÄTZ, Murilo. O papel da Advocacia-Geral da União (AGU) no Sistema Multiportas: a transação referendada pela AGU necessita de homologação judicial para que ostente plena exequibilidade? *Revista Magister de Direito Civil e Processual Civil*, v. 86, pp. 82-105, 2018.

RULE, Colin. *Is ODR ADR? A response to Carrie Menkel-Meadow. The International Journal of Online Dispute Resolution. Eleven International Publishing*, 2017. Disponível em <http://www.colinrule.com/writing/ijodr.pdf>. Acesso em 1º fev. 2021.

SALES, Lilia Maia de Moraes; SOUSA, Mariana Almeida de. O Sistema de Múltiplas Portas e o Judiciário brasileiro. In: *Revista Direitos Fundamentais & Justiça*, Porto Alegre, ano 5, nº 16. pp. 204-220, jul./set. 2011.

SALGADO, Buenã Porto. *Manual de arbitragem na administração pública.* Salvador: Editora JusPodivm, 2019.

SALLES, Carlos Alberto de. A indisponibilidade e a solução consensual de controvérsias. *In*: GABBAY, Daniela Monteiro; TAKAHASHI, Bruno (coords.). *Justiça Federal: inovações nos mecanismos consensuais de soluções de conflitos.* Brasília: Gazeta Jurídica, 2014.

SALOMÃO, Luis Felipe. Guerra e paz: as conexões entre jurisdição estatal e os métodos adequados de resolução de conflitos. In: CURY, Augusto (org.). *Soluções Pacíficas de Conflitos para um Brasil Moderno*. Rio de Janeiro: Forense, 2019.

SCAFF, Fernando Facury. *Medida Provisória da transação tributária cria Refis permanente*. Consultor Jurídico. Disponível em: <https://www.conjur.com.br/2019-out-21/medida-provisoria-transacao-tributaria--cria-refis-permanente>. Acesso em 28 dez. 2019.

SCHMIDT, Gustavo da Rocha. *Arbitragem na administração pública*. Curitiba: Juruá, 2018.

SOUSA, Jorge Manuel Lopes de. Comentário ao Regime Jurídico da Arbitragem Tributária. *In Guia da Arbitragem Tributária*. Nuno Villa-Lobos e Tânia Carvalhais Pereira (orgs.), 3ª ed. Coimbra: Almedina, 2017.

SOUZA, Mariana Freitas de; BREGA, Silvia Maria Costa. A convenção de Singapura sobre acordos em mediação. *Migalhas Consensuais*. Disponível em: <https://www.migalhas.com.br/coluna/migalhas--consensuais/347920/a-convencao-de-singapura-sobre-acordos--em-mediacao>. Acesso em: 28 jun. 2021.

SPENGLER, Fabiana Marion. *Da jurisdição à mediação*: por uma outra cultura no tratamento de conflitos. Ijuí: Editora Ijuí, 2010.

______. O Tempo do Processo e o Tempo da Mediação. *Revista Eletrônica de Direito Processual - REDP*, vol. VIII, julho/dez 2011.

STRÄTZ, Murilo. *Teoria dos pronunciamentos judiciais vinculantes*: dos fundamentos jusfilosóficos ao utilitarismo consequencialista no regime instituído pelo novo Código de Processo Civil. Rio de Janeiro: Gramma Livraria e Editora, 2017.

SUSSKIND, Richard. *Online courts and the future of justice*. Oxford University Press, 2019.

TALAMINI, Eduardo. A (in)disponibilidade do interesse público: consequências processuais (composições em juízo, prerrogativas processuais, arbitragem e ação monitória). *Revista de Processo*. São Paulo: Revista dos Tribunais, v. 128, pp. 59-77, out. 2005.

TALAMINI, Eduardo. Arbitragem e administração pública no direito brasileiro. *Revista Brasileira da Advocacia*. Vol. 9, 2018.

TARUFFO, Michele. Una alternativa a las alternativas: modelos de resolución de conflictos. *Páginas sobre Justiça Civil*. Trad. Maximiliano Aramburo Calle. Madrid: Marcial Pons, 2009.

______. Cultura e processo. *Rivista trimestrale di diritto e procedura civile*. Milano, v. 63, n.1, mar. 2009.

TARTUCE, Fernanda. *Mediação nos conflitos civis*. 4ª ed., rev. atual. e ampl. Rio de Janeiro: Forense; São Paulo: MÉTODO, 2018.

TIBURCIO, Carmen. PIRES, Thiago Magalhães. Arbitragem envolvendo a Administração Pública: notas sobre as alterações introduzidas pela Lei 13.129/2015. *Revista de Processo*. São Paulo: Revista dos Tribunais, vol. 254, 2016.

TOFFOLI, José Antonio Dias. Prefácio. ÁVILA, Henrique; FUX, Luiz; CABRAL, Trícia Navarro Xavier. *Tecnologia e justiça multiportas*. Brasília: Foco, 2021.

WALD, Arnoldo. *Dispute resolution boards*: evolução recente. *Revista de Arbitragem e Mediação*. São Paulo: Revista dos Tribunais. Vol. 30, Jul. – Set. 2011, pp. 139-151.

WATANABE, Kazuo. Estratégias para a solução pacífica dos conflitos de interesses. *In*: CURY, Augusto (org.). Soluções Pacíficas de Conflitos para um Brasil Moderno. Rio de Janeiro: Forense, 2019.

______. Acesso à justiça e meios consensuais de solução de conflitos. *In*: *Tribunal Multiportas*: investindo no capital social para maximizar o sistema de solução de conflitos no Brasil. Rafael Alves de Almeida, Tania Almeida, Mariana Hernandez Crespo (orgs). Rio de Janeiro: Editora FGV, 2012.

______. Acesso à justiça e sociedade moderna. *In: Participação e processo*. São Paulo: Revista dos Tribunais, 1988.

WERNECK, Isadora. *Online dispute resolution (ODR)* e a (des)necessidade de formulação de reclamação prévia dos consumidores junto às plataformas virtuais para configuração do interesse de agir. *In*: *Inteligência Artificial e Direito Processual*: Os impactos da virada tecnológica no direito processual. Coordenadores Dierle Nunes, Paulo Henrique dos Santos Lucon, Erik Navarro Wolkart. Salvador: Editora *JusPodivm*, 2020.